智者的思辨花园

趣味逻辑纵横谈

郑伟宏 著

复旦大学出版社

目 录

001 修订版前言
001 序一 / 高若海
003 序二 / 沈善增
005 自序

001 父与子的是非曲直
　　——逻辑辨谬与求真

007 "长长长长长长长"
　　——概念与语词

012 "毛泽东百年祭"
　　——概念的内涵与外延

016 "猴子案件"与进化论的历史功过
　　——概念的种类

021 科西嘉怪物、拿破仑、陛下
　　——概念间的关系之一

025 卓别林与《大独裁者》
　　——概念间的关系之二

028 美学家和蝙蝠的苦恼
　　——概念的定义与划分

034 "眷制生"的喜剧
　　——概念的限制与概括

038 算命先生的诀窍
　　——判断与句子

041 "所有人是笨蛋或人和笨蛋是笨蛋"
　　——结构歧义

045 杨绛说"初恋"
　　——关系判断

051 复杂的生命之网
　　——假言判断

056 "我要嫁给希特勒！"
　　——假设条件句的真假

060 磨工卖驴的启示
　　——选言判断

064 "不战、不和、不守，不死、不降、不走"
　　——选言判断的负判断

067 "华人神探"一生只做一件事
　　——模态判断

074 "得一文，天诛地灭"
　　——同一律之一

080 唐伯虎献诗祝寿
　　——同一律之二
084 "拿破仑孩提时代的头骨"
　　——矛盾律和排中律
089 "柳絮飞来片片红"
　　——逻辑矛盾与现实矛盾
092 华盛顿考考偷马者
　　——复杂问语之一
095 别具一格的"诚实试题"
　　——复杂问语之二
098 释迦牟尼答长爪问
　　——悖论之一
101 "宇宙是不存在的!"
　　——悖论之二
104 鳄鱼碰到的难题
　　——悖论之三
107 "真理之神"与"谬误之神"
　　——悖论之四
109 掉多少根头发才算是秃头?
　　——悖论之五
114 "人之常情就是犯错误"吗?
　　——换位法与换质法推理
119 "婚姻成而媒妁退"
　　——三段论

124 当心上"常识"的当
　　——三段论与数学公式
128 把麦子变面粉的祷告
　　——充分条件假言推理
132 向动物请教
　　——必要条件假言推理
135 真城与假城
　　——充分必要条件假言推理
138 "活埋"八天,是死是活?
　　——选言推理
142 "寄与不寄间,妾身千万难"
　　——假言选言推理
146 神机妙算
　　——完全归纳推理
149 "卖鞋看手不看脚"
　　——不完全归纳推理
153 梦是怎样引起的?
　　——求同法推理
156 "灵魂"有重量吗?
　　——差异法之一
160 巴斯德的瓶子
　　——差异法之二
162 "鬼倒路"之谜
　　——求同求异并用法
167 从资本胆量之大小说起
　　——共变法推理

- 170 铀及其"子孙"
  ——剩余法推理
- 174 肌肉发出的"雷声"
  ——比较中的证认推理之一
- 177 且慢火化!
  ——比较中的证认推理之二
- 180 "捕捉"雷电的巨人
  ——类比推理与假说
- 187 "捉住我,不要让我逃走"!
  ——机械类比
- 190 如果死鸡会生蛋……
  ——比喻推理
- 193 福尔摩斯推理"一秒钟"
  ——猜测与演绎推理
- 198 "该来的"和"不该走的"
  ——推理的综合应用之一
- 201 肩章上的冰雪与德军部署
  ——推理的综合应用之二
- 204 "地上也有天上的运动"
  ——推理的综合应用之三
- 207 把女青年当气枪靶子的凶手是谁?
  ——推理的综合应用之四
- 210 一星期"等于"几百万年
  ——论题
- 214 看哈雷彗星怎样解答历史难题
  ——论据之一
- 218 李昌钰颠覆"世纪大审判"
  ——论据之二
- 224 一平方厘米面积上的戏法
  ——丐词
- 227 "有胡子就算学识渊博"吗?
  ——归谬法
- 231 男孩还是女孩
  ——反证法之一
- 234 谁是说谎者?
  ——反证法之二
- 237 阿Q和东郭先生的逻辑
  ——不相干论证
- 241 鸦片烟的催眠力量
  ——循环论证
- 244 国父排行第五与计划生育
  ——诉诸权威
- 248 李鬼求饶
  ——诉诸怜悯
- 251 林肯的雄辩有逻辑力量吗?
  ——诉诸感情
- 254 "世界上为时最久的笑话"
  ——诉诸私心
- 258 宗教裁判所的烈焰
  ——诉诸威力

261 从臭鸡蛋说到《吕氏春秋》
　　——诉诸个人（以个人品质为据）

264 河中石兽何处求？
　　——以感觉经验为据

267 "犯众者为非，顺众者为是"
　　——以多数人的观点为据

270 人有亡斧者
　　——被错觉迷惑

273 指羊为狗，谎言成"真"
　　——重复谎言

276 真正的"巴黎公社墙"在哪儿？
　　——以传说为据

280 "苦痛中的小玩意儿"
　　——望文生义

283 删繁就简三"春"树
　　——错误引用

286 欧洲巨人的诺言
　　——换汤不换药

289 邓析的两个"安之"是矛盾之说吗？
　　——逻辑史话之一

293 "使狗国者从狗门入"
　　——逻辑史话之二

296 "子非鱼，安知鱼之乐？"
　　——逻辑史话之三

300 "白马非马"与"楚人'异于'人"
　　——逻辑史话之四

303 韩非的"矛盾之说"
　　——逻辑史话之五

306 "木与夜孰长？"
　　——逻辑史话之六

309 "黄白杂"之剑
　　——逻辑史话之七

312 王充抨击"文挚不死"之说
　　——逻辑史话之八

316 半费之讼
　　——逻辑史话之九

320 阿基里斯追不上乌龟吗？
　　——逻辑史话之十

323 伽利略落体运动推理是非辩
　　——逻辑史话之十一

326 福尔摩斯"知识简表"的启示
　　——谈谈逻辑教师的知识修养

331 后记
332 修订版后记

修订版前言

我为什么要修订本书？先从刚结束的美国总统大选说起。

有人说：不会辩论的候选人当不了美国总统。诚然，两个候选人特朗普与希拉里都能言善辩，都撕破了对方人格的底线。特朗普最终获胜，选票数只赢了一个百分点。全球看客都不怀疑，这一个百分点甚至更多的票数，或许就是其一双儿女的精彩演说为老爸扒了分。

作为成功的商人，特朗普固然教子有方。更深刻的原因，恐怕还要到全美教育的某种理念中去探究。特朗普的这双儿女并非个案，在美国青年中雄辩者大有人在。

辩论和演说盛行于美国，称得上美国的全民运动。研究表明，5岁时，幼儿的抽象思维能力就开始萌芽，因此美国在幼儿园就开始对幼儿实行思维训练。在美国的小学课堂上也进一步开展这方面的教育。小学生解决问题的能力与逻辑思维能力密切相关。美国的小学普遍教孩子区别事实与观点，并且要用事实来证明自己的观点。小学老师还注重培养小学生的广泛阅读的兴趣，使孩子们在阅读书中的大量故事时就初步接受很多基础的逻辑知识。

雨露滋润禾苗壮。有篇文章说，美国有研究表明，那些从小开始接触思维训练的孩子，语言理解能力更丰富，创造力也更强。逻辑思维训练还能普遍地提高学生的智商，逻辑思维训练出色的学生在高等教育阶段更易获得好成绩。就连美国名校招生时也更热衷招收辩论力强的学生，而成绩一般反被破格录取者并不鲜见。他们今后走向职场时也更易获得成功。

辩论和演说是对口才、知识、风度、神态、亲和力、临场应变能力、快速组织信息能力和说服力甚至煽动力以及逻辑论证力的考验。在各种技巧中最重要的能力应推逻辑思维能力。

你知道吗？根据联合国教科文组织公布的学科分类目录，将基础科学分成七大类：数学、逻辑学、天文学和天体物理学、地球科学和空间科学、核物理学、化学、生命科学。逻辑学位居第二位。在大英百科全书目录卷的科学分类栏目中,逻辑学位居各门自然科学之首。可见其在基础科学中的重要地位。逻辑学里面的门类很多,形式逻辑又是ABC,我们没有理由轻视它。

把视线拉回到国内来,在这一方面,我们的教育是不是输在了起跑线上?长期以来,我们的教育体系一味强调背诵和考试。大量知识在增长,分析和解决问题的能力却在徘徊。列宁说过,中学生应学逻辑。可是我国连许多大专院校都未能普及形式逻辑教学,甚至与逻辑有天然血缘关系的法学专业都竟然有不开形式逻辑课的。

逻辑的普及任重道远。君不见逻辑学家们常在家庭争辩中吃瘪,又在法庭辩论中咋舌。三段论第一格第一式称为审判格,法官用得最多,可有的法官居然用不好。鲁迅笔下的阿Q偷了尼姑庵的萝卜,却要反问尼姑:"这是你的?你能叫得它答应你么?你……"这样的阿Q逻辑在现实生活中不乏其例。

本书对逻辑教学来说,还是能起到垫脚石、敲门砖甚至指南针的作用的。十多年前,本书的前身《智慧之藤》得到过上海市中学生优秀课外读物二等奖,这说明在中学生里还很受欢迎。著名作家沈善增先生称赞本书像科普读物,受到欢迎。既有社会需要,就想让本书变得更好,以谢对读者。

本次修订,增补了五个专题:《"华人神探"一生只做一件事——模态判断》《别具一格的"诚实试题"——复杂问语之二》《李昌钰颠覆"世纪大审判"——论据之二》《邓析的两个"安之"是矛盾之说吗?——逻辑史话之一》《福尔摩斯"知识简表"的启示——谈谈逻辑教师的知识修养》。还为不少专题增加了堪称经典的实例。为彰显本书的通俗的写作风格,将原副标题更改为"趣味逻辑纵横谈"。

准确而通俗,严谨而有趣,是文理各科通俗读物的写作目标。把智慧与逻辑知识拧成一根开心麻花,能吸引人来品尝并非易事。让趣味逻辑"飞入寻常百姓家"是我多年来的一个梦想。在我看来,写有创建的学术论文难,写出一篇可读性很强的趣味逻辑散文来也很难。要知道,找到一个精彩的材料,那真是如获至宝啊!还有那么多的逻辑观点没有趣谈过,就是因为巧妇难为无米之炊,并不是靠生花妙笔就能奏效的。

这次修订前,有位"专业理发师"主动为拙著在文字上做了修面刮胡子的工作。挑出全书瑕疵几十处,包括标点符号的使用,问题不少,绝大多数我都照改不误。书中所引典籍的原文以及出处,这次也一一核对,免得贻笑大方。我对荧屏上"的、地、得"的乱用向来深恶痛绝,反躬自问,自己的作品在各方面都更应规范。

2016年12月20日

序一

高若海

时光荏苒,学不可已。伟宏学友的逻辑学新著《智者的思辨花园》再次引起我的阅读兴趣,并勾起许多合乎逻辑或不合逻辑的遐思。

记得上世纪 80 年代中期,逻辑学虽称不上显学,但对逻辑的学习确实热得可以。逻辑不但是文科学生的必修课,尚且为自学考试的重要科目。笔者担任责任编辑的一本大学逻辑教材,就曾一印再印,印数逼近 20 万册,可见读者之众。反观现在,逻辑学往日风光已经逝去,习之者寥寥,饱尝生活重压的人们再也无暇过问逻辑的 ABC,似乎它已经从人们的视野中淡出。逻辑读物受到冷落,自在情势之中。

难道逻辑学只有应付考试的功能,它已远离现今的时代和生活? 深长思之,觉得并非如此,倘若再作些考察,就会发现逻辑无处不在,无时不有,其万能的触角伸向了社会生活的方方面面,诸如商务谈判、庭审辩论、商品推介、项目评估、决策咨询、论文写作、论坛演说、资讯传播,等等。试问,又有哪一项没有"逻先生"出场,又有哪一项不需要概念明确,推理正确,论证科学呢!

人们说 21 世纪已进入关系时代,人际沟通能力是关系时代不可缺少的重要能力,而沟通所需的语言表达或文字表达,莫不以逻辑为基础,逻辑思维直接关系着沟通能力的强弱,沟通结果的成败。正因为逻辑修养已成为人们能力的重要方面之一,国外的一些能力性考试,都把逻辑作为必考的内容,如 TOFEL、GRE、GMAT、LSAT 都设计有逻辑的测试,国内的 MBA、MPA 综合能力测试中也都含有逻辑题目。这些都从一个侧面显示着逻辑与能力的关系。又因为逻辑学是奠定人类知识大厦的基础,如今的经济学、法学这些热门学科,其自身发展中就很重视逻辑研究,衍生出经济逻辑学、法律逻辑学等新兴学科,说明逻辑学并未被束之高阁,置于可学可不学之列。记得大科学家爱因斯坦十分推崇逻辑的学习,他曾说过:"西方科学的发展是以两个伟大的成就为基础,那就是:希腊哲学家发明的形式逻辑系统(在欧几里德几何学中),以及通过系统的实验有可能找出的因果关系(在文艺复兴时期)。"爱因斯坦高度评价逻辑学在开发青少年智力中的作用,提出要把逻辑训练作为学校应该完成的任务之一。这一观点直到今天仍放射着光芒。

那么,逻辑修养是否与生俱来,不学而得的呢?答案亦是否定的。人不学逻辑固然可以思维,但思维的敏捷与滞顿,却大有差异。逻辑基础好,思维必然清晰,执行力自然强,谋事易成。反之,逻辑修养缺乏,思维必然混乱,既难以求真,又无从辨谬,要想做成什么事,应当是困难的。

我就耳闻目睹一些年轻人栽在逻辑修养的缺失上。在招聘面试时,有的人答非所问,颠三倒四,语无伦次,自然难免淘汰的厄运;在项目陈述时,有的人概念不清,条理不顺,同义反复,论证乏力,项目前景自然暗淡;在撰写论文时,有的人论题论据失当,循环论证,下笔千言,越写越远,人们读后不知所云,即使字数符合八千、一万字的要求又有何用!我还看到有的报纸竟将"甲流重症患者治愈,病人仍在昏迷"作为标题赫然印在版面上。这类的逻辑病例在报刊上屡见不鲜。2006年北京的数家媒体曾发起邀请读者为报刊文章在逻辑与语言方面挑错的活动。在相关座谈会上,有的逻辑学家惊呼现在报刊上的逻辑混乱已经到了令人担忧的地步。据我体会,这种说法并非耸人听闻,而是以事实为依据的。问题是此种严重的状况为何会出现,除了社会公共语言丰富、发展变化过快等客观因素,恐怕与人们轻视逻辑的学习与训练不无关系。

时下,人们对语言的规范已经有所重视,《咬文嚼字》办得十分红火,大大提高了人们对错字别字的识别能力,为语言的纯洁做出贡献。而逻辑的辨谬活动则显得相对薄弱。好在伟宏学友书的出版,为这一方面增添了相当好的助力。

伟宏的逻辑散文一改高台讲章的枯燥与玄虚,给人以深入浅出、雅俗共赏、清新活泼之感。它涉笔成趣,寓逻辑分析于故事叙述之中。或者从一个故事切入,条分缕析,阐释出不易为人察觉的逻辑道理;或者用多个掌故、趣闻,层层递进地讲述一个逻辑常识。时而以求真为主调,在求真的解说中使人懂得何以去伪、驱谬;时而从辨谬入手,在何以为谬的叙述中让人们增添求真的知识,犹如大弦小弦错杂弹之妙曼,大珠小珠落玉盘之动听。

全书虽由数十篇散文构成,但大体上可以归纳为概念、判断、推理、论证与逻辑史话五个部分,使读者在轻松阅读中掌握逻辑学的基本内容。特别是论证部分,作者不仅指出了不相干论证、循环论证等形式逻辑谬误,而且分析了诉诸权威、诉诸怜悯、诉诸感情、诉诸私心、诉诸威力、望文生义、错误引用等非形式逻辑谬误,有利于人们以此为戒,力求思维的正确性。

《智者的思辨花园》中盛开智慧的花朵。倘徉于此,领略智者的思辨神采,不仅能够清脑益智,而且能够赏心悦目,实乃乐事。

忝为之序。

序二

沈善增

拜读郑伟宏教授的复旦版《智者的思辨花园》，很有些感动。在书的"自序"中，他说到："在《智慧之籁》中，有则关于拿破仑的故事，历史背景搞错了。当时有位中学生指出了错误，他是著名作家沈善增的儿子。"被他提起，我依稀记得有这回事，但沈雄风说的是什么，全然忘记了，我问沈雄风，他也记不起来了，但郑教授记着，还在"自序"中提到，这不仅表现出他虚怀若谷的谦虚精神，更是显示了他严谨的治学态度。

读"自序"，方知道他写作这本逻辑科普读物是花了大功夫的，不是简单地把知识积累举一些例子说出来算数。他起意要写趣味逻辑散文，就因为在大学初学逻辑时感到乏味透顶，因此，当他走上大学讲坛教逻辑时，一心要使这门基础的工具课变得生动有趣，让莘莘学子乐意接受。他研究发现，"逻辑教学和逻辑读物的趣味性、生动性、知识性在很大程度上依赖于实例的选择"。因此，他"从一开始，就订下标准，要求自己尽量原创"，"材料的来源，一是原有的知识积累，竭力挖大脑的库存；二是为找素材而泡图书馆，在报刊书籍的海滩上寻觅'发光的卵石和奇异的贝壳'；三是在生活中时时留心，妙手偶得"。功夫不负有心人，因此，书中大量的实例在各种逻辑书、同类读物、教科书的正文、习题、逻辑试卷中，甚至在学术论文中被频繁引用，屡次得奖。这绝非偶然。

郑伟宏先生之后专攻曾为绝学的佛家逻辑——印度因明的研究，"坐了长达二十多年的冷板凳，先后出版了《佛家逻辑通论》、《因明正理门论直解》、国家社科基金项目《汉传佛教因明研究》等专著并获奖。前不久又出版了上海社科基金项目《因明大疏校释、今译、研究》。目前主持完成了2006年教育部所属逻辑基地重大项目《佛教逻辑研究》"，是这方面的权威专家。用他自己的话来说："回首这三十多年，在逻辑园地中最热门和最冷门的两个领域，我都竭尽所能，为读者奉献精品。"用写学术专著、搞重点科研项目的认真态度来写科普读物,在普遍浮躁的当下,有几人能够做到,但若做到了,一定影响巨大而深入。沈雄风就深受《智慧之藤》之惠。他后来告诉我,大学里没有上过形式逻辑课,他的形式逻辑知识,对形式逻辑的兴趣,主要来自这本书,这本书是他的形式逻辑启蒙书。他之所以能从数学中读出美感来,在上海中学数学班毕业时,选择复旦大学数学系为第一志愿(有不少奥数竞赛成绩比他好得多的同学问他,数学你还没读厌吗?),也与这本书的影响大有关系。我这次重读,对其中从逻辑学角度分析"濠上之辩"的章节深为叹服。研究过《庄子》的都知道,这一章是难点,历来的解释莫衷一是。我觉得郑教授的解释比许多注庄大家的意见更为合理、更为高明,使人感受到按逻辑规则来思考的洞察力。这些年我甄读中国古籍经典,深感逻辑素养是提高人文科学整体研究水平的一个瓶颈,因此,郑教授的这本书应该是大学生的必读书。希望有志于搞些研究的青年学子都来读一下本书,必定受用终身。

自 序

《智者的思辨花园》是我三十多年来趣谈逻辑的荟萃本。每一个修订本都输入了新鲜血液，使之历久弥新。

在上世纪60年代，我在复旦大学初学形式逻辑时，感觉好似梦里嚼树皮，那个枯燥乏味劲就别提了。到70年代末，当我走上哲学系的讲台，手执形式逻辑教鞭时便暗下决心，昔日的情景再不能重现。

当时有三本书深深地影响了我。第一本是苏联的《逻辑错误怎样妨碍正确思维》。书中引用了世界名著中的许多故事，别开生面。第二本书是法学家吴家麟先生的《故事里的逻辑》。学了逻辑不会用是个通病，我本人也长期为此苦恼过。我是从这本逻辑故事集中学会了用逻辑的能力。第三本是著名作家秦牧的《艺海拾贝》。此书把文艺真谛讲得引人入胜。我反复咀嚼，品尝到隽永的趣味。我想，哪怕学到点皮毛，于逻辑的教学也会放出异彩的。于是有了撰写散文式逻辑读物的念头。

我与老大哥倪正茂趣味相投，一拍即合，开始了珠联璧合的写作。我们尽量把各自搜集的最精彩的材料汇集起来，各自分题撰写。由于正茂兄的谦让，每个单篇都由我修改过。起初在文汇报内部刊物《文汇通讯》上每期发2篇。几期过后，文汇报的副总编（后任总编）张启承先生说："照这样写下去不容易。"能得到新闻界老专家的鼓励，我感到信心倍增：这条道走对了。于是，我们一鼓作气连续发表了24篇。

随后我们又增补30篇结集为小册子，由复旦哲学系老一辈的逻辑专家沈秉元先生推荐给湖南省出版局的朱悦先生，题名为《逻辑与智慧》的小书于1983年在湖南人民出版社呱呱坠地。短时间里竟一版再版。应我的殷切请求，全国人大副委员长周谷城教授为第二版题写了书名。著名逻辑学家崔清田、黄石村先生评论说"这是同类著作中的佼佼者""罕见的逻辑佳作"。国内有《人民日报》等十多家媒体发了书讯书评。香港逻辑学家黄展骥先生在香港报纸上称赞它是内地最佳逻辑通俗读物。《澳门日报》转登了《新民晚报》上的书评《学逻辑，长智慧》，原作者为复旦大学新闻学院院长、著名杂文家公今度（徐震先生）。1988年，该书获第二届全国通俗政治理论读物二等奖。

1985年我们又在光明日报出版社合作出版了《逻辑推理集锦》。此后，正茂兄专事法学研究，优质高产，成为享有盛名的法学家。我因为参与国家"六五"重点项目《中国逻辑史》的编撰工作，亦转向曾为绝学的佛教逻辑——印度因明的研究。捧起唐僧玄奘译传的典籍，坐了长达二十多年的冷板凳，先后出版了《佛家逻辑通论》、《因明正理门论直解》、国家社科基金项目《汉传佛教因明研究》等专著，并且全都获奖。又完成了上海社科基金项目《因明大疏校释、今译、研究》。目前主持2006年教育部所属逻辑基地重大项目《佛教逻辑研究》。

在撰写逻辑趣谈散文方面，这二十多年来仍有收获：1995年应当时的上海电视二台之约，撰写了三十多集逻辑趣谈，还配上图画，由华师大中文系两位老师播讲。随后又将十多年来所写八十多篇结集出版，题为《智慧之藤——趣味盎然话逻辑》。该书未能保留正茂兄的许多精彩实例和点睛之笔，也是无可奈何的。这个本子被中国逻辑学会评为第一届通俗著作优秀成果奖（一共评出两本），还曾被评为上海市中学生优秀课外读物二等奖。

几年前，中国社会科学院哲学所逻辑室刘培育研究员主编一套"逻辑时空"丛书，约我承担其中一本。此举又得到北京大学出版社著名编辑杨书澜女士的大力支持。我十分珍惜这一良机，将二十多年来的大部分旧作加以精心修订。由于割舍不了对《逻辑与智慧》的眷恋，在未征求正茂兄意见的情况下，便擅自将自选集冠以书名《逻辑与智慧新编》。此书荣获国家"知识工程推荐书目"称号。

回首这三十多年，在逻辑园地中最热门和最冷门的两个领域，我都竭尽所能，为读者奉献精品。每念及此，一种自豪感油然而生。

本书的一个显著特点是，书中有大量趣味盎然的逻辑实例。有人赞美本书像百宝箱，搜罗天下珍宝，五光十色；有人又比之为百花园，盛开奇花异草，万紫千红。其中绝大多数精品素材都出自我的第一手资料，我喜欢做蜜蜂采花酿蜜的工作，尽量不去效法蚂蚁的搬运。逻辑教学和逻辑读物的趣味性、生动性、知识性在很大程度上依赖于实例的选择。多年来，拙著中大量的实例被各种逻辑书频繁引用，在同类读物中，在教科书的正文、习题中，在考卷中，甚至在学术论文中我都很高兴地见到这些"熟面孔"。看来，我的选例大多还是精当的,经得起同行推敲,也为广大读者所喜爱。一些全国重点大学的逻辑教授每次见面,总要向我反馈在课堂上引用书中实例所激发的学生的浓厚学习兴趣。能为高校的逻辑教学做点贡献,内心之愉悦难以言表。

多年来,常有人问:"你那么多材料是从哪儿搞来的?"这就要从我写逻辑趣谈散文的初衷说起。从一开始,我就订下标准,要求自己尽量原创,因为"吃别人嚼过的馍没味道"。材料的来源,一是原有的知识积累,竭力挖大脑的库存;二是为找素材而泡图书馆,在报刊书籍的海滩上寻觅"发光的卵石和奇异的贝壳";三是在生活中时时留心,妙手偶得。例如,把举办集体婚礼说成"集体结婚"的谬误,这一材料就是我结婚那天,在理发店陪伴妻子时随手从《人民日报》上摘录的。上海音乐学院大提琴演奏家林应荣教授建国初留学苏联,一道流行于苏联的智力测验题"真城与假城"就是她送给我的见面礼。顺便说一下,在《智慧之藤》中,有则关于拿破仑的故事,历史背景搞错了。当时有位中学生指出了错误,他是著名作家沈善增的儿子。本书当然也免不了借鉴别人用过的材料,但是转引材料仍尽量不坐享其成,而是力求在原理解释方面有所创新,甚至反其意而用之。此外,有些篇章是本人科研成果的结晶,如庄子惠施"濠梁之辩"、公孙龙"白马非马"辩、伽利略落体运动是非辩等。也有个别篇章借鉴了他人的科研成果。关于非形式谬误的几篇,受益于在美国任教的高旭光先生,他在出国留学前将宝贵的研究资料都留给了我。

本书的书名是由我的复旦同事、上海市圣亿写作中心负责人欧阳靖先生所赐。所谓智者,泛指古今中外有智慧的人。

人们常说"艺无止境"。逻辑通俗著作的写作亦然,我当继续努力。

2009年9月

父与子的是非曲直
——逻辑辨谬与求真

辩论是孕育逻辑科学的沃土。世界三大逻辑的发源地希腊、中国和印度都有着悠久的辩论传统,曾经涌现出许许多多能言善辩之士。他们中有人顺应历史大潮,有人则仿效螳臂挡车。他们或者循正理,或者玩奇辞。其中能量大者,真可谓"一人之辩,重于九鼎之宝;三寸之舌,强于百万之师"(刘勰《文心雕龙》)。在历史舞台上,他们演出了一幕幕呼风唤雨、纵横捭阖的活剧。

亲爱的读者,在思辨花园的入口处,让我们拂去历史的尘埃,先选一则掌故慢慢鉴赏。看一看逻辑是怎样教人获得真理,又是怎样教人辨析谬误的。

故事的主人公是古希腊一对佚名父子。两千多年前,雅典有个辩才无碍的年轻人,他四处奔波,频频发表演说和参与辩论。正当他雄心勃勃地猎取功名利禄时,他的父亲却忧心忡忡地对他说:"孩子,你可得当心!你那样热衷于演说和辩论,不会有好结果的。说真话吧,富人或显贵们会恨死你;说假话吧,贫民们不会拥护你。可是既要演说,你就得或讲真话,或讲假话。因此,你不是遭到富人、显贵的憎恨,就是遭到贫民们的反对,总之是有百弊而无一利啊!"

儿子听了,照着他父亲的说理方式回答说:"父亲,您老不用担心。如果我说真话,那么贫民们就会赞颂我;如果我说假话,富人、显贵们就会赞颂我。尽管在演说和辩论中我不是说真话,就是说假话,但是不是贫民们赞颂我,就是富豪、显贵们赞颂我,何乐而不为呢?"

这件逸事结局如何,无从查考。我们关心的是,应该怎样来评论父子两人的是非曲直?有人说父子两人使用的二难推理都不合逻辑;有人认为父亲的规劝之辞是一个错误的二难推理,儿子的反驳也是一个错误的二难推理,但是儿子恰巧用了这个错误的二难推理驳斥了父亲的二难推理。由于儿子反驳了父亲,儿子是胜利者;也有人说双方推理都合乎逻辑,儿子的反驳不失为一种反驳方式,但由于他们的说话方式一致,在前提内容上都有片面性,因而各自的结论都是片面的。我赞成最后一种看法。我们将父亲和儿子两人的二难推理先后列式如下:

如果说真话,则富人、显贵们憎恨你,
如果说假话,则贫民们憎恨你,
你或者说真话,或者说假话,
所以,或者富人、显贵们憎恨你,或者贫民们憎恨你。

如果说真话,则贫民们赞颂我,
如果说假话,则富人、显贵们赞颂我,
我或者说真话,或者说假话,
所以,或者贫民们赞颂我,或者富人、显贵们赞颂我。

父亲的二难推理与儿子的二难推理,尽管在假言前提的内容上有所不同,但从二难推理的形式结构来看,完全相同,都具有如下二难推理的形式:

如果 P,则 R,
如果 Q,则 S,
或者 P,或者 Q,
所以,或者 R,或者 S。

从这个二难推理形式的结构上我们可以读出,它完全正确,也就是说,前提与结论有必然联系(有关二难推理的规则将在后面作专题介绍)。可见,说父子两人的二难推理都是错误的二难推理,这是不对的。儿子的二难推理由于与父亲的二难推理形式完全相同,称为反二难推理,从形式逻辑的角度看,不失为反驳的一种有效手段。

有人以为,父子两人各自的结论针锋相对,其间必有一假。这也是一种误解。实际上是他们各自都推得了一部分道理。由于各执一端,大家的道理都不完全。其实,这是并行不悖的两半,这两半合在一起就是一个较为全面的结论。可以列式如下:

如果说真话,则贫民们赞颂并且富人、显贵们憎恨,
如果说假话,则贫民们憎恨并且富人、显贵们赞颂,
或者说真话,或者说假话,
所以,或者贫民们赞颂并且富人、显贵们憎恨,或者贫民们憎恨并且

富人、显贵们赞颂。

我们列出的这个推理从内容、形式两方面看,都比父子两人各自的推理要全面,因而结论也比父子两人各自的结论更符合实际。严格地说,实际情形也许复杂得多,因为不能排除说真话时穷人、富豪权贵都赞成,而说假话时穷人、富豪权贵都反对的可能性。例如,鼓吹兴修水利的好处,也许除了少数"钉子户"外就得到全社会的支持。实际的反响会怎样,即推理前提内容是否全面、是否真实,逻辑无能为力,单靠它是回答不了的。但我们不能因此否定前两个推理。结论的差别来自前提的差别。应当说,三个推理的假言判断所反映的内容都是可靠的,但不是恰当的,从形式上来看,父子两人的假言判断的后件是简单判断,而我们的假言判断的后件是联言判断。对于这个差别,逻辑是完全不负责任的。

根据父子两人的结论来指导实际行动,无论哪一种决策都会陷入片面性。只有看到无论说真话还是说假话,都是有人赞成有人反对,才有可能做出正确的决策。逻辑只管推理的形式结构正确与否,而不管内容的真实与虚假或全面与否。可见,最终的决策不取决于逻辑。古人云"两害相权取其轻",不仅如此,《墨经》还有两利相权取其大的观点,"断指以存腕,利之中取大,害之中取小也"。这是走出困境的策略。但最根本的,是要解决怎样做人的问题。钱氏家训中有一句话,叫做"利在一身勿谋也,利在天下者必谋之"。对年轻的演说家来说,何去何从,先要想清楚,是图一己之私利呢,还是为天下人谋公道?

以上评判初步告诉读者,"逻先生"在裁决当中扮演什么角色,他的权力范围有多大。简单说来就是一句话:形式逻辑就是讲形式的。拿着这把宝钥匙,就可以帮助我们打开求真与辨谬的大门。让我们先来解释一下与形式有关的问题:什么是逻辑错误,怎样判定逻辑的真命题和假命题,逻辑与真理有什么关系,等等。

朋友,假如我们站在隧道的入口这端向出口那端望去,这端比那端显然要大得多。大家知道,实际并非如此,原来我们上了错觉的当。

当我们仰望夜空,月亮像个银盘子,比起那无数眨眼睛的小星星来,不知要大多少倍。可是天文知识提醒我们,月亮是球体,月亮与星星相比,才真正是"小不点"。我们又受到视力的蒙蔽。

可以试试,当我们俯身地下,去倾听羽毛落地的声音时,那肯定是什么也听不见。事实上羽毛落地也会有声响,只不过微乎其微罢了。古希腊神话说,羊毛生长还会发出"沙、沙"声呢!看来,听觉在欺骗我们。

人会犯各种错误。上述错误，只与人的感觉有关，属感知方面的错误，与逻辑错误不相干。

在论辩当中，下述词的使用率很高：偷换概念、转移论题；自相矛盾、模棱两可；答非所问、王顾左右而言他；推不出、轻率概括、机械类比；丐词、不相干论证、循环论证，等等。一言以蔽之：不合逻辑，或者说犯了逻辑错误。

逻辑错误与人们的思想有关，但思想方面的错误却不一定是逻辑错误。

假如有人做出一个判断："火星上有人。"你可以说他这个判断是假的，因为不符合实际，但不能说其中包含逻辑错误。

逻辑错误是指思想之间组织结构方面发生的错误。倘若有人说"'火星上有人'是对的，'火星上没有人'也是对的"，那么，我们不必借助任何现代航天知识，仅从这句话的结构中，即从前后两分句之间的关系中便可以读出，它包含着逻辑矛盾，整个句子是假的。这是一种典型的逻辑错误。

一个具体判断是不是真，可以用事实来对照。例如，"火星上没有人"，符合实际，它是真的。一个逻辑判断的真，则可以从它的结构中"读出"。例如，"火星上或者有人，或者没人"，它具有"P 或非 P"的结构，这就是形式逻辑基本规律排中律的形式结构。从结构中我们就可断定其为真，大可不必先用事实对照而后下结论。因为这种正确的结构本身就是客观世界的规律性在思维中的反映。通常我们把思想之间的组织结构称为"思维形式的结构"。

凡真理，其思维形式的结构必定是正确的；但并非所有借助正确思维形式结构所推导出来的结论都是真理。要使一个推理的结论必定符合实际，既要求推理的结构正确，又要求前提内容真实。

达尔文写了一本《兰必虫媒》的书，主张兰这种植物的繁殖必须以昆虫为媒介。著作出版不久，有人在马达加斯加岛上发现一种巨兰，其花房长达 11 英寸。那人未发现并且也不相信有什么昆虫能传花授粉，于是写信向达尔文求教。虽说这样的巨兰，达尔文也未见过，但他十分自信地认为，这种巨兰的花房既然是长到 11 英寸，那就非以虫为媒不可。那人经过长时间的精心观察，果然发现一种奇异的蝴蝶，有着细长的舌头，飞行时它把舌头像卷尺一样收起来，采蜜时才伸展出来。达尔文根据"兰必虫媒"和"巨兰也是兰"这两个前提，推出结论"巨兰必以虫为媒"。这是一个形式结构正确的推理，从中可读出前提与结论有必然联系，再加上大前提又真实地反映了普遍原理，这两条便决定了结论必定与事实相符。

每个学科都有自己独特的研究对象。形式逻辑是以思想之间的组织结构作为自己的研究对象。它不研究思维的具体内容，不研究思维与实践的关系，不研究思维的辩证发展。正因为如此，形式逻辑是供不同阶级的人共同使用的武器，按著名历史学家周谷城先生的话说：它是没有阶级性的。

对这一说法，毛泽东主席在1957年接见周先生时就很感兴趣地问："何以见得？"

周先生举例回答说："资产阶级说，凡生产资料应该私有，大工厂是生产资料，所以大工厂是应该私有的。无产阶级说，凡生产资料应该公有，大工厂是生产资料，所以大工厂应该公有。"

毛泽东主席听了，笑着说："言之有理，也有力。"

周先生的例子说明，两种思想虽然针锋相对，但是它们的表达方式是相同的，有如不同的信息借用共同的载体，又好比同一辆公共汽车可把不同派别、不同身份的人送到各自的目的地去一样。至于两种思想（两个大前提）谁对谁错，形式逻辑无法回答也用不着去回答。

《吕氏春秋·淫辞》中记载了一则外交逸事：

> 空雄之遇，秦、赵相与约。约曰："自今以来，秦之所欲为，赵助之；赵之所欲为，秦助之。"居无几何，秦兴兵攻魏，赵欲救之。秦王不悦，使人让赵王曰："约曰：秦之所欲为，赵助之；赵之所欲为，秦助之。今秦欲攻魏，而赵因欲救之，此非约也。"赵王以告平原君，平原君以告公孙龙。公孙龙曰："亦可以发使而让秦王曰：'赵欲救之，今秦王独不助赵，此非约也。'"

秦国预谋攻打魏国，为分化魏、赵相邻的友好关系，事先在空雄这个地方与赵国订立互助条约。约定一方想要做的事，另一方就得相助。当秦兴兵攻魏，赵欲救魏之际，秦王就派人指责赵王违约。赵王求计于平原君，平原君又求计于公孙龙。公孙龙不愧为名辩家的代表人物，他建议赵王派人以同样的理由责备秦王违约。《吕氏春秋·淫辞》没有交代结局。该书把公孙龙的据理力争斥为"淫辞"，彰显出作者的强盗逻辑，也透露出秦王的无奈吧。谁叫你用"所欲为"这样的模糊字眼呢？当各自的"所欲为"正好是针尖对麦芒时，就只能各行其是了。这个故事的逻辑启示有二：一是拟合约条文时运用概念要明确，二是对秦王的反驳颇有逻辑力量。对这类答复方式，借用中国第一本逻辑著作《墨经》关于"援"式推论的话来说："子然，我奚独不可以然？"合约内容是否合理，措词是否严密姑且不论，你可以用合约来约束我、责备我，我为什么不可以用同样的理由来约束、责备你呢？

如果说那个儿子是用与其父亲同样的推理方式来反驳其父，那么公孙龙是用论敌赞成的理由来反驳对方。可谓各尽其妙，异曲同工。

逻辑能助你求知，逻辑也能助你辨谬，逻辑还能助你正确地表达思想和领会他人的思想，从而达到顺利交际的目的。在实际生活中，像俄国作家屠格涅夫的小说《父与子》中的主人公那样认为逻辑无用的人，已经很难找了。小说中的青年医生巴扎罗夫是一个虚无主义者，"一个什么都不承认的人"，他说："逻辑对我们有什么用呢？您肚子饿的时候，我想，您用不着逻辑帮助您把一块面包放进嘴里去吧？"

然而不少人还是有不学逻辑，照样写出好文章，照样有好口才的想法。诚然，人不学逻辑，照样思维。这正像不学生理学，照样会消化一样。但是，正像懂得生理学，我们便懂得饮食要卫生，什么东西有利于健康，什么东西不利于健康，也就有助于延年益寿。同样，学了逻辑学，有助于正确地思考和表达。由于长期以来以模仿为主的经验，你可以在很多场合，说得不错，写得不错。然而仅凭经验来辨别正误，就会知其然，而不知其所以然，知其一而不知其二。须知，感觉到了的东西，我们不能立刻理解它，只有理解了的东西才能更深刻地感觉它。

"逻辑之父"亚里士多德认为，逻辑是研究一切知识的必要思想工具。

爱因斯坦说过，西方科学的发展是以两个伟大的成就为基础，那就是：希腊哲学家发明的形式逻辑体系（在欧几里得几何学中），以及通过系统的实验有可能找出因果关系（在文艺复兴时期）。

逻辑有助于你增长智慧。杰出的物理学家卢瑟福曾经浩然慨叹："人们的知识在不断地充实着，而人们的智慧却徘徊不前。"智力的发展包括增强记忆力，提高思考力，丰富想象力，启发创造力等很多方面。其中的核心是提高思考力，而思考力的提高离不开逻辑修养的提高。如果说，在浩瀚的知识海洋中，"数学是科学的大门和钥匙"（罗杰·培根），那么，逻辑便是科学的基石和阶梯。舍逻辑于不顾而要步入科学的殿堂，近于幻想。

好了，让我们到思辨花园中去漫步吧！

"长长长长长长长"
——概念与语词

在著名讽刺小说《格列佛游记》里,巴尔尼巴比的学者们认为,说出一个词来多多少少会侵蚀肺部,因而提倡废除语词。他们出门随身携带各种实物,见面时各自打开包袱,指点实物进行交际。指点完毕,各自收拾包袱,相互帮助背上,挥手告别。

小说毕竟是小说,如果把它搬到实际生活中来,那有多荒唐啊!

世界上没有任何东西能完全取代语词的交际作用。交流思想离不开概念,所谓概念是反映客观事物本质属性的思维形式。它是思维的细胞,要靠语词来表达。

概念无臭无味,无轻无重,我们可以理解它,描述它,却无法感知它。我们不能直接看到或摸到概念。要把头脑中的概念传达给别人,必须借助于有声的或有形的语词。

语词是表示事物的声音或笔画,这些声音和笔画之所以能表示事物,就是由于人们头脑中有相应的概念。概念与语词相互依存。

有人不理解,说交通警用红绿灯来指挥交通,海上船只用旗语来联络,人们在交际时,点头表示赞成,摇头表示反对,这不说明概念也可以感知吗?

其实,红绿灯、旗语以及点头、摇头所表达的意义还是要通过语词来解释,人们才能够理解。

美国人在公共场合演讲,举起双手与头并排,掌心向着听众,成投降式,是要求听众保持安静;但是在希腊,这是最侮辱人的手势。印度人的习惯,点头是反对,摇头是赞成。可见,用手势表达思想还得用语词来解释。

鼓掌、吹口哨是表达思想感情的一种方式。可有时候会带来误会。20世纪50年代初,京剧大师程砚秋到抚顺、鞍山演出。在第一场演出当中,台下掌声不断。戏演完后,虽然谢幕10多次,观众仍连连鼓掌,不肯退场。剧场经理赶到后台,对程砚秋说:"事先忘了跟您说了,我们东北时兴便装谢幕。您卸装,换便装吧!"

这位京剧大师没有思想准备,一再说:"我卸装慢,您跟观众解释一下吧!"

剧场经理转达后,无奈观众不接受,仍然鼓掌,有人甚至吹起了口哨。

程砚秋误认为让他便装上台,是拿他寻开心,便匆匆卸装,从后台悄然离去。热心的观众认为程砚秋看不起他们,第二天观众骤减,有人买了票也没来。第三天人更少。本来要演 10 场,却只演了 3 场,京剧大师郁郁不乐地离去。

美国著名小说家马克·吐温有一次到一个小镇演讲,附近许多农民慕名而来。会场里挤满了听众,但马克·吐温发现听众的反应远不如他想象中那般热烈,于是提前结束演讲,从后台快步绕到会场大门外,了解气氛不热烈的原因。

出乎意外,他发现人们在模仿他的话,笑着,议论着。一对远道而来的老夫妇在登上马车启程时,丈夫对妻子说:"他讲得真好笑,我费尽力气,才忍住没笑出声来。"妻子说:"要是忍不住,可就失礼了,人家可是个名人呢!"

大作家长舒一口气,以后他每每谈及此事,总是悔不当初,对不起那些远道而来的乡间听众。

概念是语词的思想内容,而语词是概念的表达方式,但它们不完全是一一对应的。

古时候,不同的人家贴不同的春联,似有不成文之规矩。人们从门联就大致可猜出户主的身份。"文章西汉两司马,经济南阳一卧龙",一定是书香门第;"入座三杯醉者也,出门一倒歪之乎",猜酒家不会错。

有一家的门联很奇特,左右两联都是七个"长"字。过路人围着看热闹,猜不出其中奥妙。这时有个乡下人进城,边看边念,说这一家是卖豆芽的。一问,果然不错。

"长"字,既可读作"生长"的"长",又可读作"长短"的"长"。"长"还与"常"谐音。这样,上联是"常长,常长,常常长",下联是"长(zhǎng)得长(cháng)点,长(zhǎng)得长(cháng)点,再长(zhǎng)得长(cháng)点"。这不是发豆芽的又会是什么人家呢?

这副对联的构思利用了一词多义的情况,即同一个语词可以表达不同的概念。

"外交用语"是个多义词。它可以指称外交家们在交谈或行文时实际使用的某种民族语言;也可以用来指称外交界常用的词汇、专门的术语;还有第三种也是最普通的意义,是指被用来表示那种经过谨慎考虑的措辞,这种措辞委婉曲折,对方领会,第三者也懂得,使外交家们能互相谈论尖锐的问题而又不致激怒对方或失礼。

在交流思想的过程中,由于不了解某个语词的多义性而发生误解的情形常有发生。《尹文子》记载,古时郑国人把未经雕琢的玉石称为"璞",周人把未腌制的鼠肉称为"璞"。由于同名异实,在一次买卖中闹了笑话。周人怀里揣着璞问郑国的商人:"要买璞吗?"郑国的商人说:"要呀!"当周人拿出璞来,郑人一看竟是鼠肉,"因谢不取",颇有风度地拒绝了对方。

鲁迅先生在《答曹聚仁先生信》中,曾这样写道:

> 譬如"妈的"一句话罢,乡下是有许多意义的,有时骂人,有时佩服,有时赞叹,因为他说不出别样的话来。先驱者的任务,是在给他们许多话,可以发表更明确的意思,同时也可以明白更精确的意义。如果也照样的写着"这妈的天气真妈的,妈的再这样,什么都要妈的了",那么于大众语有什么益处呢?

鲁迅先生在这里提到的一词多义的情况,是文化落后的一种表现。我们从中也可悟出一个道理:不同的概念究竟是用同一个语词来表达好呢,还是用不同的语词来表达好呢?这是没有一定之规的,要看具体的语言环境来决定。

一个多义词在一定的语言环境中,它的语义又是确定的,表达确定的概念。

在清朝时有这样一个真实的故事。那时参加科举考试的考生都要填相貌册,以防止冒名顶替。有位考官对每位考生都要亲自过过目。有些考生在相貌册上填"微须",意思是有少量胡须。哪里知道,考官大人把"微"当作"无"解,许多考生因此倒了霉,被当作冒名顶替者被撵出了考场。

有个常熟考生填了"微须"后感到事情很不妙,急忙找文书修改,偏又找不着,到了半夜,只好到剃头铺把胡子刮光。天一亮赶到考场听点。谁知那考官一拍惊堂木:"又来了一个顶替者,册上填明有须,而你却是无须的!"原来他的老相识考场文书已代他将"微须"改作了"有须"。多年苦读,毁于一旦。

另有一位微须的考生不服,与考官争了起来。考官训斥他:"读书人怎么连朱老夫子(朱熹)以'微'训'无'都不知道呢?"在明朝,应试者非读朱熹注解的四书不可,清袭明规,朱注四书成为考试制度中评判高下、决定取舍的标准本。哪想到考生笑着回答:"照你这么说,那么孔子微服而过宋,就是脱得赤膊精光了？"

这一驳,直驳得考官哑口无言。"孔子微服而过宋",是孟子书上的话。这里的"微"是微贱的意思。"微服"指便服或平民服。古时皇帝微服私访,就是穿了老百姓的衣服暗中访察。由于孟子比朱子更有权威,考官只好吃瘪。

"微"是个多义词,一共有 13 种用法。词义不同,表达的概念便不同。

概念与语词并非完全——对应还有第二种情况：不同的语词可以表达同一个概念。

同义词中的等义词,由于其意义完全相同,就是说,其含义与适用对象都完全相同,因而表达同一个概念。等义词往往是借用外语词和方言词的结果。

"文革"时期"读书无用论"耽误了很多青少年,有人问："赛先生和德先生这两位先生是何许人？"其实,"赛先生"和"德先生"这两个词分别是"科学"与"民主"的代名词。"科学"与"民主"是外来词,根据英语音译过来是"赛因斯"与"德谟克拉西"。"五四"运动前,经梁启超一趣称为"赛先生"与"德先生",就风行全国了。

我们现在叫惯了的"青霉素",这种在抗日战争时期闻名一时的新药叫做"盘尼西林"或"配尼西林"（英语音译）。鲁迅早期杂文里提到过的"虎力拉",即是现在大家熟知的"霍乱"。"维他命"在当代汉语里早已改为"维生素"。维生素保留了原来音译借词中的第一个汉字"维",而创造了音义相关的"维生"加上表意的"素",就构成了这样一个意译和音译结合的新词。

在方言中,以不同的方言词表达同一个概念的现象也是很常见的。"向日葵"这个概念的方言词就很多。河北唐山叫"日头转",承德叫"朝阳转",任丘叫"望天葵",山东济南叫"朝阳花",昌乐叫"向阳花",莒县叫"转日葵",栖霞叫"转日莲",湖南邵阳叫"盘头瓜子",等等。

在同义词中,有一部分具有不同的形象色彩、风格色彩或感情色彩。"母亲""妈妈""娘",这三个词的含义及适用对象都完全相同,但是在风格色彩和感情色彩上是有不同的。"母亲"很庄重,多用于书面语。"妈妈"很亲切,是口头语。"娘"则富于地方色彩,也很亲切,常用于口头称呼。这三个词所反映的客观内容是完全相同的,它们只在主观运用上有所区别,因此是同一个概念的不同表达方式。在不同的语言环境里,如果能选用不同的语词去表达同一个概念,那么说话或行文就会更加生动贴切。

在文学语言中,有不少看起来是相反的语词,表达的却是同一个概念。例如,"好神气"与"好不神气","好快活"与"好不快活","好伤心"与"好不伤心",

等等。每一组都是同一个概念的不同表达。每一组中的后一语词中都有"不",按本义是表达否定的意思,但是"不"在这里却失去了它的本义,而起到强调语气的作用,"好不神气"就是"好神气"。

大家知道,"读书人偷书不算偷"是一种奇谈怪论。照这种逻辑,工人偷产品不算偷,售货员偷商品也不算偷。可有人不这么看,鲁迅小说中一位穷困潦倒的书生孔乙己就说,"窃书"不能算"偷"。他自以为用一个书面语"窃"就能改变问题的实质,真是可悲又可笑。

"毛泽东百年祭"
——概念的内涵与外延

武大郎是卖什么的？不同时期有过不同的回答。在中央电视台电视连续剧《水浒传》播出前，很多人说："这还用问？谁不知道武大郎卖烧饼呢？在电视连续剧《武松》和其他许多戏曲里不都说武大郎卖烧饼吗？"

翻一翻施耐庵的小说《水浒传》，那上面明明写的是卖"炊饼"，而不是卖烧饼。把卖炊饼说成卖烧饼，那是想当然。要知道，20世纪70年代末复旦大学的教授在上古代汉语课时就曾认认真真地讲解："炊饼者，馒头也。"

《水浒传》作者施耐庵是明朝人。有的文章考证说，明朝有本书把面食分成三种：煮的面食如切面叫汤饼；蒸笼里蒸出来的叫笼饼，又叫炊饼，就是今天的馒头；炉子上烤出来的面食叫胡饼，也就是烧饼。可见，武大郎卖的是馒头而不是烧饼。《水浒传》电视连续剧播出后，这才成了现代人的常识。

使用一个概念，就要弄明白这个概念的意思，它有哪些含义，适用于哪些对象。从逻辑上来说，就是要掌握概念的内涵和外延。

概念的内涵是指概念对事物的本质属性的反映。概念的外延就是具有概念所反映的本质属性的那些事物。例如，"人"这个概念的内涵是会制造生产工具的动物。它的外延是指古今中外的所有的人。又如，"语言"这个概念的内涵是指由词汇和语法构成的系统，是人类交流思想的工具，它的外延是包括汉语在内的世界上的一切语言。

瓜田在《新闻出版报》上撰文指出，1993年年底，纪念毛泽东诞辰一百周年的时候，有几家报刊竟先后出现"毛泽东百年祭"字样的文章。作者指出"纪念诞辰百年"不是"百年祭"。

什么是"百年祭"？所谓"百年祭"是指一个人生命终止满百年之后的祭祀。郭沫若先生1944年在延安时曾写过《甲申三百年祭》，是为总结三百年前李自成农民起义失败的历史教训而写的。毛泽东主席的"百年祭"应在2076年。如果1993年就搞"百年祭"，意味着1893年生的人于出生之日就被"祭"起来了。这既荒谬也不敬。

造成这一错误的原因是混淆了"诞辰百年"与"百年祭"中的两个"百年"是

两个不同的概念。当一个人活着的时候,谈论他今后的去世往往用委婉语词"百年",如说"某人百年后怎样";一个人没有活到百岁,从出生时算起满百年,于是有"纪念诞辰百年"一说,但是在"百年祭"中的"百年"则约定俗成地解释为"去世后百年"。同一语词在不同的语境中往往表达不同的概念,有不同的内涵和外延。

《新民晚报》2005年2月23日A版夜光杯栏目刊载题为《彭文应先生百年祭》的文章,文章说到"看过《彭文应先生百年诞辰纪念册》全文"。可见是彭文应先生诞辰已满百年,而不是谢世已经百年。

毛泽东主席的儿子毛岸青去世后,中央电视台一位著名主持人采访毛岸青之子毛新宇,对毛岸青去世表示哀悼说:"家父去世,深表哀悼。"《扬子晚报》说,这一口误"被传遍全世界"。也许是情急之下,央视主持人把"令尊"说成了"家父"。

不了解某一个概念的内涵与外延而盲目地使用,难免要闹笑话。

据说,山东军阀韩复榘不学无术,又好附庸风雅。有一次他到某大学作演讲,信口开河说:"今天到会的人十分茂盛,敝人实在很感冒,你们都是大学生,懂得七八国的英文,我不懂这些,今天真是鹤立鸡群了。"这是编出来的笑话还是实有其事,笔者无从考证。

"茂盛"指植物长得多而好,怎么能用来形容人呢?"感冒"是疾病,并非表示情绪的概念,纵使算作修辞学上的借代,也是词不达意,它表示"反感"而不是"感动"。"英文"作为语种,世界上只有一种。虽说美国英语与英国英语大同小异,也不至于有"七八国"之多。这个大老粗既要硬充"谦谦君子",又以"鹤立鸡群"自诩,真是语无伦次!

在现实生活中"老公"这个俗语用得太滥,它表达的概念外延为零,因为老公在封建时代指称太监,而非丈夫。现在还有太监吗?一对夫妻中的男性应称为丈夫。女性为妻子,倒可以叫老婆。清华大学教授在中央电视台讲中国传统礼仪,指出过这一错误,然而,我看到许多地方电视台还沿用不改。

你见过会爆炸的副食品吗?也许你会觉得问得很奇怪,会爆炸的东西怎么能成为副食品呢?要知道还真有过专卖这种东西的副食品商店哩!

1956年,在海南岛某城镇,所有店铺都没有字号,一律挂上"副食商品第×门市部"招牌。"副食商品门市部",顾名思义是卖食品的。顾客们走进副食商店第三门市部,竟是个药铺。走进第二门市部,除了副食品外,还有草帽、木屐、铁丝、炮仗等,是个杂货铺。这种名不副实的招牌,弄得顾客啼笑皆非,也给门市部本身增添了不少的麻烦。《人民日报》为此专门写了一篇短文,以纠正这种名不副实的现象。

20世纪80年代初,在宣传婚事新办时,有的报刊却把"集体婚礼"写成了"集体结婚",这就差之毫厘,谬以千里了。结婚,是男女两方结为夫妻的行为。婚礼是为这种行为举行的仪式。所谓"集体结婚"有它的特定意义,就是指十几个以至几十个青年男女群居。把"集体婚礼"误写成"集体结婚",不是与西方某些颓废青年的荒唐行为混为一谈了吗?当时《人民日报》专为此发表读者来信加以纠正。

可是,最近几年"集体结婚"的提法又开始流传起来。某报转载马来西亚一则《五兄弟同时娶五姐妹》的消息说,"难得的是五对恋人均赞成集体结婚"。

1994年,上海举办了离婚的集体仪式,可是某文摘报的标题竟然是《闸北区法院举行别开生面的集体离婚》。

报载"集体结婚"的始作俑者要追溯到20世纪30年代中期。为了变革中国传统的婚嫁仪式,提倡节俭,某报说南京市政府共举办过八届"集团结婚"。

"征婚"不等于"结婚",本来是头上的虱子——明摆着的事。可是,有位19岁的农村男青年在某杂志上发表"征婚启事",没料到引来当头棒喝。有篇文章批评说,"不管这个小伙子各方面的条件如何出众,替他觅妻子却实在要不得",因为"我国现行婚姻法明文规定了男性公民的法定结婚年龄不得低于22周岁"。类似的批评早已有之。端木昌撰文《征婚不等于结婚》,标题就点明了"征婚"与"结婚"是截然不同的两个概念。婚姻法规定了结婚年龄,而没有规定征婚年龄,19岁的男青年征婚虽说早了点,但与违法还是八竿子都打不着的。

在中学生的作文中,混用"发现"与"发明"的错误曾经不少见。有的学生在作文中写道:"我国古代数学家祖冲之比欧洲人早一千多年发明了圆周率。"圆周率是客观存在的数,它是不能"发明"的,用"发现"就准确了。

关于"发现"与"发明",还有个鲁迅嘲笑论敌的故事。鲁迅在一篇文章中曾批判一班"最恨科学"而又"好讲鬼话"的人。他们故意捣乱,把科学东拉西扯,羼进鬼话,弄得是非不明,使科学也带了妖气。他们说:"精神能影响于血液,昔日科希博士发明霍乱(虎力拉)病菌,有某某二位博士反对之,取其所培养之病菌,一口吞入,而竟不病。"

鲁迅揭露他们连基本的事实也搞错了:是"发现"而非"发明"了真霍乱菌的科希,为了证明别人发现的是假菌,而毫不畏惧地把对方的菌吞了。鲁迅还特地指出,"查出了前人未知的事物叫发现,创出了前人未知的器具和方法叫发明"。鲁迅通过阐明概念的内涵,嘲讽了论敌的无知可笑。

概念的内涵与外延相互对对方有所规定,一定的内涵有一定的外延与之相应,因为只有具有内涵所反映的本质属性的事物才属于这一概念的外延。反过来也可说概念的外延也决定了概念的内涵,因为内涵是外延所指的事物所共有的本质属性的反映。

"猴子案件"与进化论的历史功过
——概念的种类

最近20年来,越来越多古生物学和考古学的确凿事实的发现,对达尔文进化论的科学性造成了致命打击。大量具有高超智慧的文明遗迹,却有着远远超出人类文明的历史,完全打破了进化论的藩篱。

中国科学院发育生物研究所的曹凯在《亚洲观察》上发表《进化论误导了整个人类》的论文,提到考古学家克莱默和汤姆森的《考古学禁区》一书,列举了500个确凿的事例,那是几万、几十万、百万以至几十亿年前的人类文明遗迹,然而这些都是进化论者回避的对象。

论文说,进化论曾经作为19世纪最伟大的重大发现,成为现代科学的重要组成部分。但是,进化论的危机,使一些学者重新审视人类真正的历史,探寻人类真实的由来。对化石重新的严格鉴定和系统总结使进化论的证据更加飘渺,而史前文明的发现和深入研究无疑是对进化论的最后一击。一些学者开始重新审视现代的科学。一些史前文明遗迹展现的高度发达的科技,是今天的人类望尘莫及的。这使得进化论的科学信仰开始动摇。

查尔斯·罗伯特·达尔文(1809—1882)是英国博物学家、生物学家,是进化论的奠基人。他于1859年出版了震动当时学术界的《物种起源》。进化论摧毁了各种唯心的神造论和物种不变论。

早在1871年,即达尔文的进化论刚公布不久,乔圣治·米沃特就对达尔文的进化论提出了疑问,例如,某些特定的差异有突然发生的可能,而不一定是逐步发生的;有机形式中有众多现象是自然选择无法解释的。达尔文进化论中确实有回答不了的问题,这与学问的大小无关,与科学的发展也无关,而是所有的人都无法回答。那么是以后的科学家错了,还是达尔文错了呢?

相信进化论科学与否的归宿,不久会由当代科学家做出最后的评说。我这里要讲述的"猴子案件"发生在进化论问世的初期,是教会对进化论的抵制和批判。它是理性的吗?它合乎逻辑吗?让我们从100多年前的一场争论说起吧。

达尔文的《物种起源》刚问世,英国教会里便吵吵嚷嚷,好像打翻了一锅热汤。他们咒骂该书有损人类尊严。因为《圣经》上明明说"上帝造人",而此书却妄言人、猿同种，血脉相承，岂非大逆不道！

在英国科学协会召开的一次辩论会上，大主教勃甫司亲自出马，攻击达尔文关于"人类起源于类人猿"的论断是亵渎神灵，甚至对坚决捍卫达尔文进化论的博物学家赫胥黎肆意侮辱道："请问你，究竟是你的祖父还是你的祖母同无尾猿发生了亲属的关系？"

赫胥黎，这位自诩为"达尔文的斗犬"的博物学家，机智地还击了勃甫司的攻击："我曾说过，现在我再重说一次，一个人没有任何理由为他的祖先是个无尾猿而感到羞耻。如果一个祖先使我在追念时感到羞耻的话，那他大概是这样的一个人：他有浮躁而善变的性情，他不满足于他在自己活动范围内所取得的令人怀疑的成功，而要插手他并非真正懂得的科学问题。结果只是以一种没有目的的辞令把科学问题弄得混乱不清，而且用一些流利的但离题的议论，以及巧妙地利用宗教上的偏见，把听众的注意力由争论的真正焦点，引到别处去。"

赫胥黎的这一席话，博得了热烈的掌声；大主教勃甫司一下子像泄了气的皮球，悻悻地溜出了会场。

但是，斗争还在继续。"一帆风雨路三千"。进化论能被当时的科学界所接受，是经过长期的斗争的。到了20世纪20年代，又出现了一个举世闻名的"猴子案件"。

在美国田纳西州的达顿城，一个名叫斯科普斯的青年教师，在课堂上大胆地讲授了达尔文关于人类起源于猿的进化论思想，竟遭到学生家长的控告：散布异端，反对宗教，误人子弟。结果，这位进化论的宣传者在达顿城的广场上受到一群人的"审判"。这群人佩戴臂章，臂章上写着："我们不是猴子，也决不允许把自己说成是猴子。"

天啊！有谁说过他们就是猴子呢？请听听当代卓越的生物学家褒班克是怎样答复这群人及充当后台的教会势力、金融寡头的吧。在美国旧金山的一座大教堂里，褒班克挤开做礼拜的人群，登上祭坛，义形于色地宣告："朋友们，达顿城正在审判斯科普斯。是的，他们不是猴子，可是他们比任何一种猴子要坏上百万倍。"

后来，对达尔文的人类起源于猿的学说，举世公认。"猴子案件"这一历史冤案也终于平反昭雪。

大主教勃甫司失足在哪里？固然有宗教和政治原因，单从逻辑上分析，他们有意无意地混淆了集合概念与普遍概念的界限。赫胥黎准确地抓住这两个问题,揭露勃甫司在"巧妙利用宗教上的偏见"的同时,用"离题的议论","把科学问题弄得混乱不清"。

达尔文的进化论说的是"人类起源于类人猿",勃甫司的非难却把"人类"与某一个人("你的祖父或祖母")混为一谈。"人类"这个概念与"你的祖父"或"你的祖母"是不能等同的,它们的内涵与外延都不同,"人类"称为集合概念,"你的祖父"与"你的祖母"则为两个单独概念。

什么是集合概念? 目前我国逻辑学界有种种定义,有待探讨,我们姑且采取较流行的说法。所谓集合概念,就是反映集合体的概念。"中国逻辑学会"就是一个集合概念。中国逻辑学会是由中国逻辑史研究会、西方逻辑史研究会、各省市逻辑学会等许多分会组成的集合体。每一个会员和分会与整个中国逻辑学会间的关系好比小齿轮、部件与整部机器之间的关系,是部分与整体的关系,我们不可以说某个会员、某个分会是中国逻辑学会。整体与组成部分是相对而言的,反映整体的集合概念也是在相对的意义上来使用的。

所谓普遍概念,就是这样的概念,它的外延可以包含许多的事物。例如,"人"是一个普遍概念,它的外延有许多:曹操、孙权、刘备……我们可以说:"曹操是人""孙权是人""刘备是人"。

所谓单独概念,就是这样的概念,它的外延是独一无二的事物。"1949年10月1日"这个唯一无二的时间概念是单独概念;"复旦大学"反映的是世界上唯一无二的个体对象,也是单独概念;"第二座长江大桥"也是单独概念;珠穆朗玛峰是世界上最高的山峰,"世界上最高的山峰"是单独的概念。"最"有"极""无比"的意思,严格说来,带有"最"字的都是单独概念。因此,不是表示独一无二的对象概念,最好不要加上"最"。当然也有例外,李宁和童非都拿了单杠比赛的满分——10分,可以说他们各自都是最高分的获得者之一。搞清了什么是集合概念、普遍概念及单独概念,我们便可以知道,"中国逻辑学会"是集合概念,"会员"是普遍概念,"张三"是单独概念。我们可以说"张三是中国逻辑学会会员",但不可以说"张三是中国逻辑学会"。

从"中国逻辑学会"反映的是集合体这个意义上说,它是一个集合概念;从它的外延只有一个这个意义上说,它又是一个单独概念。"中国逻辑学会"这个单独概念与"会员张三"这个单独概念,虽然都是单独概念,但是它们是两个不同的概念,一般不会混同。同样,说"人类起源于类人猿",是说古今中外所有的人组成的整体是起源于类人猿,经历了几十万年演变。把"人类"偷换成某一个人当然是荒唐可笑的。

不少逻辑教科书把"森林"误当作仅仅是树的集合体的反映,其实,它是反映一种植物群落,是集生的乔木及与其共同作用的其他植物、动物、微生物和土壤、气候等的总体的反映。既然森林由这么多的不同的部分组成的集合体,"森林"当然是集合概念。森林的外延包括大兴安岭森林、小兴安岭森林……既然"森林"的外延有许多,因此"森林"是普遍概念,而"大兴安岭森林"才是单独概念,又是集合概念。

有的语词,既可以表达集合概念,也可以表达普遍概念。例如,有的年轻人为了论证自己是勤劳勇敢的,常常举出如下理由:因为中国人是勤劳勇敢的,而我是中国人,这也是千真万确的。我们说你这两句话都讲得不错,分开来看都很符合实际,但是从这两句话却推不出你是勤劳勇敢的。因为"中国人是勤劳勇敢的"中的"中国人"是指的中国人的整体,是集合概念,而"我是中国人"中的"中国人"指的不是整体,它是一个普遍概念。中国人中的一个与所有中国人组成的集合体当然不是一回事。同一个词,在不同句子里,表达同一个概念还是不同的概念,这要根据具体的语言环境来确定。

我国逻辑学界对集合概念的定义,有各种说法,若加以深入的考察,便发现无论哪一种说法都与形式逻辑的整个理论体系是不合拍的。

本文姑且采用的是国内教科书中最有权威和最流行的定义——"所谓集合概念,就是反映集合体的概念"。森林固然是集合体,谁能说树木就不是集合体呢?树木是由一棵棵树组成的。如果说树木是集合体,树难道就不是集合体?树由树根、树干、树枝和树叶等组成。按照上述标准,没有理由说"树"不是集合概念。

上述定义对组成集合体的部分的性质没有加以限制,因此作出的定义太宽。有的教科书便修正说:"所谓集合概念,就是把同类对象作为一个整体或集合体来反映的概念。"据此,只有"树木"(由一棵棵树组成)、"马匹"(一匹匹马组成)、"布匹"(一匹匹布组成)等才是集合概念。"森林"(它是反映一种植物群落,是集生的乔木及与其共同作用的其他植物、动物、微生物和土壤、气候等)、"树"(树由树根、树干、树枝和树叶等不同部分组成)便不是集合概念。但是,森林由大兴安岭、小兴安岭……一个个森林组成,树由许许多多植物细胞(不能说它们不是同类的个体)集合而成的,布由一条条纱组成。因此,没有理由说"森林""树""布"不是集合概念。

形式逻辑教科书上关于集合概念的定义有个共同特点,即企图把所有事物一刀切,一半是集合体,另一半是非集合体,从而把实体概念一分为二,分为集合概念和非集合概念。这在理论上和实践上都难以办到,因为类与集合体的区别并不表现在两个不同事物身上,而是一个事物从不同方面考察的结果。任何一个事物,当它与自己内部的各部分进行比较时,它是集合体;当拿它与别的事物比较时,就有同类不同类的问题。一个事物总是一身二任,它既是一个集合体,又是某类的一个分子。因此,在形式逻辑里,把集合概念和非集合概念当作概念的一个种类划分出来是不恰当的。分类是概念产生的起点,也是直言判断和直言推理的基础。一个概念在反映它所对应的类时,不把这个类作为"整体"或"集合体"来反映,而是通过内涵反映这个类所有分子的特有公共属性,通过外延来反映这个类的所有分子。换句话说,概念的外延组成一个类,类中的每一个分子都是一个集合体。所以说,我国逻辑学界对集合概念的定义,无论哪一种说法都与形式逻辑体系不合拍。如果仅仅从"整体概念"相对于"部分概念"来区分集合概念和非集合概念,还是有一些实际意义的。

科西嘉怪物、拿破仑、陛下
——概念间的关系之一

1814年欧洲反法联军攻陷巴黎,拿破仑被流放到厄尔巴岛。当他重新集结力量东山再起时,法国许多报纸的脸谱也像风云变幻的政治气候一样反常。就拿报纸对拿破仑的称呼来说吧,就很耐人寻味。

在拿破仑离开厄尔巴岛刚刚登陆时,报纸上第一次传出消息,称他为"科西嘉怪物"。第二个消息写道:"吃人魔王向格雷斯前进。"

随着拿破仑由南到北向巴黎推进,报纸的腔调也在逐步变化。接着是"篡位者进入格勒诺布尔","拿破仑占领里昂","陛下将于今日抵达巴黎",等等。

同一个拿破仑,在一个短时间里,却有种种不同的称呼:科西嘉怪物、吃人魔王、篡位者、拿破仑、陛下等。

从咬牙切齿地咒骂,到直呼其名,到恭敬地尊称"陛下",这些感情色彩大不相同的称呼表明了当时的报人随风转舵的投机心理。

这件事在逻辑上有什么启示呢? 同是一个对象,可以有种种不同的称呼,在语言学上表现为种种不同的语词,在逻辑学上表现为这样那样的概念。

事物与事物之间有各种各样的联系,作为事物的反映形式的概念,相互之间也有各种关系。概念间的何种关系属于形式逻辑的研究对象呢?

2大于1,这是两个数之间的大小关系;

铁的比重比水大,这是两种物质之间比重大小关系;

唯物主义与唯心主义相比较而存在,相斗争而发展,这是两种思想之间的比较关系;

阿凡提比皇帝聪明,这是智力高下的比较关系。

我们不能说唯物主义比唯心主义重一些,也不能说2比1是相斗争而发展的。木头与夜晚哪个长? 智慧与米粟哪个多? 异类的量不能简单拿来相比。形式逻辑不研究以上诸如此类的不可比较关系。

在概念方面,有没有可以相互比较的同一单位的东西呢? 有,那就是概念外延之间的同异关系。外延之间的同异关系是存在于各类概念之间的。形式逻辑是从概念的外延方面来研究概念间的关系即同异关系的。

概念间的关系分相容与不相容两种。相容关系指两个概念在外延上完全重合或部分重合。不相容关系指两个概念在外延上完全排斥。

同一关系是相容关系的一种。所谓同一关系是指两个概念在外延上完全重合，因此又叫全同关系。有同一关系的概念反映的对象相同，具有相同的外延，但是它们的内涵不同，因而是不同的概念。

对拿破仑的不同称呼，有不同的内涵，每个称呼所揭示的属性不同；它们又有相同的外延，都指称拿破仑这个对象。这些不同的称呼，被称为同一关系的概念，或者说这些概念具有全同关系。

"宇宙观"与"世界观"，它们的内涵与外延都完全相同，这是用不同的语词表达同一个概念。就一个概念而言，谈不上有没有关系，两个以上的概念之间才有比较关系问题。

鲁迅既是《风波》的作者，又是《药》的作者，"《风波》的作者"与"《药》的作者"也构成同一关系。一个对象有许多属性，对同一对象的不同属性分别加以反映，就形成了同一关系的若干个概念。

李准的小说《李双双》是这样开头的：

村里街坊邻居，老一辈人提起她，都管她叫"喜旺家"，或者"喜旺媳妇"；年轻人只管叫"喜旺嫂子"。至于喜旺本人，前些年在人前提起她，就只说"俺那个屋里人"，近几年双双有了个小孩子，他改叫作"俺小菊他妈"。另外，他还有个不大好听的叫法，那就是"俺做饭的"。

这六个称号指的都是李双双这个人。它们反映了李双双与周围人的不同关系，因而每个称号都有不同的内涵。

在美国电影《维多利亚女王秘史》中有这样一组镜头：

维多利亚办完公务，已经夜深。回到卧房，她敲了敲门。
丈夫阿尔伯特公爵在房内问："谁？"
她习惯地回答："我是女王！"
门仍然紧闭着，她再敲，房内又问："谁？"
她威严地答道："维多利亚！"
门还是紧闭着，她徘徊了一阵，再敲，房内传出声来："谁？"
这一次，女王温柔回答说："你的妻子。"
门打开了，一双手把她拉了进去。

她终于敲开了丈夫的心扉,同时也敲开了卧室之门。

这组镜头很有意思。不同的自称有不同的内涵,因而在同一语境中产生了不同的感情效果。"女王""维多利亚""你的妻子"三个概念指称同一个对象,在同一语境中,从逻辑上说,代入哪一个都是正确和准确的,但是只有"你的妻子"是得体的,是切合语境的。

据报载,罗马教皇的称呼长得不得了,读一读令人开眼界:

> 罗马主教、耶稣基督教在世上的代表、使徒精神的继承者、所有天主教教会首长、西欧的总大主教、意大利的首席大主教、罗马管区的大主教兼首都大主教、梵蒂冈城国元首。

上面这个称呼用了八个同一关系的概念,我们平常人要是也用这样长的称呼,那实在是个沉重的负担。但是这八个同一关系的概念就是八个头衔,是地位和权力的表现,对罗马教皇来说,每一个都很有意义,一个也不愿省略的。

由于同一关系的概念所指外延相同,而仅有内涵不同,在说话写文章时,往往可以替换使用。这就是语言中使用代名词的逻辑依据。适当采用几个同一关系的概念说明同一对象,第一个好处是,可以揭示对象的丰富的内涵,多侧面地反映对象,因而反映出来的对象是立体的而不是平面的。

第二个好处是使表达更加生动灵活。文章高手讲究行文的错落有致,语调的抑扬顿挫,还注意到感情色彩的浓淡。这些都与同一关系的概念用得好不好有关。《北京晚报》1981年5月21日登载济南国际女篮邀请赛一场中加两队对垒散记,其中一段是:

> 在短短几分钟内,陈月芳三次接高吊球侧身装筐,7号宋晓波斜线切入勾篮得手,10号修丽娟远程砸眼,8号邱晨瞅准空隙快速突破又添两分,中国队迅速把比分拉成22比16领先。

要是把上面关于得分的字眼全换成"投篮命中"那会多乏味!

掌握同一关系的概念,第三个好处是,它们在某些场合就成为委婉语词。在人们交往的许多场合,都大量使用委婉语词,它的使用可使某个说法比较好听,比较含蓄,尤其是在某种容易使人激动或特别敏感的场合,使人们容易接受。

人固有一死,有的人青史留名,有的人遗臭万年。

一般的人死了,人们在谈论到这件事时,往往避而不用"死"这个字眼,而采用种种代用说法。例如,"离开了人间""闭上了眼睛""永别了""老了""百年之后",文学语言中还有"辞世""作古""归西""仙游""长眠"等等。

对于那些为正义战争而死的人,则往往用"牺牲""流尽了最后一滴血""献出了自己宝贵的生命"等带有称颂色彩的语词。

如果一家通讯社或报纸发"×××死了"的消息,那么表明了这家通讯社或报纸对死者的鄙视的态度。于是世人都知道了某个反面人物结束了可耻的一生。径直把"死了"这个词用在标题上,不仅表示了生物学上的意义,即生命的终结,而且还带有"早该死"的感情色彩。

关于"死了"的种种代用说法,从语言学的角度讲,都称为委婉语词,即婉转曲折的语词,它比较好听,比较含蓄和审慎,使人易于接受;从逻辑学的角度讲,上述代用词又都称为同一关系的概念。

在外交活动中,假使一个政治家或一个外交家通知另一国政府,说本国政府对某一项国际纠纷"不能置之不理",这就暗示对方,他的政府必然要干预这个纠纷。如果他用了本国政府表示"关切"或"甚表关切"等词句时,大家都懂得,这是即将采取强硬措施的代名词。用诸如此类谨慎的、有分寸的词句,一个外交家就能够不用威胁性的语言,而向外国政府表达严重的警告。如果外国政府置若罔闻,他可以加强语调,但仍然很客气、很和缓。他可以这样说:"在这种情况下,本国政府深感有必要慎重地重新考虑他们的地位。"这就意味着友好关系将要转变为敌对状态了。一个外交家,倘不懂得"甚表关切"等词语是什么意思,岂不是要误大事。

三国时,曹操统率八十万大军征讨吴国。其檄文曰:"今治水军八十万众,方与将军会猎于吴。"用"会猎"来代替"征讨",你看这战书下得多么轻松!

当自由主义者屠格涅夫私人上书亚历山大二世,表示忠于皇朝,并且捐了两个金币来慰劳那些因镇压波兰起义而受伤的士兵时,赫尔岑主编的《钟声》杂志就发表了文章说:"有一位白发苍苍的圣女马格达琳娜(男性)上书皇上,陈诉她夜不成眠,焦虑皇上不知道她诚心忏悔。"在这里,屠格涅夫的代名词就不是委婉语词,而是讽刺用语了。

卓别林与《大独裁者》
——概念间的关系之二

1938年10月,美国著名电影艺术家卓别林写了以讽刺和揭露希特勒为主题的电影剧本《独裁者》。第二年春天影片开拍时,派拉蒙公司说他们已用"独裁者"写过一出闹剧,所以这名字是他们的"财产"。卓别林派人交涉不成,便亲自上门商讨解决办法。派拉蒙公司坚持要卓别林付25 000美元转让费,否则要诉诸法律。卓别林灵机一动,当即在片名前加了个"大"字,变为《大独裁者》,并且风趣地说:"你们写的是一般的独裁者,我写的是大独裁者,这两者之间风马牛不相及。"说完扬长而去,派拉蒙公司的老板们个个气得干瞪眼。

事后,卓别林对朋友幽默风趣地说:"我多用了一个'大'字,省下了25 000美元,可谓一字值万金!"

"大独裁者"和"独裁者"是两个有相容关系的概念。前者外延小,称为种概念。后者外延大,称为属概念。一个概念的全部外延是另一个概念外延的一部分,这后一概念与前一概念的关系便叫属种关系。种概念除了有属概念的内涵外,还有自己的特殊内涵。

楚王曾经带着名弓良箭,在云梦的场圃打猎,不慎把弓弄丢了。随从们请求去寻找。楚王说:"不用了。楚国人丢了弓,楚国人拾了去,又何必寻找呢?"孔子听到了说:"楚王的仁义还没有做到家。应该说人丢了弓,人拾了去就是了,何必要说楚国人呢?"

"人"与"楚人"构成属种关系,种概念"楚人"的外延包含在属概念"人"的外延之中。

属种概念是相对而言的。"人"概念相对"动物"而言又是种概念。最高的属概念是哲学范畴——概括性极大的基本概念,如"物质""运动""时间""空间"。最低的种概念是最小的类,不再包括其他类,它的成员是个体,称为分子。分子具有类的性质。

毛泽东公开发表的词《念奴娇·昆仑》有两个版本,后一个版本将前一版本中的"还中国"改成了"还东国"。为什么要这样改?因为"中国"只是"东国"这个类概念的一个成员,把"中国"改成"东国",扩大了范围,顾及到了其他成员,即没有忘记日本等国人民,意思就完满多了。

一般说来,具有属种关系的概念不能并列使用。例如:"他编辑的报刊、杂志和丛书有四十多种。""报刊"已经把"杂志"包括进去了,"报刊"与"杂志"并列就重复了。遗憾的是,这样的重复在新闻报道中出现的频率至今还很高。

概念的相容关系除了同一关系和属种关系外,还有一种交叉关系。

1980年8月新华社发了一则"方成漫画展"在京开幕的消息。这则消息说:

> 这次展出的一百多件代表作品,一部分是原稿,一部分是复制品,还有一些是近年来的新作。

稍作思考便不难发现,短短的消息中,对概念的使用不无问题。"原稿""复制品"和"新作"三个概念是不能简单地在同一层次上一并陈述的。"新作"中可能有"原稿","新作"也可能是"复制品",它们是交叉关系的概念,为节省文字一并陈述,层次就不分明了。

具有交叉关系的概念其外延有一部分重合,一部分不重合。

著名作家徐迟写过关于陈景润研究哥德巴赫猜想的报告文学,有篇文章在谈到作家本人的数学水平时说道:"他自己说蹩脚得很,只有加减乘除有点把握,一到分数就干瞪眼了。"

有的逻辑工作者指出,从运算角度看,"加减乘除的运算"与"分数的运算"是交叉关系,有的分数运算涉及加减乘除,有的分数运算不涉及加减乘除。把它们相提并论,就缺乏条理了。

两个概念,如果它们在外延上没有任何部分重合,它们就是全异关系即不兼容关系的概念。

两个具有不相容关系的概念,如果它们同属于一个属概念下的种概念,那么又分两种情况:矛盾关系和反对关系。

如果两个概念的外延完全排斥,并且它们的外延之和等于属概念的外延,那么,这两个概念间的关系就是矛盾关系。

汉淮阴侯韩信墓前有副对联:"生死一知己,存亡两妇人。"这副对联概括了韩信的生平大事。"一知己"指的是萧何。韩信能官拜大将,建功扬名,有赖于萧何向刘邦保荐;当着"鸟尽弓藏"时,设计诱他落网的也是萧何。所谓"成也萧何,败也萧何"就是上联的意思。"两妇人"一指漂母(洗衣人),一指吕后。

韩信从军前，曾受漂母一饭，而怀报以千金之心。当他被萧何诱捕后，将他斩首的则是吕后。这便是下联的内容。这副对联对仗工稳，上下联都用了两个矛盾关系的概念："生"与"死"，"存"与"亡"。一个人非"生"即死，非"存"即"亡"。

战争有正义与非正义之分。"正义"与"非正义"也是矛盾概念。

如果两个概念的外延完全排斥，同时外延之和小于其属概念的外延，逻辑上称之为反对关系的概念。例如，对"先进""中间""落后"三个概念而言，两两之间构成反对关系。

矛盾关系概念与反对关系概念的主要区别是，在两个有矛盾关系的概念之间没有中间概念存在，它们非此即彼。"生"与"死"，"存"与"亡"都包括了生存状态的全部。"正义战争"与"非正义战争"一起，构成了古今中外的一切战争。而反对关系概念之间则有中间概念存在。

明人冯梦龙的《笑府》中，有这样一个笑话：

> 有自负棋名者，与人角，连负三局。他日，人问之曰："前与某人较棋几局？"曰："三局。"又问："胜负如何？"曰："第一局我不曾赢，第二局他不曾输，第三局我要和，他不肯，罢了。"

大家知道，象棋比赛的结局是三种：胜、负与和。胜与负、胜与和、和与负之间各自构成反对关系，而非矛盾关系。

"我不曾赢"，否定了赢，那么还有两种可能：输与和；"他不曾输"，那么，"我"还有输与和两种结果；第三局和不成，那么"我"也有赢与输两种选择。看来，这位"自负棋名者"，棋术虽不高明，"小聪明"倒还有一点。他明明全输了，却死要面子，转弯抹角地回答问题，企图使人认为他并非三盘皆输。此人的"小聪明"，从逻辑上分析就在于钻了概念间的反对关系的"空子"。如果下象棋像现在下围棋那样，只有输赢，没有和局，那么，他就无所施其技了。

美学家和蝙蝠的苦恼
——概念的定义与划分

古往今来,美学家的苦恼是找不到一个公认的关于美的定义;《伊索寓言》里的蝙蝠的苦恼是无家可归,无法归类。本文要谈一谈明确概念的两种方法:定义与划分。

樊莘生、高若海著《美与审美》这本美学读物告诉我们:有这样一种现象,人们谈论得最多的东西,往往对它知道得很少。美就是这种现象之一。

两千多年来,有多少哲学家、美学家都曾试图作出完满的回答,众说纷纭,结局仍不免莫衷一是。

古希腊的柏拉图试图找到美的本质,当他把"美在恰当""美在有用""美是有益""美是视觉听觉的快感"等一系列流行说法都否定以后,仍然找不到一个简明的定义,他不得不叹息说:"美是难的。"

俄国大文豪托尔斯泰说:"多少博学的思想家写了堆积如山的讨论美的书,'美是什么'这一问题却至今还没有完全解决,而且每一部新的美学著作中都有一种新的说法。"

美的定义之所以会层出不穷,原因在于下定义的着眼点不同。黑格尔说:"乍看起来,美好像是一个很简单的概念。但不久我们就会发现,美可以有许多方面。这个人抓住的是这一方面,那个人抓住的是那一方面,纵然都是从一个观点去看,究竟哪一方面是主要的,也还是一个引起争论的问题。"

人们谈论得最多的东西,往往对它知道得很少。人们谈论中医,敢说真正知道"中医是什么"的人比知道美的人更少。

据中新社报道,著名《周易》专家、山东大学刘大钧教授为"中医"正名。他说:"中医不是中国医学的简称,而是以《周易》'中'的概念医疗、平衡人体以恢复健康。将中医理解成中国医学是一大误解。"刘教授认为,"中医"两字的本义,是一个"易"、医结合的概念,是对中医理论最高度最简洁的概括。他还指出这一误解的原因,是由于近人将西方医学称为"西医",与西医对应,人们由此播下将中国之医简称为"中医"的种子。日本学者还将中医称为"汉医""汉方",并编写了《汉方大全》,更是推波助澜、错上加错。

确定美和中医的本质是给美和中医下定义的关键。形式逻辑无法越俎代庖,没有能力为你找出美和中医的本质,因而仅仅依靠形式逻辑是无法为你下出一个确切的定义来的,但是形式逻辑可以为任何概念包括美和中医提供一个下定义的方法。

定义是明确概念内涵的逻辑方法。明确概念的内涵就是明确事物的本质属性。形式逻辑的定义方法对任何科学都是适用的。

定义的特点是言简意赅,使用精炼的语句揭示出对象的本质。因此,定义的作用是以压缩的形式把对事物的认识加以总结。通过定义,可以把握一个概念或语词的内涵,明确它们的区别,确定各自的适用范围,以使交际顺利进行。例如:

宪法就是国家的根本法。
商品就是用来交换的劳动产品。
所谓有公民权,在政治方面,就是说有自由和民主的权利。

以上是用得最多的属加种差定义。"宪法"称为被定义项,"国家的根本法"称为定义项,"就是"是定义联项。一个完整的定义由这三部分组成。"法"是属概念,"国家的根本的"这一性质就是种差,种差把宪法与其他法区别开来。

被定义项的外延与定义项的外延相等是定义的一条规则。

古今中外,"人"的定义很多:

人是会走路的动物。
人是会哈哈大笑的动物。
人是没有羽毛的两脚直立的动物。(柏拉图)
人是城邦的动物。(亚里士多德)
人之所以为人者,非特以二足而无毛也,以其有辩也。(荀子)

柏拉图的一个学生跟老师开玩笑,他把一只鸡拔光了毛,说:"这就是柏拉图的'人'!"这一嘲讽,暴露出柏拉图的定义过宽。类人猿就能二脚直立且没有羽毛。

现代科学已经证明,许多动物都具有一定的思维能力(有辩),但与万物之灵的人仍有天壤之别。

"人"的正确定义应为：人是能制造和使用工具的动物。

1990年第三届亚洲大专辩论会决赛的辩题是：人类和平共处是一个可能实现的理想。

正方认为：和平共处是与战争相对而言的。按照联合国的文件，所谓人类的和平共处是指国家、民族、集团之间不使用武力地平安相处。其被定义项与定义项外延相应相称，非常恰当。

反方却认为：人类的和平共处是与暴力相对而言的。参考美国社会科学大辞典的解释，所谓人类的和平共处，从积极面来说，人类应该放弃用一切暴力的手段来解决彼此的冲突；而从消极面来说，人类应该免除暴力的威胁。

针对反方主张"放弃一切暴力的手段"这一种差使得定义项外延过大的错误，正方讥讽说："如果两个小孩为了一块糖果而打了一架，这也是对人类和平共处的一种威胁吗？"

什么是新闻？一位美国记者说："新闻嘛，就是关于离奇的、非同一般的、出乎预料的事情的报道。"他举例说，狗咬人不是新闻，人咬狗才是新闻。

由于很多新而不奇的事情也是报道的内容，因而这个定义太窄了。

有人说："宗教信仰自由就是信仰某一种宗教的自由。"这个定义也太窄了。宗教信仰自由既包括信仰任何一种宗教的自由，也包括不信仰宗教的自由。

循环定义是常见的错误。有人说："麻醉就是麻醉剂所起的作用。"在定义项"麻醉剂所起的作用"中直接包含了被定义项"麻醉"，自然什么也没说明。

"欲望就是为了欢愉的欲求。"亚里士多德认为，一切欲望都是为了欢愉的，因此，为了欢愉与欲望就是同语反复。

梁启超先生在《学问的趣味》中说："怎样才算'趣味'，不能不下一个注脚。我说：凡一件事做下去不会生出和趣味相反的结果的，这件事便可以成为趣味的主体。"这一循环定义究竟告诉人们什么呢？

有本台历，把下面这些对爱情的不同理解称为"较著名的定义"：

爱情是生活中的诗歌和太阳。（别林斯基）

爱情，不是两人相对而看，而是朝着一个方向看。（圣·埃格祖佩里）

爱情，不是一颗心去敲打一颗心，而是两颗心共同撞击的火花。（伊萨柯夫斯基）

爱情是一根魔杖,能把最无聊的生活点化成黄金。(西班牙谚语)

爱情是一位甜蜜的暴君,恋人都心甘情愿地忍受它的折磨。(德国谚语)

可惜的是,凡定义都不能用比喻,这些"较著名的定义"都是比喻,虽然对爱情作了直观的生动形象的说明,但不能准确地揭示概念的内涵,达不到定义的目的。

在各种定义中,语词定义的使用率很高,语词定义就是说明或规定语词意义的定义。"炊饼者,馒头也"就是一个说明的语词定义。

1942年,剧作家曹禺的《日出》在延安上演获得成功,他收到一份从延安拍来的贺电,引来了一群全副武装的警察、特务。搜查者从一本油印小册子上发现四个奇怪的字——"第四堵墙"。"啥事叫'第四堵墙',这是你们的什么暗语?说!"曹禺听了,啼笑皆非,说道:"这个?请你们听我的一年级戏剧概论课就懂了。"最后,这些人扫兴而回。"第四堵墙"是戏剧术语,指挂幕帘的这一层空间。

北京距渤海约150公里,然而有不少"海",如中南海、北海、什刹海都在城内。有人解释说,"海"是蒙古语"海子"的简称,意即花园。这是元代沿袭下来的名称。

1958年,著名进步诗人柳亚子先生逝世。为了纪念这位民主斗士,周恩来总理指示,应将柳老的书稿、遗物作为革命文物收藏。中国历史博物馆在清点其家属捐献的遗物时发现有两枚印章很特殊。有一枚的印文是:"前身祢正平,后身王尔德,大儿斯大林,小儿毛泽东。"另一枚印文是:"兄事斯大林,弟畜毛泽东。"保管人员对印文含义大惑不解,以为用这样的词加之领袖大不敬。文物鉴定专家史树青则说:"话出有典,未必是不恭之辞。"印章就登记入藏了。

可是"文革"一开始,"中央文革小组"顾问康生批示:"反动之极,二印立即销毁……有关人员必须追查。"史树青等五六人被关进了牛棚,一再挨批斗。

其实,祢正平就是三国时赤身击鼓骂曹的祢衡,他性格傲岸,没有媚骨。王尔德,是19世纪著名的英国文学家。柳亚子以二人自比,是自我欣赏。"大儿""小儿"则典出《后汉书·祢衡传》:"大儿孔文举(孔融),小儿杨德祖(杨修),余子碌碌,莫足数也。"此处的"儿",是男儿、男子汉之意,相当于现代的"健儿"美称。20世纪50年代,诗人柳亚子是以古喻今大大称颂了斯大林和毛泽东。他比斯大林小,比毛泽东大,于是他说像对兄长一样看待斯大林,像对小弟一样对待毛泽东。

以上对"第四堵墙""海"和"大儿""小儿"以及"兄事""弟畜"等语词的意义的解释,都是属于说明的语词定义。说明了一个语词的意义,也就同时揭示了事物的本质属性即概念的内涵。

作出一个科学的定义,要具备两个条件。首先必须具备科学的知识,其次是要掌握下定义的方法和规则。

如果说概念的定义是揭示概念内涵的方法,那么概念的划分则是明确概念外延的方法。

在古今中外的寓言里,有不少是以蝙蝠为主人公的。在中国的民俗中,蝙蝠之蝠与福谐音,蝙蝠是吉祥物。但在西方的著述中,它每次出场,名声都不大好听,是个反面角色。

伊索的一则寓言说到,鸟兽各开大会,蝙蝠奔于禽以四足被逐,归于兽又以双翅见排。从这则寓言可以看到,蝙蝠被孤立于集体生活之外,日子是不好过的。俗话说"物以类聚,人以群分",谁叫它长成个"四不像"呢?

其实,从生物学的知识来看,蝙蝠是哺乳动物,理应划分到"兽"类里去,"兽"类不纳是没有道理的。但寓言毕竟是寓言,我们总不能去责怪兽类既不懂生物学,也不懂逻辑学吧。

还有鸭嘴兽,它的归属也曾引起人们的误会。19世纪中叶,当英国博物馆展出澳洲的哺乳动物鸭嘴兽所生的蛋时,有的生物学家提出抗议,要求取消这一图谋赢利而不惜哗众取宠的展览。那时的常识是,它是哺乳动物,而哺乳动物都是胎生的。年轻的恩格斯也把这一展览视为愚蠢之举。在生物学家到澳洲实地考察了鸭嘴兽的卵生、哺乳过程之后,在哺乳纲动物中增设了单孔目鸭嘴兽科。面对科学的结论,恩格斯在给朋友的信中,郑重地向鸭嘴兽请求原谅。

把事物分门别类,在逻辑上表现为概念的划分。概念的划分,就是把属概念分为若干种概念的逻辑方法。通过对概念的划分,我们就明确了该概念的外延包含哪些对象。

要明确一个单独概念的外延,我们可以指出这个对象。对某些有限的普遍概念如"人造卫星"的外延,也还有可能把它包含的对象一一列举,但天下的树有多少,就无法也没有必要一一列举。我们可以说树有两种:针叶树和阔叶树。把树分成这样两个小类,"树"这个概念的外延就较明确了。

划分有三个要素:母项、子项与划分的标准。母项就是被划分的属概念,子项是划分所得的种概念。每次划分必须以一定属性作根据,这作根据的一定属性就是划分的标准。

把句子分为陈述句、疑问句、感叹句和祈使句的标准是语气;把战争分为正义战争与非正义战争的标准是战争的性质;划分社会形态的标准是生产方式。

划分的标准可以是本质属性,也可以是非本质属性。划分包括分类。科学分类的标准是事物的本质属性。因此,分类的结果可使人们对某些对象的知识系统化,并固定在每门科学之中。

划分以什么为标准,这要从实际出发。处理一批古旧书,你送到废品收购站去,值不了几个钱,因为那里是以纸张的形式——大小规格以及纸质来归类和论价的;倘若送到古旧书店就不同了。这里是以书的内容或版本等作为取舍和定价的标准。不同的标准,体现了不同的实用价值。鲁迅说:"分类有益于揣摩文章,编年有利于明白时势,倘要知人论世,是非看编年的文集不可的。"

每次划分只能根据一个标准,所划得的子项不得兼容。下面一个例子编得实在好:有人跟一个小朋友开玩笑,要他来分四个苹果,挑一个最大的给爸爸,最好的给妈妈,最红的给姐姐,最圆的留自己。这可难为了他,因为有一个是最大的,也是最好的,还是最红的,而且是最圆的。给谁好呢?在一次划分中提出了"大""好""红""圆"四个标准,可面对的实际情况是,所分对象兼容,无法操作。这种在一次划分中用两个以上标准的做法,在语言文字表达上便会造成层次不清,子项势必交叉重叠。

"眷制生"的喜剧
——概念的限制与概括

明朝冯梦龙编的《笑府》中有一则笑话题为《谬误》。

这则笑话说,有一监生(在国子监求学的人)偶尔看见别人投寄书信,署名为"眷制生"。他深感其中一个"制"字用得新奇,很想效法一下。有一次,他给住得很远的一位亲戚写信,写好信后就端端正正地署上"眷制生"三个字。

打发仆人去送信后,他得意非凡。不久,仆人回来了。这位监生便急不可耐地问:"主人有什么话吗?"仆人答:"当我的面看信后就问:'老相公康健吗?'我回答说:'安好。'又问:'老奶奶康健吗?'我回答说:'安好。'听我回答后,主人沉吟片刻,笑着进去写回信,当即打发我回来。"监生一听大喜,颇为感叹地说:"人真是不可以不学啊,我只是一个'制'字用得好,他见了,便添下多少殷勤!"

这位监生哪里知道,自己盲目附庸风雅,竟闹下了大笑话!

中国古代有讲究书信礼仪的优良传统。一个人懂不懂书信礼仪是体现其文化素质和个人涵养水平高低的标志之一。"眷生"这个概念,是旧时姻亲之间的互称。对平辈的自称"眷弟",对长辈的又自称"眷晚生",对晚辈则自称"眷生"。"制"这个概念,是旧时依礼守丧之称,常指死了父亲或母亲。在"眷生"中加进一个"制"字,就是告诉对方自己死了父或母,还在服丧。《红楼梦》第一百十四回里有句"因在制中,不便行礼"的话,就是说的这个意思。这位监生的父母双亲明明健在,他却要自称"眷制生",真是可笑之至。

从逻辑上来说,"眷制生"这一概念是对"眷生"的限制,它比"眷生"多了"制"即死了父或母的内涵,外延却比眷生小了。

概念的限制,是明确概念的一种逻辑方法。它是根据内涵与外延的反变关系来进行的。对概念进行限制,就是缩小概念的外延,增加概念的内涵,使外延较大的属概念过渡到外延较小的种概念。例如,把属概念"现代化"限制为"中国式的现代化",后一概念比前一概念外延要小,而增加了"中国式"的内涵。运用概念的限制这种逻辑方法,有助于具体、准确地表达思想,恰如其分地反映客观事物。

抚顺话剧团演出的话剧《战犯》中,有这样两句对话:

日本女战犯:"我是科学工作者。"
战犯管理所副所长:"不!是战争科学工作者。"

加上"战争"这一内涵,就更切合日本女战犯的身份了。

"请毛主席升旗。"保存在中央档案馆的钢丝录音带上,传出40多年前林伯渠主持大会的声音。大会秘书长林伯渠宣布升旗的话有一个明显的缺陷,站在他身边的工作人员显然意识到了,于是,小声提醒他。

"请毛主席升国旗。"林伯渠又大声宣布了一次。

旗和国旗是属种关系,旗的外延比国旗大。加一个"国"字,增加了内涵,就对"旗"的外延进行了限制。

毛泽东给陈毅关于谈诗的一封信中,有这样一句:"如同你会写自由诗一样,我则对于长短句的词学稍懂一点。"从手稿上看得出来,"长短句的"这四个字一开始是没有的,是后来添进去的。为什么要添上这四个字?因为"词学"不仅包含"诗词学",还包含"词汇学"。添上"长短句的"四个字,就对"词学"这个概念作了限制,使之不表达"词汇学",而只表达"诗词学",就准确了。

对概念进行限制,往往容易出现以下几种毛病。

一是加上去的概念即附加语与原概念重复。

1949年6月,毛泽东在中南海邀集各界人士座谈,征集关于国家名号问题的意见。毛泽东提出,中央意见拟用"中华人民民主共和国"。这时候,张治中发表意见说:"'共和'这个词本身就包含了'民主'的意思,何必重复?不如就干脆叫'中华人民共和国'。"毛泽东觉得此话有理,建议大家采纳。经众人反复讨论,终于决定了一直沿用至今的国名。

用"稳妥"来形容"可靠"并没有增加什么,因为它们是两个同等程度的概念。形容词一面是修饰词,一面是限制词,用"很"来形容"可靠",这就在程度上限制了它,不是一般可靠,而是"十分"可靠。

在《青年一代》杂志上登过一篇《选拔王昭君演员引起的》的文章,说到有个20岁的小姐毛遂自荐,她介绍自己说"一个您并不熟悉的陌生女人"。"陌生"就是"不熟悉"的意思,再加上"并不熟悉的"就叠床架屋了。

第二种毛病是限制后自相矛盾。

杜林主张有"可以计算的无限序列",既是无限序列,又怎能计算呢?

"他是幸存的死难者",既是"死者"中的一个,又怎能是"幸存"者,应改为"他是幸存的受难者"。

有人问:"红墨水"为什么又说得通呢?这是因为这里的"墨水"已经失去了它黑色的本义,只是泛指有颜色的可书写的水,所以不与"红"相矛盾。

埃及出现过"活死人"的概念,与"红墨水"的说法相类似。"活"的"死人"谁见过?原来,在古埃及生产力极其低下的原始社会,抓到的俘虏通常是被处死的,"死人"是俘虏的代名词,到了奴隶社会,俘虏被强迫从事奴隶劳动,"活死人"就是指活着的俘虏。

英国著名历史学家汤因比著有《历史研究》大卷。美国的基辛格博士曾说这部大卷属"最没有读者的畅销书",意为深奥得难于理解,以至干脆不看,但又非买不可,仅仅因为它是汤因比所著。

第三种毛病是限制得不合事理,不伦不类。

倪正茂先生举过一个很生动的事例。在 20 世纪 70 年代末一次科学知识广播中,说到有一位妇女生了个遍身是毛的男婴,还特别说明产妇是"一位贫农女社员"。有的文章就问,为什么要特别说明是"贫农"呢?是要说明别的成分或身份的妇女生不出毛孩呢,还是想说明贫农之外的妇女生下毛孩来就没有科学价值呢?或者说这是贫农妇女的特别荣耀,其他妇女不配享有呢?或者反过来说,因为是农民而且是贫农,才生个"怪胎",而其他成分或身份的妇女则不会有这种事呢?不必要的说明反使得宣传科学知识的广播变得不科学了。

话说回来,对生"毛孩"的妇女,应怎样来限制才恰当呢?只要说:"辽宁的一位妇女",或者说:"辽宁某地农村的一位妇女",就可以了,硬要在"妇女"前面贴上成分的标签,就节外生枝了。

还有一种常见的错误是把分解当作限制。例如,有人指着一篇文章中的一段话对我们说:"这里用的就是概念的限制方法。"拿过来一看,原来是:

> 1948 年,郭沫若在香港与茅盾聚谈时,说起鲁迅"俯首甘为孺子牛"这句诗。郭沫若说:"鲁迅愿做一头为人民服务的'牛'。我呢?我愿做这头'牛'的'尾巴',为人民服务的'牛尾巴'。"茅盾接着笑了笑说:"那我就做'牛尾巴'上的'毛'吧!它可以帮助'牛'把吸血的大头苍蝇和蚊子扫掉。"

乍一看,把"牛"缩小为"牛尾巴",再缩小为"牛尾巴上的毛",似乎是限制,其实不然。前面说过,概念的限制是把属概念限制为种概念,而不是将反映事物的整体的概念缩小为反映该事物的部分的概念。又如,"上海"与"上海的外滩公园",它们分别反映的是事物的整体与部分,也不是限制。"上海"是一个单独概念,它下面没有种概念,所以不能再作限制。

概念的概括,是指通过减少概念的内涵从而扩大概念的外延,即由外延较小的种概念过渡到外延较大的属概念的一种思维活动。概括与限制正相反。

有则笑话是嘲笑"以小人之心度君子之腹"的:

"小姐,今早我买东西时您算错了三块钱。"
"当时你为什么不声明?"营业员怒形于色,"现在为时已晚了!"
"那好,那多找给我的三块钱就不退给您了!"

"算错"是外延较大的属概念,它包括了"多找"和"少找"两种情形。"算错"是对"多找"的概括。

在日常生活中,我们经常看到"因故"之类的公告:飞机航班"因故"取消,火车"因故"晚点,会议"因故"改期……究竟什么原因呢? 只有当事人知道。"因故"二字的使用,很概括、很省力,它既能为好事圆场,也能为坏事遮羞。

北京过去有一类商店,专卖四样东西,商店的招牌就叫"石灰、砖、瓦、麻刀商店"。因为它不卖别的建筑材料,不能叫"建筑材料商店",所以只好取这么一个啰嗦的名称。这跟百货商店、中药铺、山货店不同,这些商店如果也用类似的方法命名,那就没有那么大的招牌可以写得下了。

对概念进行概括有助于对事物的认识从特殊过渡到一般,掌握事物的本质。在科学研究中,发现了一类新事物,总要把新事物归入某一类,这就需要概括,例如说:"鸭嘴兽是卵生的哺乳动物",就把鸭嘴兽归到哺乳动物这一大类中去了。

算命先生的诀窍
——判断与句子

唐朝人高择在《群居解颐》这本书中讲了这样一件事：节度使韩简，是个大老粗，与读书人谈话，常常听不懂，觉得很羞愧。于是叫人为他讲解孔子的言行录《论语》。在听完《为政》篇的讲解之后，他对别人说："鄙人最近知道古人淳朴，年至三十方能行立。"听到这话的人"无不绝倒"。

堂堂节度使，听讲《论语》的心得体会竟是古人淳朴到三十岁才能站立、行走，如此笑话怎不令人"绝倒"呢？

孔子曰："三十而立，四十而不惑，五十而知天命，……""三十而立"是说三十岁建功立业的意思。韩简这个人虽然闹了笑话，但他以不学为耻，而且敢于发表心得体会，还是好的，只不过留给后人一个笑柄而已，无碍什么大事。

笑话只能在允许其存在的时代里流行，在"满脸都是死相，说笑便是放肆"的时代，是谈不上笑话的流行的。至于盛行文字狱的社会，则更会因为一举手、一投足、一句话、一行字为统治者所不容，因而惨遭杀身之祸。例如，清朝有人吟了两句诗"清风不识字，何必乱翻书"，就身首异处。在"四人帮"横行的十年中，我们又耳闻目睹了同类的现象。

南京有个铁路工人在土窑西侧劳动，当时刮东风，满头满脸都是灰，他便说了句："要是刮西风就好了！"就是这样一句话，竟锒铛入狱，吃了3年官司。罪名是和一句名言唱了反调。

上面两个例子说的都是一句多解的情况，从逻辑上来说，是关于命题、判断与句子的关系问题。命题是有真假的句子，判断则是断定了真假的命题。《水浒传》中的军师吴用为宋江提供的计谋可视为命题，一旦为宋江采纳则成为判断。在日常运用中，我们往往忽略二者的区别。作为逻辑通俗读本，本书也只谈判断而不用命题这一字眼。

判断是断定事物情况的思维形式。对事物具有（或不具有）某种属性作出断定（肯定或否定），这就形成判断。正如概念与语词的关系一样，判断的表达方式是有真假可言的陈述句。判断是句子的思想内容，句子则是判断的表现方式。句子与判断间的关系也不全是一一对应的：有的句子在不同的场合可以表达不同的判断；不同的句子也可以表达同一个判断。

产生一句多解的情况，常常是因为句子中用了多义词。"立"既可解作站立的立，也可解作成家立业的立。"东风"与"西风"是自然现象。"大凡家庭之事，不是东风压倒西风，便是西风压倒东风"，林黛玉用来譬喻大家族中各势力的争斗，毛泽东主席也曾借用来说明世界上政治势力的较量。

明朝李东阳居官时曾出上句"庭前花始放"求对，众人疑其太容易，却又无佳对。李便说："何不对以'阁下李先生'？"众人一笑而散。"阁下李先生"一句既指物，又指人。王安石的两句诗"莫嫌柳浑青，终恨李太白"也是一语双关。

有的算命先生糊弄人的一个诀窍是讲"活络话"。例如他说你"父在母先死"。"在"是多义词，这句话既可解释为"父亲在而母亲先死"，也可解释为"父亲比母亲先死"。倘若你父母双全，他仍可自圆其说，解释成预卜未来。有的算命先生就是利用多义词来糊弄人。

在《史记·老子韩非列传》中，记载了这样一件事，老子看见周朝衰落，打算出关隐居。当他过城关时，关令尹喜要他留下传世之作，才肯放他出关，于是老子写下《道德经》五千言。原文中说：

> 老子……居周久之，见周之衰，乃遂去。至关，关令尹喜曰："子将隐矣，彊为我著书。"于是老子乃著书上下篇……

在"关令尹喜曰"这个句子里，"尹喜"是人名，"关令"是尹喜的官名。据说，许多古文字学家、史学家有不同的解释。有的解作"姓关的令尹高兴地说"，有的解作"姓尹的关令高兴地说"，有的又解作"令尹关喜说"。文言简古，容易发生歧义。你看，短短的五个字，引得注家蜂起，众说纷纭。由此看来，使用一个容易发生歧义的多义词，必要时应加以解释。

上海南京路附近曾有一家"谢客来"酒店。天啊，谁敢来？既然你"谢客来"，还开什么酒店？酒店老板或许是要表达"感谢顾客光临"的意思，但谢客即拒客，这也是起码的常识。

有时孤零零的一个句子有歧义，很难下结论，可以把它放到具体的语言环境中去，联系上下文来加以确定。把"三十而立"与"四十而不惑，五十而知天命……"联系起来，一般人都不会发生误解。韩简的错误在于断章取义，生吞活剥。

又如，"夔一足"，这三字既可说是夔这个人只有一条腿，也可以说有夔这样一个人就足够了。单从字面看,两种解释都不错。究竟哪种解释正确呢?《吕氏春秋·察传》中记载了鲁哀公与孔子的对话:鲁哀公问孔子道:"主管音乐的夔只有一条腿,可信吗?"孔子回答说:"从前舜要用音乐来教化天下,就命重(有羲氏)和黎(有和氏)于草莽之中选拔到夔这个人,舜便用夔主管音乐。夔就调正六律、五声、使八方的风协和,天下都对舜很顺从。重、黎二人又想再多找些人。舜就说:音乐是天地间最精华的东西,可以调和得失,所以只有有才智的人能够调整音乐。夔是能够这样的,并且能使天下安定,有夔这样一个人就足够了。所以说'夔一足',并不是说他只有一条腿。"

孔子博古通今,他将"夔一足"的来龙去脉一交代,孰是孰非就一清二楚。

古时有个县令,是个刮皮老爷。他做生日,要老百姓送礼,老百姓都恨死他了,但不送不行。于是众人送他一块匾,上书四字:"天高三尺"。县令大喜,说道:"我做父母官,天都高了三尺。"他哪里晓得人家是骂他连地皮都刮了三尺呢?

不同的句子可以表达同一个判断。在说话写文章时,人们往往选择不同类型的句子来表达同一判断。例如,"中国人民是多么勤劳、勇敢的人民啊!""中国人民难道不是勤劳、勇敢的人民吗?""中国人民是勤劳、勇敢的人民。"感叹句、反问句、陈述句,感情色彩不一样,语调上抑扬顿挫有差别,选择哪一句型较适合,就要视具体场合而定了。

牛津大学有个叫艾尔弗雷特的人,因能写点诗而在学校小有名气。有一次他在同学面前朗诵自己创作的诗。有个叫查尔斯的同学说这首诗是从一本书里偷来的。这使艾尔弗雷特非常恼怒,他要求查尔斯当众道歉。查尔斯却说:"我以前很少收回自己讲过的话。但这一次,我认错了。我本以为他的诗是从我读的那本书里偷来的,但我到房里翻开那本书一看,发现那首诗仍在那里。"

"那首诗是从一本书里偷来的"与"那首诗仍在那本书里",虽然语言形式不同,但表达的意思一个样。查尔斯对文抄公作了辛辣的嘲讽。

用不同的句子表达同一个判断,还有这样一种情形值得注意,"我们战胜了敌人"与"我们战败了敌人",虽然分别用了"战胜"与"战败"两个相反的概念,但是两个句子表达的却是同样的意思,即"我们打败了敌人"。

"所有人是笨蛋或人和笨蛋是笨蛋"
——结构歧义

这是十年浩劫时期发生的一件真事,然而是一个笑话。

某女教师接到弟弟拍来的一份加急电报,电文是:"父心肌梗死抢救死亡危险速回"。

"死亡",这个可怕的字眼一映入眼帘,不幸的女教师恸哭一场,随后便急急告假奔丧。谁知未进家门,便见老父亲正倚门而待,朝她微笑着哩!

误会是怎么产生的呢?上述电文可以作两种不同的解释:一是,父亲心肌梗死经抢救无效而死亡,并且有危险请速回;二是,父亲心肌梗死正在抢救,有死亡危险,请速回。

按第一种理解既说死亡又说有危险(尚未死亡),这显然自相矛盾。从情理上说,这种不合逻辑的热昏胡话不会是弟弟想要表述的。而第二种理解完全合乎事理,应是发报人的想法。

女教师的真正"不幸"是在于她将"死亡"和"危险"断开,误解了电文,留下笑柄。姐姐的不幸或许是太粗心,或许是逻辑修养欠佳,见矛盾而不以为怪。弟弟也是不幸的,这有歧义的电文就是他的杰作。

这有歧义的电文犯了结构歧义错误。结构歧义是这样一种谬误:由表达命题的语句的语法结构的不确定而引起的命题歧义。包含了这种谬误的命题往往有多种解释,一般说来,其中的一种解释是正确的,其余的都是不正确的。使用有多种解释的同形异构语句,不利于顺利进行思想的交流。例如:

伯特是一个肥胖牲畜饲养员。

这个句子在结构上是模棱两可的。是说牲畜饲养员伯特很胖呢,还是说饲养员伯特饲养的牲畜很胖?

再看下面一个句子:

我听说他是在学校里。

这也是一个模棱两可的句子。究竟是想说"当我听说他的时候,我是在学校里",还是指"我听说,他这人在学校里"呢?

前一篇说过,算命先生的一个诀窍是讲"活络话"。"父在母先死",既有语词歧义,又有结构歧义。

近年来,房屋买卖合同纠纷很多。有的房产中介公司在合同关于房价的条款中设诱饵:"超出房价部分归房主所有。"房主以为卖出成交后可得全部超出原价之款,事实上中介公司却要与房主"分红",房主往往吃哑巴亏。

《论语》文不加点,其中一句"民可使由之不可使知之"使得后世说解纷纭,孔夫子本人也被搞得面目不清。

传统的断句是:"民可使由之,不可使知之。"

清末康有为设想断为二重复句:"民可使,由之;不可使,知之。"

此后,还有人断为:"民可,使由之;不可,使知之。"

不同的断句表达不同的意思。根据传统的断句,历史上的思想又有四种不同的注释:

第一种是汉代流行的"愚民"说:"只能让民众服从,而不能让民众知其所以然。"

第二种是宋代程颐、朱熹为代表的"民愚"说,意思是说老百姓太愚笨了,没有办法使民众百姓明白所以然。

第三种是"民乃弟子"说,认为"不可使知之"一语是承上章"兴于诗,立于礼,成于乐"而来。谓诗、礼、乐可使民由之,不可使知之。

第四种注释是陆掾为代表的"民知之有益"说。认为孔子是主张"欲治民者,多方开导,以使之知也",绝不会不让民众知其所以然,不会主张实施愚民政策。

今人有文指出,上述各说,同原句含义及孔子一贯主张相悖谬,唯有康有为的断句是正确的。意为:"如果民众可以被役使,就任其去行动罢了;如果民众不可以被役使,那就要教育他们。"认为孔子不是主张"愚民""民愚",恰好相反,正是他"智民""教民""诲人"教育思想的一个组成部分。文章认为这一断句法对于正确评价孔丘在我国及世界教育史上的地位都极为重要。这一翻案文章能否得到公认,还是由专家去讨论吧。

西方中世纪逻辑学家十分重视对非范畴词(命题联结词和量词)的研究,正确地指出了非范畴词决定命题形式。这一理论奠定了中世纪逻辑的基础。例如:

所有人是笨蛋或人和笨蛋是笨蛋。

这是一个结构歧义命题。它可以有下面两种不同的结构：

1. "所有人是笨蛋或人"和"笨蛋是笨蛋"。
2. "所有人是笨蛋"或"人和笨蛋是笨蛋"。

按照第一种结构，它是联言命题。这个联言命题是真的。因为它的两个联言支都是真的。

按照第二种结构，这是一个选言命题。这个选言命题却是假的。因为前一个选言支"所有人是笨蛋"为假，后一个选言支又是一个联言命题，这个联言命题中的支命题"所有人是笨蛋"是假的，这样，联言命题为假，而整个选言命题的两个选言支都为假，整个选言命题是假的。

还有一种结构歧义是相互涉及歧义。句子中的一个语词或短语涉及某个在别处提及的对象，但不清楚是指哪一个。例如：

1. 由史密斯夫人如此慷慨地赠送的洗礼盘将放在教堂东头的位置上，婴儿现在在两头都可以接受洗礼了。
2. 由于利物浦法官在他们季度聚会上的活动，政府迫于压力采取措施去阻止增长中的饮用甲醇变性的酒精的恶行。

在 1 中，"两头"是指教堂的东西两头呢，还是指婴儿的两头。

在 2 中，政府是迫于利物浦法官的压力去阻止恶行呢，还是迫于公众舆论去阻止利物浦法官的活动？

有些句子孤立地看会产生歧义，但在一定的语言环境中就只有一种很确定的含义，这类句子不能看作有谬误的句子。如果一个句子在一定的语言环境中仍有歧义现象，那就是包含了结构歧义的句子。

改写是消除结构歧义的一个好办法。例如，一首著名的德文复活节赞美诗在维多利亚时代的译文是这样开始的：

基督永生！现在再也不会了，

你的恐惧、死亡能使我们害怕。

在英语口语中,其中一种可能的意思是同传统的基督教的教义明显不一致,而英语赞美诗的校订者认为它最好改写成:

基督永生!现在你的恐怖,
啊,死亡,再也不能使我害怕了。

杨绛说"初恋"
——关系判断

法国国王路易十一酷好占星术。他在宫廷中养了一名令他佩服万分的占星师。这个占星师曾准确预言宫中一名贵妇会在 8 天之内死亡。路易为此而震惊。他想,要不是占星师谋杀了贵妇以证明其预言之神,就是太精于此道。不论是哪一种情况,占星师的存在都威胁了路易本人,占星师都得死。于是,路易十一召见占星师。

在占星师到来之前,国王向埋伏在周围的士兵交代了动手的暗号。占星师到来后,国王决定问他最后一个问题:"你声称了解占星术而且清楚别人的命运,那么你自己的命运如何,你能活多久?"占星师回答说:"我会在陛下驾崩前三天去世。"

动手的讯号一直没有发出。占星师不但保住了命,而且受到国王的全力保护。他吃喝玩乐,痛快潇洒,还有高明的御医关照他的头痛脑热。最后占星师比国王还多活了好几年。事实否定了他的预言,却证明了他操控权力的高明"法术"。

故意把自己的命运说成与国王密切相关,这便是占星师的救命符,这便是他的真正"法术"。

在明人冯梦龙的《古今谭概》中有一则题为《王元泽》的故事:

> 王元泽数岁时,客有以一獐一鹿同器以献,问元泽:"何者是獐,何者是鹿?"元泽实未识,良久对曰:"獐边者是鹿,鹿边者是獐。"客大奇之。

小元泽思索良久,终于悟出了一个道道。既然是"一獐一鹿同器以献",那么,在一獐一鹿之间就存在着"相邻"关系,獐位于鹿之旁,而鹿位于獐之旁。根据这种"相邻"关系,他作出了两个关系判断。

"獐边者是鹿,鹿边者是獐",并没有指明究竟哪个是獐,哪个是鹿。但是,一个数岁的娃娃,在从未见过獐和鹿因而无法确认的情况下,说出上述两句话来,不失为巧妙的回答。

客观事物有各种各样的性质，断定对象有无某种性质，在思想上就形成性质判断（直言判断）。性质判断的主项是一个或一类对象。"金属是导电体"就是一个性质判断。这个判断揭示金属有导电的性质。

宇宙万物，都是相互关联而存在的。反映两个以上对象之间的关系的判断叫做关系判断。占星师编造了自己比国王"早死三天"的关系，王元泽悟出了獐与鹿的"相邻"关系。

关系判断是断定对象之间具有或不具有某种关系的判断。因此，关系判断中的关系项至少是两个。"獐"与"鹿"便是两个关系项。"江苏在上海与山东之间"，则有三个关系项："江苏""上海""山东"。

《新民晚报》有篇文章说："乒乓半决赛在世界冠军乔红之间进行"，"决赛在世界冠军邓亚萍之间进行"。你读了不觉得别扭吗？比赛是个关系词，谁和乔红进行半决赛，谁和邓亚萍进行决赛，这两个"谁"是万万不能省的。

2004年，在奥运会男排候选赛上，中国队首战大胜韩国队。次战又胜日本队，但比赛过程紧张激烈。《新民晚报》的报道说："中国队在前四局，双方打成2比2。"此话欠妥。应改为"中国队在前四局，与对方打成2比2"。

《墨经》是我国古代的逻辑学著作。其中有一句"苟兼爱相若，一爱相若，一爱相若，其类在死也"，非常难解。墨家主张"兼爱"，即博爱。"相若"意为相等，就是要无差别地爱所有人。后三句却不知何意，难倒古今多少治墨学者！

著名逻辑学家沈有鼎先生一语破的："《墨经》指出关系判断的特点是在于它的不可割裂性。"他根据前人的校勘，将"其类在死也"改为"其类在死蛇"，后三句便豁然贯通。他通俗地解释说，"甲和乙是湖南人"（联言判断）这句话可以拆成两句："甲是湖南人，乙是湖南人。"但"甲和乙是朋友"（关系判断）这句话就不能拆成："甲是朋友，乙是朋友。"另一个例子是"爱甲与爱乙相若"（相若即相近，关系判断）这话如果拆成两句："爱甲相若，爱乙相若"（"一爱相若，一爱相若"），就没有意义了。好像一条活蛇用刀切成两段，就成了死蛇。将关系判断拆成性质判断，每一个性质判断便只有一个主项，不但改变了关系判断的原意，而且不成话。沈先生的奇思妙想是否符合《墨经》的原意，还有待进一步探讨。

由于万事万物之间的关系是多种多样的，因此反映在关系判断中的关系也就各不相同。"落霞与孤鹜齐飞"，是断定"落霞"与"孤鹜"有"齐飞"关系；"秋水共长天一色"，是断定"秋水"与"长天"有"共一色"关系。"珠峰比天下所有山峰都高"，其关系是"……比……高"。

端木蕻良在《曹雪芹》这部书的序言中写道:"雪芹生活的时代,在欧洲,正是从路易十四头上摘下的王冠,戴在路易十五头上的时候。在东方,正是不列颠东印度公司已经入侵印度的时候。在中国,正是西洋传教士和商人已经踏上'天朝'大门的时候。"

这是将国际、国内的几个大事件对照起来写,使读者对曹雪芹生活的时代背景有一个具体而又形象的概念。其逻辑依据是几个大事件具有"同时代"关系。

据说,当今世界上最长寿的人不是吉尼斯世界纪录登记在册的美国老妇人埃德娜·帕克,而是住在哈萨克斯坦北部的加拉干达省的一位名叫萨哈那·多索娃的老妇。《扬子晚报》署名"吴文"的文章说:"多索娃的身份证上显示,她的出生日期是1879年3月27日。"这位长寿老人到2009年3月27日便年满130岁。这是一位有怎样经历的老寿星呢?文章说:"刚好与爱因斯坦和斯大林同年";"和电灯泡一样长寿","那一年,爱迪生发明出世界上第一个灯泡";"俄罗斯末代沙皇年仅11岁";"多索娃10岁时,纳粹狂魔希特勒才刚刚出生";"她60岁退休时,第二次世界大战才刚刚开始"。

这些罕见的"关系"形象地展现出老寿星无与伦比的人生历程!

理解和使用关系判断,要注意关系的对称性问题。如果甲与乙有某种关系,乙与甲也有某种关系,那么甲与乙之间的关系就叫做对称关系。"同时代"关系是对称关系之一。"张三与李四是同学"。"同学"关系也是对称关系。张三与李四有同学关系,李四与张三也有同学关系。"相邻"关系亦然。说"獐与鹿相邻",也可说"鹿与獐相邻"。

《阿Q正传》中,当赵太爷的儿子中了秀才的时候,阿Q刚喝了两碗黄酒,便手舞足蹈地说,这于他也很光彩,因为他和赵太爷原来是本家,细细排起来他还比秀才长三辈呢!其时几个旁听人倒也肃然的有些起敬了。哪知第二天便遭到赵太爷一顿臭骂,还挨了一个嘴巴。从逻辑上说,"本家"关系是对称关系。他是你本家,你便是他本家。这是不能责怪阿Q的。"你怎么会姓赵……你怎么配姓赵!"不许阿Q姓赵,那是强盗逻辑。

在章学诚的《文史通义》里记载说,明万历年间苏州人王某弄了个光宗耀祖的称号:"太师大学士申时行隔壁豆腐店王二奶奶之位"。申时行是当朝宰相。那位豆腐店奶奶死后能身价百倍,全亏了排牌位的人替她攀龙附凤,与申时行拉上了"邻居"关系。你和我是邻居,自然我和你便是邻居。可见"邻居"关系也是对称关系。其他诸如"相等""矛盾""同盟""亲戚"等关系都是对称关系。

不用说，那位王二奶奶是认识当朝宰相申时行的。至于申时行则可能认识这位邻居，也可能压根儿就不知道天地间有这么一位豆腐奶奶。可见，"认识"关系是非对称关系。所谓非对称关系是指：如果甲对乙有某种关系，乙对甲可以有某种关系，也可以没有某种关系。薛宝钗爱贾宝玉，贾宝玉却不爱薛宝钗而爱林妹妹。

叶圣陶与妻子胡墨林的感情被长子叶至善称为"旷世爱情"。婚前叶只见过胡的照片，既没通过书信，也没见过面，婚后却情投意合。叶圣陶常常对别人开玩笑说，娶到胡墨林就像"中了头彩"。"爱""不爱"是非对称关系。其他诸如"佩服""喜欢""帮助"等都是非对称关系。

与"爱""不爱"类似，"恋人"和"初恋"也是非对称关系。吴学昭写的《听杨绛谈往事》是杨绛唯一亲点的传记。书中谈到，杨绛被刨根究底3年，无奈道出隐私。杨绛与在清华读书的钱锺书邂逅，虽然没有交谈一句话，但有一见钟情的感觉。事后牵线人孙令衔告诉他的表兄钱锺书，杨绛有男朋友，但钱不信。第二次见面时，钱锺书开口便说："我没有订婚。"杨绛则说："我也没有男朋友。"从此书信往返、林间漫步、荷塘小憩，开始了长达60多年的爱情生活。书中又提及，除了钱锺书，杨绛从未与任何人谈过恋爱。吴学昭说："有一次我告诉杨先生，某报大字标题'费孝通的初恋是杨绛'，却没有什么内容。"杨先生当即说："费的初恋不是我的初恋。让他们炒去好了，别理它。"

有个外国故事说，一个吝啬鬼不慎掉入深水中，别人伸手去救他，说："给我手！"但是吝啬鬼就是不伸过手来。救人者突然醒悟过来，改口说："给你手！"这时吝啬鬼挣扎着伸过手来，才免于一死。这当然是笑话，嘲笑吝啬鬼在性命交关的时刻还不肯给别人手。"给"也是非对称的。你给他，他可能给你，也可能不给你。

在非对称关系的判断中，关系前项与关系后项的位置是有讲究的。次序一变，意思就不一样了。

1932年2月，英国作家萧伯纳到中国访问。鲁迅、蔡元培等人与他在宋庆龄家里欢聚。饭后，大家到花园散步。这时恰逢多日连绵阴雨后，天气初晴，柔和的阳光照在萧伯纳的银发上，蔡元培先生高兴地说：

"萧翁，你真有福气，在上海看到了太阳。"

萧伯纳听后微笑了一下说：

"不，这是太阳有福气，在上海看到了萧伯纳。"

萧伯纳的话妙趣横生,充满了诗情画意。

与对称关系相对应的还有一种反对称关系。"三大于二",那么二就必不大于三。所谓反对称关系是指:如果甲对乙有某种关系,乙对甲必然无此种关系。"快于""重于""早于""压迫""侵略"等等,都属于反对称关系。如果说占星师比路易十一早三天死的话,那么决不能反过来说路易十一比占星师早三天死。

对称关系与非对称关系及反对称关系,不能混同,混同了就要犯逻辑错误。十年浩劫中,有人就误将非对称的"了解"关系当作对称关系来进行逼供信。例如根据"张三了解李四",推断李四也一定了解张三。

理解和使用关系判断,还要注意关系的传递性问题。如果甲与乙有某种关系,并且乙与丙也有这种关系。那么甲与丙就必有这种关系,这种关系就是传递性关系。例如,A 大于 B,B 大于 C,那么 A 大于 C。又如曹操比周瑜年长,周瑜比诸葛亮年长,那么曹操一定比诸葛亮年长。

与传递性关系相对应的也有反传递与非传递关系。如果甲与乙有某种关系,乙与丙也有这种关系,而甲与丙必无此种关系,那么甲与丙的关系就是反传递关系。例如,祖孙三代,其父子关系就是反传递的。祖与父有父子关系,父与子也是父子关系,而祖与孙就必然不是父子关系。

如果甲与乙有某种关系,乙与丙也有这种关系,而甲与丙可以有这种关系,也可以没有这种关系,那么甲与丙的关系就是非传递关系,例如,"认识""喜欢""相邻"等关系是非传递的。不能因为甲认识乙,乙认识丙,就推断甲一定认识丙。"老子革命儿好汉,老子反动儿混蛋",血统论把本来是非传递的政治关系当作了传递关系。

古时候有个聪明的老人,他有个打猎的朋友,送给他一只兔子。老人很高兴,当即用兔子做菜招待了猎人。一个星期后,有五六个人找上门来,自称"我们是送你兔子的那位朋友的朋友",老人便拿出兔汤招待了他们。又过了一个星期,又来了八九个人,对老人说:"我们是送给你兔子的那位朋友的朋友的朋友。"老人就给他们端来一碗泥水。客人很诧异,问:"这是啥?"老人说:"这就是我那位朋友送来的兔子的汤的汤的汤。"我和你是朋友,你和他是朋友,我和他可能是朋友,也可能不是朋友而是冤家。老人的机智就在于形象地把朋友间的非传递关系揭示了出来。

还要提请大家注意的是关系判断的量项。任何一个关系判断都有量项,同性质判断一样,分为单称、特称与全称三种。把握关系项的量项对于准确把

握关系判断的意义有密切的联系。对下面两句话,人们往往把它们混为一谈:

> 有人欣赏所有新产品。
> 对所有新产品来说,总有人欣赏它们。

前一句意思是说,至少有一人,他欣赏所有新产品。后一句的意思则不然:所有新产品都有人欣赏,每一个新产品不是这个人欣赏,就是别的人欣赏。总有人欣赏,但不一定指至少有一个人欣赏全部新产品。为便于理解,举例来说,全部新产品是十件,有十个人,每人各自欣赏一件,便是其中的一种情形。

复杂的生命之网

——假言判断

你相信吗？某一区域内猫的数目可以决定该区域内某些花的多少。乍一听，许多人都要觉得奇怪，把猫与花搭上，真是风马牛不相及！

但是，上述观点不是什么瞎七搭八，而是科学考察的结论。打开达尔文的著作《物种起源》便可知道，"自然界地位相距极远的动植物""被一种关系复杂的网联系在一起"。就拿兰科植物来说，大都需要昆虫传递花粉，才能授粉。据达尔文的实验结果，熊蜂几乎是三色堇授粉所必需的，因为别的蜂类都不访这种花。还有几种三叶草的授粉，亦需要蜂类为媒介。这就可以满有把握地推论，如果整个蜂属在英国绝迹，或变得极稀少，则三色堇和红三叶草亦将极其稀少，或甚至绝迹。

一个地方熊蜂的数目又和田鼠的数目很有关系，因为田鼠常破坏蜂窝，吃蜂的幼虫。而田鼠的数目又和猫的数目很有关系。

因此，一区域内有了大量的猫，首先通过对田鼠，随着又通过对蜂的干预作用，可以决定该区域内某些花的多少。

有的科普读物继续发挥达尔文的思想，说英国海军的强弱与当时英国的尼姑的多少也有关系。因为尼姑喜欢养猫，尼姑多则猫多……三叶草多则牛奶和牛肉的产量高，因而海军官兵的体质就强壮。这是不是牵强附会呢？还是由专门家去研究吧。

达尔文的以上叙述，包含了一系列的假言判断。

假言判断是反映对象之间存在的条件与结果的关系的判断。"如果我们都来学雷锋，那么精神面貌就会起很大的变化。""只要坚持开展植树运动，祖国就会变得更加美丽。"这些都是假言判断，其中每一句话的前半部分说的是"条件"，称"前件"；后半部分说的是"结果"，称"后件"。整个假言判断反映"条件"与"结果"之间的关系，亦即"前件"和"后件"的关系。

假言判断按前件与后件之间的不同关系，可以分为充分条件假言判断、必要条件假言判断以及充分而且必要条件假言判断。

充分条件假言判断，就是前件为后件的充分条件的假言判断。这是一种从前提导致结论的关系。其表达式为：如果 p，那么 q。

如果摩擦，那么物体会升温；如果日晒，那么物体会升温；如果燃烧，那么物体会升温；等等。我们就说摩擦、日晒、燃烧等是物体升温的充分条件。有甲、乙两种事物情况，如果事物情况甲存在，乙就存在；如果甲不存在，乙不一定不存在，在这种情况下，甲就是乙的充分条件。

在充分条件假言判断中，前件和后件的关系是：有前件必有后件，无前件却不一定无后件。可以用这样两句话来概括："有之必然"，"无之未必不然"。例如，如果摩擦，那么物体会升温；但不摩擦，却不一定不升温，因为还可以通过燃烧等来升温。

达尔文考察到的上述现象，可以列成一系列的充分条件假言判断：

如果猫多，那么田鼠少。
如果田鼠少，那么熊蜂多。
如果熊蜂多，那么三叶堇与三叶草多。

其中，"猫多"会使"田鼠少"，"田鼠少"会使"熊蜂多"，"熊蜂多"会得到"三叶堇与三叶草多"的结果，三个判断的前件分别是其后件的充分条件，所以都是充分条件假言判断。

充分条件假言判断在汉语里通常以"如果……，那么……"的句式出现，此外，还有以"只要，就""倘若，则""假如""要是"等作为逻辑联结词的。例如，鲁迅说："只要两天不吃饭，饭的香味便会是一个特别的诱惑；要是走过街上饭铺子门口，更会觉得这个香味一阵阵冲到鼻子来。"

但也不能认为凡是使用了"如果，那么"等联结词的句子就统统是充分条件假言判断。例如："如果说杜牧的《阿房宫赋》是赋体的余脉，又是赋体的名篇的话，那么，王勃的《滕王阁序》则可称为骈文的余脉，又是骈文的名篇。"这个复合句尽管使用了"如果，那么"，却并不是表示两者有什么条件联系，而只是将两者加以对照。

在说话、写文章时，人们往往将充分条件假言判断的逻辑联系词省略。例如："石在，火种是不会绝的"；"庆父不死，鲁难未已"。

有的假言判断不仅省掉了联结词，而且还以各种不同的语句形式出现。古希腊人说："你想变得强壮，你就跑吧；你想变得美丽，你就跑吧；你想变得聪明，你就跑吧。"这是倒装句。

在自然语言中，含有"如果，那么"一类联结词的句式可以表达各种不同的含义。例如，"如果水银柱上升，那么温度升高"，前、后件是理由与推断关系；印度逻辑中常见以烟推火的论证式，"如果有烟，那么有火"，前果后因，反映事物间的因果联系；"假如中国不发生'文化大革命'，中国也许已经成为中等发达程度的国家了"。这是假设句，或者称为反事实条件句、虚拟条件句。前件是反事实的假设，后件是由前件引出的猜测。除常见的以上几种以外，逻辑专家还注意到时序关系、词义关系等都可以用"如果，那么"一类联结词的句子来陈述。形式逻辑不研究以上这些内容大不相同的种种关系，更不会去研究每一种类关系中千差万别的各种含义和用法。一个充分条件假言判断在内容上是否真，这是各门科学回答的问题。形式逻辑的充分条件假言判断把上述种种关系中个别的、特殊的含义和用法作为不相关成分抛弃掉，只针对它们的共同特性作抽象。什么是"如果，那么"句式的共同特性呢？那就是当前件真时后件必真，而当前件真并且后件假时，则整个判断为假。怎样来判定一个充分条件假言判断是否成立呢？先把真假以外的一切内容都舍弃掉，只考虑前、后件各自的真假情况，以此来确定整个判断的真假。

一个充分条件假言判断前后件的真假怎样影响整个判断的真假呢？在古希腊对此有过激烈的争论。有人形容当时的争论说："甚至连屋顶上的乌鸦也呱呱叫着哪些条件句是真的。"

一个真的充分条件假言判断在三种情形下得到：当前件真并且后件也真时，例如，"如果这是白天，那么天亮"；当前件假并且后件也假时，例如，"如果地球会飞，那么地球有翼"；当前件假并且后件真时，例如，"如果地球会飞，那么地球存在"。

一个假的充分条件假言判断只在一种情形下得到：前件真并且后件假，例如，"如果这是白天，那么这就是夜晚"。

充分条件假言判断又称为蕴涵，根据以上四种情况来判定整个判断的真假，称为实质蕴涵。实质蕴涵是对自然语言中含有"如果，那么"句式所表达各种不同含义的最高度抽象。实际运用时，可以不考虑判断中除真假以外的具体内容和心理因素，使问题简单化，又能得到最广泛的运用，适用于一切领域。

前件是后件必要条件的假言判断，叫必要条件假言判断。必要条件假言判断的逻辑联结词是"只有，才""必须，才"等等。例如，"必须借得东风，才能大破曹军""只有坦坦无忧愁，才能长寿"。"借东风"是"破曹军"的必要条件，"无忧愁"是"长寿"的必要条件。

必要条件表明无此条件则必定不能产生某一结果,有此条件却不一定能产生这一结果,即"无之必不然,有之未必然"。其表达式为:只有 p,才 q。必要条件的假言判断也表示前提与结论之间的关系,仅仅表明前提对结论的必要性,没有 p 就没有 q,而不能从前提推出结论。

纪晓岚的《阅微草堂笔记》中有一段关于伊犁城中找水的记载:"伊犁城中无井,皆出汲于河。一佐领曰:'戈壁皆积沙无水,故草木不生。今城中多老树,苟其下无水,树安得活?'乃拔木就根下凿井,果皆得泉。"佐领的思路是很对头的:水是树活的必要条件。

黑格尔讲过这样一件轶事:古希腊哲学家泰勒斯抬头观望星辰时,掉进一个坑里,有人嘲笑他虽然认识天上发生的事情,却看不见自己脚下的东西。

黑格尔评论说:只有那些永远躺在坑里,从不仰望高空的人,才不会掉进坑里。这一个必要条件假言判断说得多好啊!

有一首歌,从标题到歌词全是由必要条件假言判断组成:

> 没有太阳就没有鲜花,
> 没有黎明就没有朝霞,
> 没有泥土就没有庄稼,
> 没有熔炉就没有钢花,
> 没有理想就没有宏图,
> 没有基石就没有大厦。

它们以"没有……,没有……"句式出现。"不破不立,不止不行,不塞不流"则以"不……,不……"句式出现。

一个真的必要条件假言判断在三种情形下得到:当前件真并且后件也真时,例如,"只有有水,树才能活";当前件假并且后件也假时,例如,无水,树也不活;当前件真并且后件假时,例如,有水,但树不活。

一个假的必要条件假言判断只在一种情形下得到:前件假并且后件真,例如,没有水树也能活。

下面一个故事选自《波斯趣闻》:

有一次,国王问身边的大臣:"王宫前面的水池里共有几杯水?"
大臣回禀:"这种问题,只要问一个小孩子就能得到正确的答复。"

于是,一个小孩子被召来了。

"要看是怎样的杯子",小学生不假思索,应声而答,"如果杯子和水池一般大,那就是一杯;如果杯子只有水池的一半大,那就是二杯;如果杯子只有水池的三分之一大,那就是三杯;如果……"

"行了,完全对。"国王说着,奖赏了小学生。

对于这个难题的解答,小孩子的思考方法是脱出常规的。首先他以敏锐的洞察力看到了问题的关键——并未限定杯子的规格,因而池水的杯数就随杯子的大小而不定。天下当然不会有和水池一般大的杯子,这只不过是小孩的大胆假设而已。他的一系列巧妙回答,用逻辑语言来说,就是一系列充分必要条件假言判断。"一般大"是"一杯"的充要条件,"一半大"是"二杯"的充要条件。

充分必要条件是"有之必然,无之必不然"。充分必要假言判断是指前件既是后件的充分条件,又是后件的必要条件的假言判断。其表达式为:当且仅当 p,则 q。有前件则一定有后件,没有前件则一定没有后件。

"当且仅当一个数在其数位上的数之和能被 3 整除时,这个数就能被 3 整除。""当且仅当"是这个充要条件假言判断的联结词。在日常生活中,人们没有用"当且仅当"的习惯,据说是从英语直译过来的,源于英国逻辑学家的生造。

一个真的充分必要假言判断有两种情形:前后件同真或同假;一个假的充分必要假言判断也有两种情形:前后件不同真或不同假,一真一假。

"我要嫁给希特勒!"

——假设条件句的真假

标题上的这句话出自正在参加"香港小姐"评选决赛的一位选手之口,她不是精神病人。她面对电视镜头,侃侃而谈,还赢得台下观众满堂彩!这是生活中的一幕,还是小说中的虚构?还是先从阿凡提的故事说起。

阿凡提开了个小染坊,巴依想刁难他。有一天,巴依来染布,对阿凡提说:"我要染的颜色普通极了,它不是红的,不是蓝的,不是黑的,又不是白的,不是绿的,不是黄的,也不是青的……你明白了吗?"

阿凡提说:"明白了,明白了,我一定照你的意思染,你就到那一天来取吧!那一天不是星期一,不是星期二,不是星期三和星期四,又不是星期五和星期六,连星期天也不是。我的巴依,如果那一天到了,你就来取吧!"

巴依给阿凡提确实出了个难题,他自以为得计,却没想到那么快就失效了。巴依所要的颜色说是普通,但是在实际生活中是不曾有的,事实上阿凡提也很难染出这种颜色来,更何况巴依的话里隐含的意思是,他要的这种普通颜色不仅事实上具有的各种颜色都不是,连逻辑上假想的颜色也在排除之列。难题之难,难在根本不可能!

可是这样一个难题一到阿凡提手里,就迎刃而解了。解决的办法出人意料之外,又在情理之中。阿凡提没有去正面反击,而是满口答应,"一定照你的意思染",来个欲擒故纵。接着就仿照巴依说话的方式,也提出一个要求。这个要求看起来数量上有所不同,巴依是要染无数颜色之外的一种颜色,而阿凡提选择的却是有限的一个星期七个日子之外的一天。巴依的要求根本无法实现,阿凡提的要求也不可能满足。由于阿凡提满口答应了巴依的要求,并在此基础上提出自己的要求,换句话说,后一个要求是以前一个要求为依据,为前提的,因此,首先提出无理要求的巴依也没有理由质难阿凡提。由于阿凡提所要求的那一天永远不会到来,巴依所要的那种颜色也永远不会出现。阿凡提就是这样极其巧妙地"满足"了巴依的愿望。

有人说,阿凡提的战法极其高明,他采用的是"以其人之道,还治其人之身"的办法,这样说,诚然是对的。但是,这种方法的逻辑依据又是什么呢?

我们可以把阿凡提的答话看成是一个假设句：假定有你说的那种颜色的话，那么也一定会有我要求的那样一天。

这个假设句的意思是，假定发生某一件事情，然后得出结论说，另一件事也存在着。我们知道，假设句的逻辑结构是逻辑蕴涵，也就是说，这个假设句的逻辑结构是充分条件假言判断。我们用标准的逻辑语言把上面这个假设句改造一下便成为：

如果有那样一种颜色，那么会有那样一天。

这个充分条件假言判断是真的还是假的呢？在日常语言中，判别一个句子是真是假，首先要考察前一句与后一句之间在内容上是否有必然联系。由于形式逻辑不研究内容上的联系，因此，"如果有那样一种颜色，那么有那么一天"，其前、后件是否有必然联系，这是很难回答的。换句话说，阿凡提根据心理因素，把前后两件事扯在一起是否合理，这是没有标准可言的。形式逻辑仅仅从句子的真假关系这唯一保留的内容因素来判别句子的真假。按照形式逻辑的判定方法，上述句子尽管前一句和后一句都是假的，但整个句子联起来看却是真的。

为什么说阿凡提的这一句话，第一分句是假的，第二分句也是假的，但总起来看仍是真的呢？

根据经验，我们知道，"如果下雨，则马路湿"这个判断是真的。

当着事实上在下雨，并且事实上马路也湿了时，"如果下雨，则马路湿"这整个句子是真的。

当着事实上没有下雨，而马路湿了，这整个句子仍是真的，因为它没有排除其他原因会造成马路湿，例如可能由于洒水车洒了水。

当着事实上没有下雨，马路也不湿时，整个句子还是真的，也就是说，前后两个分句都是假的时，整个句子仍为真。因为它根本没有断定下着雨或马路湿，而仅仅是说：如果下雨，则马路湿。阿凡提的话，前后分句都假，就与这第三种情况相同。

只有在发生了这样的事，即同我们的经验相反，下着雨，但马路却不湿，在这种情形下，我们说"如果下雨，则马路湿"，才是假的。当然，这第四种情形在实际上是不可能的。

同样，当我说"如果你赢了这一盘，则我将自己的'将'吃下去"时，我的意思是：第一，我想说，我造的这个复合句是真的；第二，我从这样一个前提出发，即"我将自己的'将'吃下去"这个句子是假的；第三，我想表明，在这种场合，第一句"你赢这一盘"也必然是假的。这个句子和"如果下雨，则马路湿"不同，在被联结的句子之间没有内容上的联系。联系只存在于被联结的句子的真假方面，这一点和阿凡提的话是大致相同的。1997年出生的中国最年轻的围棋九段柯洁于2015年一年连拿3个世界冠军后，不断有记者追问他的学棋经历。他说小时曾在北京聂卫平围棋道场学棋，一度成绩不好没人要。有一年个人赛1胜7败。柯浩输急了便说："再输就吃棋盘。"可是最后还是输了，但棋盘也没吃。他这样说，只是要表示不再输的一种决心。

从"如果你赢了这一盘，则我将自己的'将'吃下去"以及"我不将自己的'将'吃下去"出发，就可推出"你赢不了这一盘"，即"您赢这一盘"是假的。这是一个充分条件假言推理的否定后件式。从逻辑形式上来看，是完全有效的。同样，阿凡提的话里也包含了这样一个推理形式：

  如果有那样一种颜色，那么会有那样一天，
  不存在那样一天，（在阿凡提话中省略了）
  所以，不存在那样一种颜色。

当然，上述的分析是我们根据形式逻辑作出的，阿凡提不可能这样来思考。只不过是他的话中不自觉地运用了这种逻辑方法而已。

至此，我们可以看出，阿凡提虽然没有正面指出巴依的要求是办不到的，但是，这个结论是必然地包含在前提中了。这一点，阿凡提清楚，巴依也很明白。

下面我们要来解释本文标题"我要嫁给希特勒！"是怎么回事了。

香港小说《选美前后》中有这样一个情节：香港选美进入决赛阶段，主持人为了测试参赛的杨小姐的谈吐应对技巧，便问道：

"假如要你在两个人中选择一个做你的终身伴侣，你会选择谁呢？这两个人，一个是波兰大音乐家肖邦，一个是德国法西斯头子希特勒！"

漂亮聪颖的杨小姐不慌不忙，语出惊人：

"我要嫁给希特勒！"

台下观众顿时骚动起来，追问她为什么选择希特勒。杨小姐微笑着回答：

"我希望自己能感化希特勒。如果我嫁给希特勒，第二次世界大战就不会死那么多人,也肯定不会让他发动第二次世界大战!"

杨小姐知道,肖邦和希特勒都是历史人物,要她嫁给哪一个都是不可能的,是假的。因为条件假,所以她可以随意选择而不需要兑现。回答嫁给肖邦会落入俗套,回答嫁给希特勒却惊世骇俗。果然,她以自己的睿智赢得了全场观众的热烈掌声。

磨工卖驴的启示
——选言判断

拉·封丹是法国17世纪著名的寓言诗人。他有首《磨工卖驴》的寓言诗，饶有风趣又发人深省，概述如下：

一个老磨工和他十五岁的儿子一起赶集卖驴子。为了使牲口显得肥壮而易出售，他们便抬着驴子走。路上骂声不绝于耳："可怜虫！傻瓜！粗胚！蠢材！"有人还大笑说："三个中最笨的笨驴，看来不是驴子自己！"磨工于是让儿子骑驴，自己徒步。走不多久，一位老商人向孩子大喝："下来！下来！"理由是"青年人带老跟班"，不成体统。于是他们换了一个地位。后来三个少女看见，又大骂老蠢材虐待孩子。老人连忙叫儿子也上驴子。走不到三十步，又有旁人为驴子抱不平。老磨工叫苦不迭，只好让驴子领队，爷儿俩做跟班。某君又嘲讽说："这是不是新的风尚，把驴子也来个解放？"这时，磨工终于大彻大悟，从中选择了一个方案，随人家怎么说，走自己的路。

这则寓言告诫人们，凡事要有主见，不要随便让人在自己脑子里跑马。寓言本身包含了一个逻辑道理。可以把老翁、孩子与驴子的关系列成一个选言判断：或者是爷俩抬着驴子走，或者是孩子骑驴而老翁徒步，或者是换个位，或者是"委屈"一下驴子，两个人都骑上去，或者是对畜生施与人道。

在上述选言判断中，老翁有五种选择，他们应该也完全可以从其中找出至少一种妥当的办法来。"他就这么做了，倒是做得很好！"

选言判断是断定事物若干可能情况的判断。

在选言判断中，所反映的事物的每一种可能情况都形成一个支判断，称为选言支。选言支至少有两个，以供选择。整个判断没有对每一种事物情况作最后的判定。

一个判断是不是选言判断与一个选言判断是真是假属于不同的两个问题。

选言判断的真假与选言支是否穷尽有关。所谓穷尽,是指把每一种可能性都列举出来。

一个穷尽的选言判断必定是真的选言判断。在特定范围内,它已包括了一切现实的可能性,而其中必定至少有一为真,因而整个判断为真。例如,上海地面沉降的原因或者是由于海平面上升,或者是由于大量抽取地下水,或者是由于高层建筑的压力,或者是由于地下天然气的开采。这里把各种可能性都穷尽了,所以是一个真的选言判断。

一个真的选言判断却可以是不穷尽的。"张三或是广东人,或是江西人",如果张三确实是广东人、江西人二者之一,尽管这选言判断不穷尽,它也是真的。

选言判断是人们常用的一种思维形式。公安人员破案要列举种种可能性,一个指挥员要作出种种战斗方案来加以比较,医生看病要提出各种假设……这样形成的选言判断估计到情况的各个方面,使人们考虑问题周到,从而为认识问题指明范围,为解决问题提供线索。

意大利的伽利略是近代实验物理学的巨匠,他的聪明才智在破案上也闪耀过光芒,却不大为人所知。

有一天,一位家里养有很多鸟的富翁在郊外别墅举行宴会。宴会开始不久,来宾中一位伯爵夫人遗失了一只钻戒。她是在洗手前把钻戒放在三楼客厅的桌子上,但从洗手间回到客厅时钻戒不见了,桌上却多了一支小牙签。以前这里也发生过一件相同的事情,同样在遗失钻戒的地方,放着一支小牙签。

钻戒确实被偷,这不是虚报。大家议论纷纷。小偷或者从门里进来,或者是从窗上爬进来。但是,这间三楼客厅,两次丢失钻戒时,都上了锁,小偷用钥匙开门的可能性也被排除,窗外没有梯子和其他攀登工具。钻戒真可说是不翼而飞。

正当来宾们迷惑不解的时候,伽利略送来富翁所订购的最新式望远镜。有人对他说:"伽利略先生,你有超人的智慧,能不能帮我们侦破这案子?不然,我们都成了嫌疑犯。"

伽利略听了两次失窃的介绍后,问:"发生失窃时,别墅里的养鸟人在哪里?"富翁说:"他在院子那边的小屋中,也没来过。"

伽利略说:"他就是失窃案的主谋,一定不会错!"

养鸟人供认不讳。人们赞叹伽利略不愧为有头脑的科学家,既敏捷又思路开阔。

原来,养鸟人暗中训练了他喂养的鸟,让鸟飞到三楼去衔钻戒,为了防止鸟儿叫,就让它衔住一支小牙签。如果鸟儿行窃时被捉,人们也不会加以追究。

客人们的议论"小偷或者是开门进来,或者是从窗上进来",是一个不穷尽的选言判断。它恰恰遗漏了真的那个选言支,因而是一个假的选言判断。

古代有一个笑话说,有个鲁国人,拿了一根长竹竿要进城,开始是竖着拿,由于竹竿太高,进不了门;横过来拿也太长,还是进不了门。他想不出办法。一位老先生对他说:"我不是圣人,但见得多了,你干吗不把它锯断了拿进去呢?"

这两个人都不懂得最简单的生活常识,真是迂腐可笑。两位先生的思维过程可以共同形成一个怎样拿竹竿进城的不穷尽的选言判断。老先生出的虽是馊主意,但你不能不说这也是方案之一,也不能不承认这个选言命题是真的。由于它恰恰遗漏了更方便的持竿进门法,因此说这一选言判断不是一个恰当的选言判断。但判定恰当不恰当却不是逻辑管得了的。

在生活中有很多出奇制胜的例子,很值得学习。宋朝的司马光从小就很聪明。有一次,一个小孩掉进盛满水的大缸里,危在旦夕,一大群小孩都惊慌失措。这时,司马光捡起一块大石头,毫不犹豫地把缸砸破,及时救出同伴。

救人的方案可以多种多样,当事人要根据具体情况作出相应的选择。

有一辆载重卡车要从桥下通过,由于货物装得太高,超出了 10 毫米。司机下车看了很久,正考虑是把货物卸下来,开过去重新装车呢,还是改道绕行多走 30 公里。这时马路旁一个小孩说:"你把轮胎的气放掉一点,开慢车就过去了。"

这真是绝妙的好主意。司机作出的选言判断是不穷尽的,他没有找到最佳方案。放气的办法对司机来说是思考问题的盲点。

有一道智力测验题,题目是软木塞塞紧了饮料瓶的瓶口,软木塞又是齐瓶口的,怎样才能最快地喝到饮料?别忘了最佳方案是用力把木塞揿到瓶里去。这也是解决问题的盲点,因为通常木塞是要往外拔的。

一位著名的飞机设计师说过,在寻求最佳方案的时候,有时故意向所谓荒谬的地方去找一找,或许会获得成功。当然,怎样才能找到最佳方案,一个选言判断怎样才能全面反映实际情况,这不是逻辑本身所能解决的。

选言判断可分为相容的选言判断和不相容的选言判断。所谓相容的选言判断,是指各个选言支所反映的事物或情况,是可以共存的,它可以有两个甚至全部都同时存在。前面关于地面沉降的选言判断，是相容的选言判断。

相容选言判断中各选言支的选择关系，一般由联结词"或者……，或者……""也许……，也许……""可能……，也可能……"来表示。

如果一个相容的选言判断是真的，那么，它至少有一个支判断是真的，也可以有两个支判断甚至全部支判断是真的。如果没有一个支判断是真的，那么，整个判断就是假的。例如，"孔夫子或是思想家，或是教育家，或是哲学家"。在这个真的选言判断中，三个支判断都是真的。又如，"土星的第六号卫星，要么有生命，要么没有生命"。这个不兼容选言判断的各个选言支不能共存，它有一支并且仅仅有一支是真的。

不相容的选言支所反映的事物或情况是不能同时存在的。包含不相容选言支的选言判断，就是不相容选言判断。

不相容的选言判断的各选言支的选择关系，一般是由联结词"要么……，要么……""不是……，就是……"来表示。"或者"有时也被用作不相容选言判断的联结词。

既然"或者""或"可以表示相容的选择关系，也可以表示不相容的选择关系，那么究竟怎样来断定它是相容的还是不相容的呢？这要对具体内容加以分析，形式逻辑本身就无能为力了。

下面我们来分析一个实例：

> 这个作品在思想性方面有缺点，或者艺术性方面有缺点，或者兼而有之。

对于上面这个选言判断，有的书上说："这里加上了'兼而有之'，就十分明确地表示了思想上有缺点与艺术上有缺点这两者是兼容的。"

这一看法其实是不对的。如果上面这个判断不讲"或者兼而有之"，它倒是一个相容的选言判断，从内容上来判定，它还有第三种可能性，即思想性方面和艺术性方面都有缺点。但是上面这个判断既然把这第三种可能性列举出来了，那就不能再说第一个选言支与第二个选言支可以兼容。

"不战、不和、不守，不死、不降、不走"
——选言判断的负判断

在第二次鸦片战争中，两广总督叶名琛奉行不抵抗政策，结果身败名裂，被钉上了历史的耻辱柱。

这位双手曾经沾满起义人民鲜血的刽子手，对待外国虎狼之敌却色厉内荏，总是幻想侵略者发善心、讲道理，他鼓吹什么"羁縻外人之术，在使彼之理屈而我之理伸"。

1856年12月23日，第二次鸦片战争爆发。在人为刀俎、我为鱼肉的危急关头，两广总督大人却自认有神明护佑，迷信降神扶乩。

早在10月29日，英军攻入广州城，晚上又自行退兵时，叶名琛骄横自大地宣扬，这全是他不抵抗政策的成效。到了12月24日，英法联军发出最后通牒时，草包总督还笑得起来："彼故作态势，来吓我耳。我不与和，彼穷蹙甚矣。"

爱国的部将们见到强敌兵临城下，请求调兵设防，他不批准；请求召集广州市民组织团练，协同守城，遭到拒绝；部将们又请求派兵侦察，他却下令："敢有赴敌船者，按军法处置！"他为何如此笃定呢？原来他曾对部下说过："乩语告以过十五日（即阳历12月30日）必无事。"

扶乩究竟不敌炮火的威力，29日广州城沦陷。躲藏在花园中的这位总督大人被英、法联军生擒活捉。他先被囚于香港，后又受禁于印度加尔各答。在苟延残喘之际，叶名琛还自命为"海上苏武"，但他终于在1859年做了异乡鬼。

历史给了他公正的评价。人们当时讥讽说："不战、不和、不守，不死、不降、不走；相臣度量，疆臣抱负；古之所无，今亦罕有。"

敌人下了战书，我方"或战、或和、或守，或死、或降、或走"，总得有个选择。这是一个穷尽了各种可能的选言判断，其中必有一真，整个选言判断是真的。可是叶名琛的态度是"不战、不和、不守，不死、不降、不走"，这是一个联言判断，是对前面那个穷尽了各种可能的真选言判断的否定，即选言判断的负判断。原判断和它的负判断是矛盾关系，原判断为真，负判断则为假。可见，"海上苏武"的态度是不合逻辑的。他的不抵抗态度如果要冠之以逻辑术语的帽子,就叫做滥用选言判断的负判断。

滥用选言判断的负判断是这样一种谬误,对一个穷尽了各种可能的选言判断加以否定。对一个不穷尽的并且没有一个选言支是真的选言判断,加以否定,就得到一个真的选言判断的负判断。例如,对象棋比赛预测,一人说"甲或胜或负",另一个说"不见得,我看甲既非胜,也非负"。后一人的话否定了前一人的话,是一个负判断,相当于说"并非甲或胜或负"。当比赛结果为和棋时,前一人的预测为假,后一人预测为真。

如果有人说下象棋无非两种可能,或分胜负,或下和棋,别人若不同意,说并非如此,那么便作出了一个虚假的负判断,犯了滥用选言判断负判断的错误。

有一则俄国格鲁吉亚童话故事说,一个大公要求英雄卢斯杰姆给他找一匹马来,这匹马不能是铁青色毛,也不是栗色毛,也不是有斑纹的毛……他列举了凡是所见过的毛色。英雄卢斯杰姆答应找,但他也提出一个条件,就是允许他在任何一天找来,除了星期一、星期二、星期三……他列举了一个星期的全部日子。

大公的要求在逻辑上来说是允许的,但在实际上却难乎其难。因为他所要的马的毛色,在现实中可能是从未有过的,但并没有排除发现一种前所未见的新毛色的可能。这样说来,大公作出的选言判断的负判断在逻辑上并无破绽。英雄卢斯杰姆是聪明的,他深知大公的难题无法满足,便以其人之道,还治其人之身,提出了一个根本不可能的条件,反而难住了大公。这样的一天哪里去找呢?任何一天都只能是从星期一到星期日中的一天,除非是"白日参辰现,北斗回南面"。卢斯杰姆虽然"解决"了大公的难题,但从逻辑上不能不说是滥用了选言判断的负判断。

什么季节适宜读书?有人这样回答:或者是春季,或者是夏季,或者是秋季,或者是冬季。虽然让人无所适从,但它肯定了至少有一个季节是读书的大好时光。有一首诗嘲笑懒人道:

春日不是读书天,夏日南风正好眠。
秋多蚊虫冬又冷,一心收拾待来年。

懒人的心理活动跃然纸上,被刻画得入木三分。应该说,为四化而奋斗,四季如"春",都是刻苦攻读的大好时光。即使是在旧时代,一般的读书人也"惜时如金"。起码,不会认为四季之中竟无一天可以读书。所以,"懒人"之"一心收拾待来年",无异于提出了一个选言判断的负判断,也就难免"懒人"之讥。

"华人神探"一生只做一件事
——模态判断

明代江盈科编撰的《雪涛小说》有则关于鸡蛋的故事。

从前有个人,家里穷得吃了上顿没有下顿。忽然有一天,他捡到一只鸡蛋,对他老婆说:"我有家当了!"老婆问:"在哪里?"他拿出那个鸡蛋说:"这就是。只要十年功夫,家当就有了。"他解释说:"我拿这个鸡蛋,到邻居家借母鸡去孵,待小鸡孵出,从中拿一只小母鸡回来,鸡生蛋,蛋孵鸡,两年之内,就可以有鸡三百只。把鸡卖了,可买回五头母牛。母牛生母牛,三年可以有牛二十五头。母牛再生母牛,再过三年可以有牛一百五十头。把牛卖掉,即可得到一大笔钱。把这笔钱全部用来放债,再过两年,我就有一份像样的家当了。"

这个人越想越高兴,越说越得意,于是就盘算发财以后的事情了:置地、盖房,还要娶个小老婆……老婆一听说他要娶小老婆,勃然大怒,"不要留祸根",一拳就把那个鸡蛋打碎。丈夫把老婆痛打一顿后告到县衙,请求法官处死这个恶妇。县官问过缘由,认为罪大当死,命人煮了她。那妇人申辩说:"他说的家产都还是想当然的事,怎么就煮了我?"县官说:"你丈夫要买妾,也是不一定的事,你怎么就妒忌起来?"老婆说:"虽然是这样,但是除祸要趁早。"县官笑着把她放了。

这个故事的启示是,从哲学上说,做任何事情都不要把可能性当成了现实性,甚至当成必然性。凡事预则立。谋划一件事情,要考虑它的成算,不要把伟大理想寄托在"一个鸡蛋"的家当上。以一个鸡蛋的物质基础来构建远大家庭梦想,其现实性真是微乎其微。从逻辑上来说,不要混淆了可能判断与实然判断和必然判断的区别。夫妇二人有一个共同的错误,都把可能判断当成了实然判断,甚至当成了必然判断。

判断中有"可能""不可能""必然""不必然"等概念的判断都称为模态判断。本书在前面所说的命题和判断,不同于模态判断,都是实然命题和实然判断。普通逻辑里常见的模态判断多指含有"必然"或"可能"这两个最基本模态词的狭义模态判断:必然判断或可能判断。广义的模态判断还包括"偶然""必须""相信"等模态词。

必然判断是指断定事物情况的必然性的模态判断。可能判断又称为"或然判断""盖然判断",是指断定事物情况的可能性的模态判断。

日常生活中,常有这种情况。有人说:"明天可能下雨。"有人反对说:"明天可能不下雨。"第三个人说:"你们都可能说得对,互相不打架。"前两人中,明明一个说"下",一个说"不下",为什么都可以对?在什么情况下,说"可能下的"不对?又在什么情况下,说"可能不下"的不对呢?回答上述问题就都要用到模态判断的知识。

"必然是""必然不是""可能是""可能不是"等四个模态联系词表达的四种模态判断之间的对当关系,与A(全称肯定判断)、E(全称否定判断)、I(特称肯定判断)、O(特称否定判断)四种直言判断之间的对当关系相类似。A、E、I、O四种直言判断或性质判断相互之间真假对当关系我们在前面没有介绍过,所以在模态判断中补上这一课。

"必然是"与"必然不是"是上反对判断,可以同假,不能同真。只能以其中一个判断为真推出另一个判断为假,而不能以其中一个判断为假推出另一个判断为真。例如,已知"一切事物必然是发展变化的"为真判断,可以推出"一切事物必然不是发展变化的"为假判断。已知"所有人都必然是会游泳的"为假,但不能以此推出"所有人都必然不是会游泳的"为真。

"明天可能下雨"与"明天可能不下雨"是下反对判断,可以同真,但不能同假。所以既不能用前者来否定后者,也不能用后者来反驳前者。不能以一个真来推另一个假,只能以一个假来推另一个真。你用它们来相互否定和反驳,说了等于没说。因为你真,我也可以真。只能用"明天必然不会下雨"来否定"明天可能下雨",也只能用"明天必然会下雨"来否定"明天可能不下雨"。它们才各自构成矛盾判断。

语词"不可能是"相当于"必然不是","可能是"相当于"并非必然不是","必然是"相当于"不可能不是","并非必然是"相当于"可能不是"。

有位名人说:"我一生只做了一件事,使不可能成为可能。"

既然是"不可能",又怎么能让它成为"可能"呢?"不可能"即"不可能是",等值于"必然不是"。"不可能是"与"可能是"是逻辑上的一对矛盾概念,二者的真假关系截然对立,水火难容。其间非此即彼,没有第三种可能。这句名言是否像"我母是石女"一样自语相违,不合逻辑呢?我们应该怎样来正确理解这句名言?

这句名言出自享誉世界的"华人神探"李昌钰。这样身份的人怎么可能随便说出"矛盾"的名言呢？

李昌钰一生所做的许多事情，并非客观上必然不可能做到的，并非想抓着自己的头发离开地球。囿于作案对象、作案动机、作案环境、作案工具、作案时间、破案思路、破案技术和破案手段等种种因素，华人神探遇到的难题是一般人难于甚至不可能破解的。非常之功必待非常之人。李昌钰高人一等，他常常能拓宽案件的思路，千方百计找到证据，从而把每一悬案办成铁案，于是他把一个个难破之案变成为可破之案。化腐朽为神奇，惊天地泣鬼神。这不是认识上的逻辑矛盾，而是事物的辩证法。

"可能""可能不""必然""必然不"等模态词事实上有多种用途，在不同场合有不同的含义。按照不同的标准，逻辑学家把模态判断分为不同的种类。

客观的模态判断是反映客观事物自身存在的必然性或可能性的模态判断。例如，"金属必然导电"，它反映的是金属有导电性质的客观必然性。不管你知道不知道，这种客观必然性不以我们认识的模态而转移。

主观的模态判断反映人们对事物认识的不同确实性程度。它与客观的模态判断相对。例如，"聂耳一定是义勇军进行曲的作者"。它不是反映聂耳为义勇军进行曲作者的必然性，而是表示对聂耳为义勇军进行曲作者的认识达到了必然的程度。

事物的模态又称为从物模态，指模态词修饰或限制的是判断主项所表示的事物与判断谓项所表示的属性之间的联系方式。例如，"地球之外可能有外星人"。模态词"可能"修饰事物"地球之外"与其属性"外星人"之间的联系方式。

与事物的模态相对应的是命题的模态，又称为判断的模态、言辞的模态、从言模态，其主项为一判断，谓项为模态词。命题的模态或判断的模态是修饰或限制某一判断的模态。例如，"'金属导电'是必然的"。它的判断词置于判断之后。主项由"金属导电"这一判断承担，谓项由模态词"必然的"承担。

"'埃及金字塔是由外星人造的，或者不是由外星人造的'是必然真的"，该判断的主项为一正确的选言判断，其必然真被逻辑学家称为"逻辑地"必然真。

当我们知道音乐家聂耳出生于1912年，并且到1934年还在世，那么命题"在1934年聂耳是22岁"就是在认识上是必然的。这与"逻辑地"必然真有所不同。逻辑学家把这种根据已知知识来断定一个命题必然真，称为"在认识上"必然真。

命题"如果一个人从摩天大楼上往下跳，那么他会掉下来"，"任何一个人想抓着自己的头发离开地球,这是必然不可能的",是物理的必然;命题"如果一个神志清楚的成年人跳离摩天大楼,那他期望去摔死",这是认识的必然,不同于物理的必然。

科学常常因事先认准某事为不可能而陷入困境。伟大的化学家拉瓦锡知道,陨石是不可能的虚构之物,因为天上显然没有石头。这是认识的局限导致的"不可能"。但是现今的常识告诉我们,这位伟大的化学家错了。"大自然比我们想象中的更具创造性,所以谁也不要轻易说出'不可能'这样的话。"

1994 年美国报界评出十大最离奇新闻,其中一则新闻一再挑战办案警方的思路,就是柯南·道尔再世也编不出这样离奇的故事:

这一年的 3 月 23 日发生一桩命案,纽约警察总局的法医的验尸结论是:此人死于头部枪击。

从死者遗书得知,他打算从十层高的楼顶跳下自杀。想不到当他跳楼后,竟被第九层楼窗户里射出的一颗子弹击中身亡。

警方调查发现,死者和开枪的人都不知道——当时八楼正在施工,工人们刚装了一张安全网,也就是说死者如果不是被枪击而亡,他的自杀计划是实施不了的。然而,根据法律,一般说来,一个人如果实施有计划的自杀并且最终身亡,即使自杀过程发生变化未能如愿,那么依法也应该认定此人是自杀。可是,当警方对九楼射出的子弹进行调查后,案件的性质又有了变化。

当时,九楼的一对老夫妻发生了口角,正在吵架,老先生拿出一把枪恐吓老太太,并真的扣动了扳机,但是子弹没有打中老太太,而是射出了窗户,击中了跳楼人。根据法律,一个人如果想杀甲,却错杀了乙,那么仍然应判此人对乙犯了杀人罪。因此,此案应该是一桩凶杀案。当老先生面临杀人罪指控时,老先生和老太太都一致表示,他俩当时都以为枪里面没有子弹。老先生解释说,用空枪来恐吓老太太,是他多年来的做法。他没有杀害老伴的意图。如果老两口的话属实,那么这就是一起误杀案。

问题的关键是,子弹在什么情况下由什么人装进去的。警方在调查中找到了一名证人,证明在案发六周之前亲眼看到这对老夫妻的儿子往这把枪里装上了子弹。警方又调查得知,因为老太太决定停止给成年的儿子经济支持,儿子便怀恨在心,起了杀意。他知道他的父亲有用枪恐吓老太太的习惯,所以就背着父母给那把枪装上了子弹,希望借刀杀人。

既然儿子明知装弹的可能后果,那么即使他没有亲自扣动扳机,他也应被指控犯杀人罪。所以,此案就成了老夫妻的儿子对跳楼者犯下杀人罪。

但是，警方惊奇地了解到，这对老夫妻的儿子其实就是死者本人。他由于借刀杀人之计一直没有得逞，心生沮丧。于是，决定从十楼楼顶跳楼自杀，万万想不到却中弹身亡。也就是说，他自己杀了自己。最后，此案仍被认定为自杀案。

这是离奇的巧合呢，还是冥冥中的安排？

2015年5月31日，在国际田联钻石联赛尤金站男子100米比赛中，中国选手苏炳添以9.99秒获得第三，成为首个跑进10秒大关的黄种人，创造了历史。在这一天之前，"亚洲人必然跑不进百米10秒大关"。这是反映事物有无某种属性的模态，而非判断的模态。它也是认识的模态判断、主观的模态判断，表明人们对这一事件之前的认识达到了必然的程度。黄种人能力的暂时不足导致了在某个时段之前的"不可能"。

9秒99并非苏炳添的极限，有专家坚信他会再上新台阶："从目前状况看，只要技术熟练，防伤防病，未来可以达到9.95。"改变条件，就能使不可能变成可能。

"我一生从来没有碰到过这么困难的挑战！"中央电视台"挑战不可能"节目评委李昌钰在首播现场为一位前来挑战的"同行"鸣不平，与主持人撒贝宁发生分歧，不惜叫停录制，激动表示应再给挑战者一次机会。

在首期节目中，主持人撒贝宁在"足迹专家"这个项目原有规则基础上增加难度，并笑言"既然要挑战'不可能'，就要一不做二不休"，让周华健混迹于足印参与者中，不但与人临时换鞋，左右脚反穿，甚至改变着力位置留下脚印。董卿当场直言"于心不忍"，周华健则大呼"实在太难"！而李昌钰早已一脸不相信说："要是这样都能猜出来，我拜她为师！"结果是挑战者出人意料顺利过关。

第二轮挑战再增难度。挑战者需从三十位体貌相似的模特中，找出唯一足迹的主人。一个多小时过去后，正确答案已被挑战者排除，撒贝宁果断提出挑战结束。评委席上的李昌钰忍不住冲上台打断录制，为应试女警抱不平。"我们在平时的工作中都是要反复看好几遍，并不是一次就可以判定，这样对挑战者太不公平"，并要求再给她一次挑战机会。撒贝宁则根据挑战规则认为挑战已经结束，并再三询问现场导演。两人在现场打起"嘴仗"，录制一度暂停。

事后有网友表示："太惊险啦，如果只进行一轮筛选，挑战者是不是就会被淘汰。"也有网友认为："当女警每次发令'×号留下，×号留下'时，作为观众的我都十分紧张，当她将24号排除在外时，我的心整个悬了起来！但最终她挑战成功实在是太厉害了！"

李昌钰设身处地总结说："她的挑战超出了平常的刑侦工作，这是六个专家一个星期的工作量。我们平时是1∶1，她现在是1∶30，她是一个数一数二的，很值得我们骄傲的非常宝贵的公安人员。"

里约奥运会上，中国女排在小组赛排名第四的不利情况下，顶住压力，绝不放弃，连克对手，最终登上冠军的领奖台。中国女排之所以能够在不可能改变中实现改变，源于女排姑娘不畏强手、奋力拼搏的精神，源于女排姑娘数年如一日的坚持：从每一堂训练课、每一场球、每一个细节、每一次机会做起。通过日积月累的磨练，用超人的意志和过硬的本领在不可能改变中实现改变。以永不放弃精神超越自我，这就是女排精神。

中央电视台第3套节目还播出过厦门市公安局的警犬训练专家李维福警官和他训练的警犬"草根"成为"挑战不可能"节目的主角。挑战内容是警犬用嗅觉寻找血的稀释溶液。

一开始由警官介绍办案时用试纸或仪器检测人的一滴血的水溶液。当一滴血液在300倍水中稀释，试纸就不能检测出要检测的目标。

更让人惊叹的是让节目评委王力宏的一滴血滴进消防车水箱内，然后将水箱搅拌10分钟。再将这稀释的血水取出。这消防车水箱装满了10吨水。血水稀释后的稀释度是二千万倍，就用世界上最先进的仪器也根本检测不出是谁的血液。为什么要进行这样的检测？这是公安办案所必须！

李警官介绍这只警犬曾破重大案件三百多宗。从宏观一滴血稀释后，血液的微纳层面在稀释水中，其血液成分不但肉眼看不见，就是用现有最先进的仪器也无可奈何。因此，利用警犬的嗅觉，神奇地迅速判定，这个机理至今还是个谜！不要说人的嗅觉相差十万八千倍，就是换其他警犬来怕也不行。

从15辆目标汽车中找出目标血液，即为挑战成功。为了使挑战真实可靠，检测是选了15位年轻女子作助手，每人手中一只小箱子，其内部在相同位置放一纸袋，内有稀释血液的样品两件。其余不放。然后将箱子放入小轿车内锁好。

然后，李警官将警犬"草根"带到场地，开始寻找目标样品。警犬非常迅速地绕着每一轿车转圈，然后发现8号车和15号车内藏有血液样品。经三位评委现场开箱一一确认。都是正确的。

一个收集世界桥梁的外国网站首页上有一大幅广告。2017年将有一专赴贵州的旅行团，可以观赏14座世界最高公路桥，6座世界最高铁路桥。这真是一趟桥梁朝圣之旅！对中国的造桥英雄们来说，没有最高，只有更高，所以一座座世界之最相继飞架在中国的南北东西。它们推进了中国桥梁技术的极限，也推进了世界桥梁技术的极限。

雅西高速，堪称美丽雄奇的中国逆天工程。你能想象一条240公里长的公路全是高架桥和山洞吗？从四川雅安到西昌的雅西高速——跨越青衣江、大渡河、安宁河等水系和12条地震断裂带，散布在崇山峻岭之间，绵延不断，雄奇险峻。这是中国公路史上的奇迹工程，这一"不可能"，全世界估计也就中国人能够做得到。

若对中央电视台"挑战不可能"节目里的各个项目作个预测，基本上是可能完成也可能不能完成，即使已经练就了超人的达标的绝活，即使参与挑战的选手在平时十拿九稳，也可能受到临场主客观种种因素的干扰而失败。因此，对选手来说，偶然性很大，"既可能成功并且也可能失败"。逻辑学家把这类"可能是并且可能不是"的模态判断称之为偶然判断。偶然判断是断定事物情况可能存在并且也可能不存在的模态判断。偶然判断既不同于必然判断，也不同于可能判断。例如，"明天可能下雨并且可能不下雨"，就是偶然判断。可见，偶然判断是复合判断中的联言判断，并非是包含矛盾的判断。

"得一文，天诛地灭"
—— 同一律之一

"当官不与民做主，不如回家卖红薯。"这是电影《七品芝麻官》中唐成立的誓言。他敢说敢为，令人敬佩。在封建官吏中，像这样写"誓联"的虽大有人在，但十有八九是骗人的。

清人黄图珌编过一则《誓联》的笑话。说的是有个县令上任伊始，便在堂上高悬一副对联："得一文，天诛地灭；听一情，男盗女娼。"打官司的富贵人家相信"有钱能使鬼推磨"，他们照例把金钱玉帛往这个"清水衙门"里送。这位"清官老爷"则照收不误。有人气不过，便直截了当地说："你办事错了，怎么忘了对联上立的誓言呢？"县官老爷却振振有词地说："我没有违背誓言，因为我所得到的不是一文钱，受贿徇情也非一次呀！"

这副对联明明是说要秉公办事，哪怕是一文钱也不收，一次情也不徇。它还隐含这样一个意思，"得一文"、"听一情"，尚且要"天诛地灭"，要被骂为"男盗女娼"，得更多的钱，听更多的情，就更是伤风败俗，更要雷打火烧了。县老爷的解释当然是强词夺理，歪曲誓联本来的含义，这说明他在拟对联时就存心玩弄诡辩，蓄意欺骗世人。

从逻辑上看，这个县令的诡辩违反了同一律。

同一律是逻辑思维基本规律之一。它的内容有语形和语义两种表述。它的语形表述是：在同一思维过程中，每一思想都必须保持自身的确定和同一。它的公式是：A 是 A。A 表示概念或者判断。同一律要求，在同一思维过程中，每一概念、判断都必须是确定的，并且与自身前后保持一致。

由于概念无真假可言，而判断是有真假之分的，因此同一律在判断方面还有语义表述：在同一思维过程中，如果一个思想是真的，那么它就是真的；如果一个思想是假的，那么它就是假的。

同一律要求在同一个思维过程中保持概念、判断的同一性，不得将不同的思想划上等号，也不得将某一思想任意改成别的思想。否则，就要犯违反同一律的错误。

概念明确，是使判断、推理遵守同一律的前提。

古代一些哲学家、逻辑学家十分强调明确概念的重要性。古希腊"逻辑之父"亚里士多德认为：一个名称应当有一个确定的意思；人们思考一个东西的时候，必须用一个名称指代它。战国末期的唯物主义哲学家荀子曾经提出要确定政治、哲学等方面的重要概念的含义。爱因斯坦指出，科学语言所追求的是高度的精确性。马克思主义经典作家都非常注意明确概念。在《哥达纲领批判》中，马克思、恩格斯指出，《哥达纲领》全篇充满着含混和混乱的词句。《哥达纲领》不过是千字文，马、恩就找出二十多个不明确的概念，一一加以剖析。列宁说："如果要进行论争，就要确切地阐明各个概念。"毛泽东多次讲到"概念要明确"的问题，这是大家所熟知的了。

我们把不自觉地将一个概念换成另一个概念称为混淆概念，而把自觉地将一个概念换成另一个概念称作偷换概念。县太爷的诡辩就是偷换概念。

有篇题为《"不折腾"怎么译？国际媒体"晕了"》的文章说，胡锦涛总书记在纪念改革开放30周年大会上，在表明中国走社会主义道路的坚定不移的决心时，用了北方方言"不折腾"三个字。"不折腾"三字刚落，观众席传来会心的笑声。笑声表明观众听懂了"折腾""不折腾"的含义，但是怎样准确地翻译呢？这真难倒了国内外媒体界的双语精英。这篇署名"中新"的文章介绍说："网络上，读者主动搜集了五花八门的各种译法，像'翻来倒去'（don't flip flop），'别走岔路'（don't get sidetracked），'别反复'（don't sway back and forth），'不踌躇'（no dithering），还有翻译成'没有重大变化'（no major changes）的。""中新"与英语媒体同行觉得上述译法都不够精彩，没有把"混乱""自我消耗"含义体现出来。

有趣的是，在2008年12月30日国务院新闻办的发布会上，当有记者问到与"不折腾"有关问题时，现场翻译干脆念出这三字的汉语拼音，再次引发现场的一片笑声。看来，中国又要为外语词库扩容作贡献了。

翻译得准确与否，看起来是如何遣词造句的语言问题，从根本上说是一个逻辑问题。是否恰当地表达原意，意味着是否遵守了同一律。

有人留学美国，一天和一位美国友人谈到语言上的沟通问题，坦言自己虽然能应付日常会话，但有些内心深处的话仍难于表达。

美国友人安慰道："不必多虑，我认为你已经进步很快。我和妻子都是美国人，结婚10年了，到今天还有许多内心深处的话不知怎样表达呢？"

这位友人的安慰，真可以说是擀面杖吹火——一窍不通。因为留学生说的是两种语言的沟通问题，即翻译问题，他还不能用英语来自如表达某种思想感情,要是用母语来遣词造句则完全不成问题。友人的意思是,尽管他们熟知作为本国语言的英语,但是内心深处的思想还是简直无法用语言表达出来。可见留学生与友人说的压根就是两码事。友人混淆了概念。

从形式逻辑的角度来看,混淆概念和偷换概念有哪些表现形式呢?

任意改变某个概念的内涵与外延,使它变成另外一个概念,此其一也。

鲁迅《且介亭杂文末编·半夏小集》里写了段对话:

A:B,我们当你是一个可靠的好人,所以几种关于革命的事情,都没有瞒了你,你怎么竟向敌人告密去了?

B:岂有此理!怎么是告密!我说出来,是因为他们问了我呀。

A:你不能推说不知道吗?

B:什么话!我一生没有说过谎,我不是这种靠不住的人!

鲁迅没有发表一句评论,他只是将 A 与 B 的对话写下来,但读者一看就明白,这是对告密者的拙劣辩护的揭露和批判。对己"可靠",对敌来说就一定"不可靠";反过来对敌"可靠",那对己一定"不可靠"。这本来是一个极简单明白的道理。B 任意改变"可靠"的内涵与外延,生拉硬扯地把"向敌人告密"也说成"可靠",其手段不可谓不拙劣。

有报道说,某大城市发大水,结果把保险库淹了!水退之后,一个客户发现寄存在保险箱中的唐伯虎画被泡烂了。银行说:"我们不能赔,你的画不是还在你的铁抽屉里吗?"有的客户顿时被吓住了,他醒悟道:"万一保险库不是遭水淹而是遭火攻呢?那存在里面的东西不成一堆黑灰吗?"

在实际生活中,马克·吐温称得上是位幽默大师。社会上流传着很多关于他本人的趣事逸闻。其中有不少故事,主人公马克·吐温妙语连珠,闪耀着智慧的光芒。

摩门教是基督教的一个教派,主张一夫多妻制。一次,马克·吐温与一位摩门教徒就一夫多妻问题展开争论。摩门教徒说:"你能够在《圣经》中找到一句禁止一夫多妻的话吗?""当然可以,"马克·吐温回答说,"马太福音第六章第二十四节说:'谁也不许侍奉二主。'"马克·吐温故意把一夫多妻嘲笑成一夫侍奉多妻(多主),这样就把一夫多妻纳入《圣经》中关于"谁也不许侍奉二主"的论域,从而成为《圣经》所禁止的对象。

著名电影导演希区柯克在拍摄一部巨片时,请了一位大明星、大美人担任女主角。这位大美人对自己的形象要求精益求精,不停地抱怨摄影机角度不合适。她一再对希区柯克说,务必从她"最好一面"来拍摄,"你一定得考虑我的恳求"。

可是希区柯克大声回答说:"抱歉,我做不到!因为我没法拍你最好的一面,你正把它压在椅子上。"希区柯克故意改变"最好一面"的外延,以幽默回敬唠叨,令人发笑。

用非集合概念取代集合概念,或者相反。这是第二种手法。

达尔文进化论认为"人类是由猿猴进化来的"。主教们就责问道:"有哪一个人不是父母所生,而是猴子变成的?又有哪一只猴子变成人?"这样的发问是荒唐可笑的。这表明主教们不是出于宗教的偏见就是诡辩。因为达尔文说的由猿猴进化来的"人类"或者说"人",是指的一个集合体,不是指组成"人类"这个集合体的张三或李四。

还有一种手法是利用多义词制造混乱,以售其奸。

让我们说一则故意用这种手法来开玩笑的千古佳话吧。李白有一首脍炙人口的诗,题目是《赠汪伦》:

> 李白乘舟将欲行,忽闻岸上踏歌声。
> 桃花潭水深千尺,不及汪伦送我情。

在清代诗人袁枚的《随园诗话补遗》里记载了这诗的由来,现照录如下供赏析:

> 唐时汪伦者,泾川豪士也,闻李白将至,修书迎之,诡云:"先生好游乎?此地有十里桃花。先生好饮乎?此地有万家酒店。"李欣然至。乃告云:"'桃花'者,潭水名也,并无桃花。'万家'者,店主人姓万也,并无万家酒店。"李大笑,款留数日,赠名马八匹,官锦十端,而亲送之。李感其意,作《桃花潭绝句》一首。

泾川人汪伦慕贤若渴,但与李白又素不相识。为了把大诗人请来做客,他便抓住李白的两个嗜好,故意玩弄诡辩,投其所好,把客人骗来再说。把"桃花潭"说成"十里桃花",是生拉硬扯,而"万家酒店"中的"万"倒是个多义词,既可作数目字解,也可作姓氏解。既然前面有着"十里桃花",与"十里"相对应,这"万家"自然是指酒店之多了。"万家"在这种特定的语言环境中,其意义是确定的。这就难怪聪明过人的李白也深信不疑,欣然前往。

还有一种常见的表现形式是将似是而非的两个概念混为一谈。例如,把"经验"与"经验主义"划等号,又如,把"集体婚礼"说成"集体结婚"。

上面我们列举了混淆概念、偷换概念的几种常见表现方式。判断是由概念组成的。把一个判断偷换成另一个判断,我们就称之为偷换论题。在一个论题中,偷换了概念,也就偷换了论题。偷换概念的手法也就是偷换论题的手法。

报载某城市发大水,连银行的保险库都未能幸免。一个客户发现寄放在银行保险箱里的唐伯虎画被泡烂了。银行方面不肯赔,还说出一句精妙的辩护词:"你的画不是还在铁抽屉里吗?"《新民晚报》一篇《把钱藏在哪里好》的文章说:"我顿时就被吓住了,万一保险库不是水淹而是火攻呢?我辛辛苦苦节约下来的奖金工资不是像饭店里的叫化鸡那样让火烤着烘着,最后成了一堆黑灰吗?万一银行说你的东西不是还在你的抽屉里吗?我们银行又没开过你的锁呀!说不定你锁进去的就是一捧灰呢。"此番揶揄,令人捧腹。

有这样的情形,用偷换论题的手法来表达特殊的感情,还特别出彩。威尔逊任美国新泽西州州长时,他接到来自华盛顿的电话,说本州一位议员,即他的一位好友刚刚去世。威尔逊深为震撼,他立即取消了当天的一切约会。几分钟后,本州一位政治家的电话打了进来。那人结结巴巴地说:"我,我希望代替那位议员的位置。""好吧。"威尔逊对那人迫不及待的态度感到恶心,他慢慢地回答说:"如果殡仪馆同意的话,我本人是完全同意的。"

"代替那位议员的位置"本意显然是"要代替当议员",被威尔逊故意说成"要代替他在殡仪馆中的位置"。对急于补缺者的鄙视之情表达得不可谓不充分。

在对话中,违反同一律的错误表现为转移话题。成语"王顾左右而言他"成了转移话题的专门术语。此语出自《孟子·梁惠王下》:

孟子谓齐宣王曰:"王之臣有托其妻子于其友而之(到)楚游者。比(及,到)其反(返)也,则冻馁(饿)其妻子,则如之何?"王曰:"弃(绝交)之。"(孟子)曰:"士师(司法官吏)不能治士(基层小吏),则如之何?"王曰:"已(罢免)之。"(孟子)曰:"四境之内不治,则如之何?"王顾左右而言他。

孟子问了三个问题，前两个涉及下属的错误，齐宣王对答如流。一个问题答完了，再转入下一个，双方遵守谈话规则。一涉及自己的错误，齐宣王便左顾右盼扯到不相干的事上去。

除了上面所说之外，还有一种常见的偷换论题的手法：改变词序。

据说曾国藩与太平军作战，起初在战场上，孔子搬家——尽是书（输），但他又不能欺骗皇帝，因此，他在奏章中写有这样八个字："屡败屡战，屡战屡败"。手下的秀才一看不妙，提笔一挥，改成"屡战屡败、屡败屡战"。一字不易，但是强调的重点不同了。前者消极，陈述接连败北；后者积极，这才避免皇帝怪罪。

这种改变词序以改换论题的方法，有时可以为我所用。电影《蓝色的海湾》中有一位老工程师无限感慨地念了两句古诗："夕阳无限好，只是近黄昏。"一位厂领导立即纠正说，应该是"只是近黄昏，夕阳无限好"，这就抒发了"但得夕阳无限好，何须惆怅近黄昏"的意思。词序一变，情调迥异。

唐伯虎献诗祝寿
——同一律之二

唐伯虎是一个能诗善画的风流才子。他有许多逸闻趣事在民间流传。

据说,有一天,对门一家富翁为其母做生日,请唐伯虎绘画题诗。他才思敏捷,挥毫落纸,一幅《蟠桃献寿》图顷刻而就。接着信笔又写下四行诗。第一句是"老妇不是人"。"不是人"还了得,此语一出,举座失色。唐伯虎接着写下第二句:"好像南海观世音。"儿孙们转怒为喜。谁知第三句竟是"生下儿子是个贼"。那富翁怒形于色,正待发作,第四句又写了出来:"偷得蟠桃献寿星。"富翁顿时改颜赞许,合家高兴透了。

这首诗语出惊人,不同凡响。真是"嬉笑怒骂,皆成文章"。四行诗贯串了一个主题思想:祝寿说好话。"好像南海观世音"自然看起来"不是人","不是人"与"观世音"思想一致;"偷蟠桃"的无疑是个"贼",前后照应,判断恰当。然而他并非骂你是偷鸡摸狗之辈,而是把你赞为"齐天大圣"。此诗一反一正,使人的心情也一怒一喜,最终导致合家高兴。

诗是语言的艺术,它的形式是短小的。如何在短小的形式中获得较大的容量,这就需要紧紧抓住一个中心。如果东一榔头西一棒,看起来写了很多事情,但别人从中所得却很少。只有紧紧围绕主题,读者在寥寥数语中就能领会到集中深刻的思想。作诗要遵守同一律,从消极方面来看,是要防止思想不确定,前后不一贯,避免逻辑矛盾;从积极方面看,是为了更好地表达主题思想。

古人有开社赛诗的游戏。或者出题限韵,各成一绝;或者你一句,我一句,来个珠联璧合。做得不好便要罚酒三杯。

《红楼梦》第三十七回说到大观园里的公子小姐们结了个海棠社,商量好出题限韵,每人都要做一首。社长李纨出题咏白海棠,迎春定下七言律和"门"字韵。各人作诗,只能咏白海棠,不能你咏菊,他又吟别的,并且你不能来个五言诗,也不能违了"门"字韵,否则就要受罚。这"出题限韵",就是要求统一性,不能各行其是,不然就是违反同一律。

可是在皇帝面前对对子,却不是一件轻松事。乾隆皇帝为编纂一部包罗天下千年之书的《四库全书》,连下三道圣旨,召回被自己以"坐泄机密"罪罚至新疆充军的大才子纪晓岚。明天就要任命纪晓岚为主编官了,乾隆又犹豫起来。他决定第二天先采用老办法——出对联句,考考这位大才子。

"朕说'两碟豆'。"乾隆开口了。
"我说'一瓯油'。"纪晓岚紧紧跟上。
"朕说'林间两蝶斗'。"乾隆利用谐音转换了概念。
"我说'水上一鸥游'。"大才子如法炮制,一毫不爽。
"人云'南方多山多水多才子'。"乾隆只得转换话题。
纪晓岚略一思索,微微一笑。乾隆以为他也想开溜。哪知他字句铿锵朗声对道:
"我说'北国一天一地一圣人'。"既对仗工整地对上了乾隆的"人云"句,又巧妙地拍了皇上的马屁。
乾隆一听,呵呵大笑,立即授职。

明代莆田人姚旅的《露书》中收录了一个诗坛趣话。有人送枇杷给一个县令,错写成"琵琶"。县令便笑着吟哦起来:"'枇杷'不是此'琵琶',只恨当年识字差。"刚好旁边有个客人,随口就续了两句:"若使'琵琶'能结果,满城箫管尽开花。"县令大为叹赏。"琵琶"与"枇杷"同音不同义,不能互相代替,混淆了就是违反同一律。客人通过采用类似于修辞学上的"飞白"手法,明知其错,故意仿效。假定"琵琶"像"枇杷"那样是有生命的东西,会开花,能结果,一花引来万花开,从而巧妙地把"琵琶"与"枇杷"联系起来,天衣无缝、不留痕迹地消除了别字毛病。这真是同一律的灵活应用。

写诗要遵守同一律,作文也要遵守同一律。

清代戏曲理论家李渔在《闲情偶寄·立主脑》中说:"古人作文一篇,定有一篇之主脑。主脑非他,即作者之言之本意也。"

古人强调立意是文章的主脑,写文章应"一意到底",不能"二意两出",使得"意多乱文"。古人说的意和现在所说的主题的含义很接近。王夫之指出:"无论诗歌与长行文字,俱以意为主。意犹帅也,无帅之兵,谓之乌合。李杜所以称大家者,无意之诗,十不得一二也。烟云泉石,花鸟苔林,金铺锦帐,寓意则灵。"

李渔与王夫之都强调了作文一定要确定主题思想,就是要"立意"。全篇文章都要围绕主题来展开。从布局谋篇,到遣词造句,都要以"意"为统帅。否则就成乌合之众,一盘散沙,下笔千言,离题万里。

袁枚在谈立意与用词的关系时说:"意似主人,辞如奴婢,主弱奴强,呼之不至。"袁枚只说到"主弱奴强,呼之不至",纵使呼来了,也要以辞害意的。

写文章,都会碰到一个思路问题。顾名思义,思路,就是指思想的路数,是指一个连贯的有条理的思维活动过程。布局谋篇就是思路的连贯、条理的反映,毛泽东同志说:"写文章要讲逻辑。就是要注意整篇文章、整篇说话的结构,开头、中间、尾巴要有一种关系,要有一种内部的联系,不要互相冲突。"这种"关系""内部的联系",就是同一律在文章中的具体表现。

文章的结构要讲究"内部的联系",一支好的乐曲同样也要讲究"内部的联系"。据说"主题"这个词来自德文,最初是一个音乐的术语,是指乐曲中最具有特征并处于优越地位的那一种旋律,也就是主旋律,它表现一个完整的音乐思想,是乐曲的核心。

就拿交响乐来说,它通常有四个乐章,这四个乐章,根据全曲中心命题,作"起""承""转""合"的安排。每个乐章,都有自己的主题,由一句或多句乐曲的旋律组成,它构成音乐语言的基本单位,后面的音乐,像做文章一样,都沿着这主题上下发挥、开展。

为了乐章的充分发挥,通常都有第二或第三主题出现,称为副题。这副题有时和第一主题关系较深,有时完全是一个新的东西,也可说是对立的矛盾。但是,万变不离其宗,从全章来说,还是相关的。如果作曲的人来个野马狂奔,或都写些毫不相干的东西,那就同样要犯"下笔千言,离题万里"的毛病。

无论是写诗、作文,还是绘画、谱曲,为了突出主题思想,就要有所取舍,这就是所谓"有所失才有所得"。好的作品,总是敢于作大胆的取舍。取舍的根据之一,就是保持文气的贯通亦即保证同一律在全文、全乐章中的贯彻。

报纸上曾登过一篇题目叫《华罗庚传奇》的文章,说华罗庚13岁时读初二,国文老师布置写一篇读胡适《尝试集》的心得。他看了这本书的代序就掩卷了。这是因为胡适自己写的代序中有这样几句:

> 尝试成功自古无,放翁这话未必是。
> 我今为下一转语:自古成功在尝试。

华罗庚一看,便不以为然。他说:这里的两个"尝试"是不同的概念,第一个"尝试"是只试一次的意思,第二个"尝试"却是试无数次的意思,胡适对"尝试"的概念尚且混淆,他的《尝试集》还值得我读吗?

一个少年,对大人物不迷信盲从,这是令人钦佩的。

根据陆游诗的出处,可知陆游诗中的"尝试"确实是只试一次的意思,而胡适的"自古成功在尝试"中的尝试并不是这个意思。因为他紧接着就说:"莫想小试便成功,哪有这样容易事!有时试到千百回,始知前功尽抛弃。"可见,这是试无数次的意思。

通常,我们在说话写文章时,特别是在科学论文中,最好是用一个语词表达一个确定的概念,但在文学作品中大可不必拘泥。一词多义,往往起到特殊的表达效果。况且胡适没有混淆概念,"放翁这话未必是"中的"未必是",是对前一句的否定。古往今来,一次成功的事不是没有。胡适又作了特别说明,"为下一转语",意思是说,我要强调的是一次次尝试。

陆游强调一次成功自古无,胡适究竟比陆游高明,他进一步指出,要成功就得一次次尝试。华罗庚那时毕竟年少,攻其一点,不及其余,他不了解《尝试集》在中国新文化运动中的地位。这本白话诗集其实是值得好好读一读的。

有位英国诗人写了一首诗,其中有:"每分钟都有一个人在死亡,每分钟都有一个人在诞生。"诗发表后,一位数学家来信质疑说:有几行诗不合逻辑。每分钟生与死人数相抵,地球上人数将永恒不变。确切说,每分钟有 1.167 4 人在诞生。因此郑重地建议将诗改为:"每分钟都有一个人在死亡,每分钟都有一又六分之一人在诞生。"诚如此,优秀的诗歌就全要改成科学论文了。须知,诗人的这句诗只是形象地说明地球上时时刻刻都有人在死亡,也有人在诞生,而不是在做人口统计啊!

唐代大诗人杜甫的《古柏行》中有"苍皮溜雨四十围,黛色参天二千尺"两句。苍皮指树干,黛色指青黑色的树叶。很有数学头脑的北宋著名科学家沈括便根据《九章算术》来计算。这棵古柏高达二千尺,直径却只有七尺。他认为比例太失调,于是责问道:"四十围乃径七尺,无乃细乎?"殊不知诗圣是运用夸张手法来极言古柏的高耸、雄伟和挺拔,而不是搞测量。

"拿破仑孩提时代的头骨"
——矛盾律和排中律

据说在法国一个乡村的祭祀日里,一个耍戏法的人正在招揽观众:"啊,快来,快来,这里有世界闻名的大英雄拿破仑的头骨,快来看拿破仑皇帝的头骨吧!"

这倒是很耸人听闻的。很多人交了钱进去。有个人说:"啊,奇怪呀,听说拿破仑的头是很大的,怎么这个头骨和普通人的没有什么差别?"

耍戏法的解释说:"是的,不过这是拿破仑孩提时代的头骨。"看客们马上解除了疑虑,纷纷惊叹说:"一个孩子的头竟有这么大!"

这是一个笑话呢?还是实有其事,我们也无法考证。不过,这个故事所包含的逻辑道理还是值得我们思考的。看客为什么会上当?也许他们根本没有认真地思考过耍戏法人的辩解,也许他们思考过但缺少那么一点逻辑头脑。

拿破仑是闻名世界的大英雄,他没有在孩提时代夭折。耍戏法的人随口胡说展品是拿破仑孩提时代的头骨,就意味着做了一个判断:"拿破仑早年夭折"。这就蕴含说:"不可能有世界闻名的大英雄拿破仑"。

谎言毕竟是扯不圆的。

众所周知,拿破仑中年病故于圣赫勒拿岛,享年52岁。耍戏法人信口开河说"这是拿破仑孩提时代的头骨",显然是一句假话。这句话本身孤立地看,并不包含逻辑矛盾。由于他在前面说明过这是"拿破仑皇帝的头骨",这就意味着拿破仑不是死于童年,而是死于中年,即当了皇帝之后。

于是,我们可以说,耍戏法人既肯定"拿破仑早年夭折",又主张"拿破仑并非早年夭折",违反了矛盾律。

矛盾律的内容是:在同一思维过程中,一个思想及其否定不能并存。它的语形公式是:"A不是非A"。其中A表示任何一个概念或判断,非A是对A的否定,表示与A有矛盾关系或反对关系的概念,也可表示与A有矛盾关系或者反对关系的判断。矛盾律的语义公式是:在同一思维过程中,两个互相矛盾的思想不能同真。

矛盾律公式说的是:A和非A互相否定,不能同真,二者至少有一个是假的。因此，有的逻辑著作又称它为不矛盾律。所谓两个思想互相否定，适用于两种情况。以任一概念代入 A，第一种情况指两个概念构成矛盾关系，例如，"司机"与"非司机"，非此即彼。《扬子晚报》2013 年 4 月 11 日 A15 版有一标题"患者仍健在，两机构抢'遗体'"，明显不合逻辑。"患者"即有病在身之人，文内告知，该患者为晚期癌症病人。"健在"表示健康地活着，前后矛盾。第二种情况指两个概念构成反对关系，例如，"先进分子"与"落后分子"，互相否定，但还有第三种人"中间分子"。

在命题或判断方面，矛盾律要求，在同一思维过程中，不能既断定某一事物情况，又不断定某一事物情况。例如，不能既说"上海是大城市"，又说"上海不是大城市"。

违反矛盾律的错误在日常生活中时有所闻。《新民晚报》2009 年 4 月 17 日登了篇《免费也有价》的短文：

> 上周六，邻居阿艳去国顺东路上一家美发店洗发，服务员一边帮她洗发，一边推销服务项目："你今天来得正巧，本店正在开展按摩可以免去洗发吹发费的优惠活动，今天又是最后一天。"阿艳听着听着心动了："那好吧，让我也享受一下按摩。"结账时，阿艳发现价钱不对，便问收银员。不料，对方回答："你自己搞错了，我们收的是免费价，懂吗？"免费还有价？这家理发店"真有才"。

有位女士曾经沾沾自喜地向小姐妹们吹嘘，她的丈夫方面大耳，一副福相，更兼头脑活络，天生就是玩股票的料，为她赚了好大一笔。

可是没过多久，这位女士神情沮丧地向女友发泄心中的烦恼和悔恨。她说她早就说过自己的先生也不好好照照镜子，一副憨头憨脑的样子，哪有玩股票的资格，难得赚到一点还不是瞎猫碰到死老鼠。这次一输，连家底都赔光了。

这前后两番话，不是自打耳光吗？与《儒林外史》中的胡屠户何其相似乃尔。

老童生范进想进省城参加乡试，向他岳父胡屠户借盘费。胡屠户狠啐一口，骂了他一个狗血喷头道："不要失了你的时了！你自己只觉得中了一个相公，就'癞蛤蟆想吃起天鹅肉'来……这些中老爷的都是天上的文曲星！你不看见城里张府上那些老爷，都有万贯家私，一个个方面大耳？像你这尖嘴猴腮,也该撒泡尿自己照照!不三不四,就想天鹅屁吃!"但范进不久终于中了举。这时的胡屠户把脸一抹,一口一个"我这贤婿",说:"我每常说,我的这个贤婿,才学又高,品貌又好,就是城里头那张府、周府这些老爷,也没有我女婿这样一个体面的相貌。"

同一个范进,一会儿是"尖嘴猴腮",一会儿又比"方面大耳"的阔人还要"体面",胡屠户对范进长相的评论,前后矛盾一至于此。作者对胡屠户势利眼入木三分的刻画,得力于矛盾律非浅。

违反矛盾律的特征是:模棱两可。

唐朝有个人叫苏味道,是武则天时的宰相。此人谙熟朝廷掌故,又写得一手好奏章,然而做了几年宰相,竟无所作为。究其原因,原来他善于察言观色,是个典型的"无意志的长官"。这位"风"派人物曾对人谈过自己当官的诀窍:"处理事情不能决断明白,否则出了差错,必遭处罚,只要模棱以持两端就行了。"当时的人就给他起了个雅号叫"苏模棱"。"棱"指台子的边,模在边上,无一定方向,既可以指这端,也可以指那端,有"脚踏两条船"的"味道"。成语"模棱两可"便出典于此。其含意是,对两个互相否定的思想,表示这也可以,那也可以,或者说,对同一个思想,既肯定它,又否定它。凡违反矛盾律的错误,在逻辑上就称为模棱两可,或者称为自相矛盾。

找"两可"之说,也即找逻辑矛盾,是驳斥论敌的一个好办法。因为你自己都不能自圆其说,又怎能使人相信呢?

甲和乙两人辩论"有意识的行动是否有目的",乙不同意甲的说法,他说:"有意识的行动可以是没有目的的。我可以有意识而无目的地举起手来,你看,我现在举起手来,虽然我没有什么必要这样做。"乙为证实自己的看法就真的把手举起来了。这样乙就证明了一个相反的事实,他举起手来,目的是为了证明他能够有意识地完成一种"无目的"的动作,也就是说,他举手还是有目的的。所以,乙犯了"两可"的错误。

对两个互相矛盾的命题或判断来说,矛盾律揭示其必有一假,不能同真;排中律揭示其必有一真,不能同假。

排中律的内容是:在同一思维过程中,两个互相矛盾的思想必定有一个是真的。它的公式是:"或者A,或者非A"。其中A与非A是相互矛盾的概念或判断,A与非A二者必居其一,没有第三者可供选择。

排中律的语义公式是:在同一思维过程中,两个互相矛盾的思想不能同假。

有人说"鲸鱼是哺乳动物",也有人说"鲸鱼不是哺乳动物"。如果有人说,既不赞成前一种观点,也不赞成后一种观点,那么我们便说这最后一种看法犯了"两不可"错误,违犯了排中律。

排中律的公式是选言判断的形式,A 与非 A 表示选言支已经穷尽,不存在第三种可能,因此,排中律的逻辑特征是排除中间可能性。在两个矛盾判断面前,必须选择其中之一,而不能认为两个都是假的。在两个矛盾命题中,如果已知其中一个为假,那么可知另一为真。

数学家斯摩林根据莎士比亚的名剧《威尼斯商人》中的情节编成一道逻辑推理题:

> 女主人公鲍西亚对求婚者说:"这里有三只盒子:一只是金盒子,一只是银盒子,一只是铅盒子,每只盒子的铭牌上各写有一句话。三句话中,只有一句是真话,谁能猜中我的肖像放在哪一只盒子里,谁就能作我的丈夫。"金盒上写的是"肖像在这盒里",银盒上写的是"肖像不在这盒里",铅盒上写的是"肖像不在金盒里"。求婚者猜中了。

这里,求婚者运用的就是排中律的知识。求婚者看到铅盒上写的一句话与金盒子上写的一句话是互相否定的,是两个互相矛盾的判断。根据排中律,在互相矛盾的两个判断中,必有一真。根据题意,只有一句是真话,而这句真话只能在这互相矛盾的两判断之中,因此银盒子上的那句话是假话。既然银盒上的话"肖像不在这盒里"是假的,那得其反就可以断定肖像放在银盒子里。

在印度释迦牟尼佛生活的年代,沙门思潮流派纷呈,其中有一派被称为"鳝鱼油滑论"。有的沙门婆罗门不能分辨是非善恶,由于害怕说错,或者害怕质疑,或者本身就迟钝愚笨,采取油滑态度,既不认为是这样,也不认为是那样,什么都不是,像鳝鱼一样难于捉摸。这真可谓违反排中律的典型。

在日常思维中,直截了当犯"两不可"错误的情形比较少见,违反排中律的错误多见于含糊表态,闪烁其词。例如,有一人家生了男孩,满月时亲朋好友都来祝贺。说孩子将来当大官的人,得了赏;说孩子将来发大财的人,收回几句好话;说孩子将来要死的人,挨了一顿打。鲁迅在杂文集《野草》中感慨地评论道:说假话的得赏,说真话的挨打,要是我便说:"哎呀,哈哈,这孩子,哈哈……"这是对世故者的讽刺。

排中律要求人们在两个互相矛盾的判断中必须承认有一个是真,这就要求人们思想有确定性。在是与非、真或假之间,不能对两者都表示否定。"排中"者,排除实际上不存在的"中间道路"之谓也,因此,有逻辑书把排中律称作"不容间位律"。

佛陀在涅槃前夕为众比丘宣讲四大教诫:凡有比丘说他在某处听世尊说,在某处听某些比丘说,在某处听某些长老说,或者在某处听某位长老说,这是法,这是律,这是导师教诲。你们既不要赞同,也不要反对,而应该记清词句和含义,与经和律对照核实。如果不符合经和律,就可以说:"这肯定不是世尊所说,某位……记错了。"如果符合经和律,就可以说:"这确实是世尊所说,某位……记得不错。"不轻率表态,待核实后便如实说,表现了思维的确定性。这与西方逻辑对待复杂问语的态度相同。

排中律适用于矛盾判断,而不适用于反对判断。在反对判断之间还有"中间道路"。

《韩非子·外储说左下》中有如下一个故事。齐桓公打算立管仲为仲父,让他全权掌管朝廷内外大事。齐桓公征询满朝文武的意见,同意的入门后立于左侧,不同意的入门后立于右侧。有个叫东郭牙的偏偏"中门而立"。齐桓公问他为何站在当中?东郭牙反问齐桓公,你让他大权独揽,就不担心他日后专权篡位吗?齐桓公以"善"答之,"乃令隰服治内,管仲治外以相参"。

对于管仲的安排,并非只有任其大权独揽或者废而不用两种选择,至少还有第三种方案,因而大臣们就相应有三种位置可站。这是不违反排中律的。

形式逻辑关于相同素材的直言判断对当关系告诉我们,下反对关系是可以同真,不能同假的,与矛盾关系判断可以同假不能同真正好相反。下反对关系可以以假推真,但不能以真推假。在"有的人有特异功能"和"有的人没有特异功能"中,至少有一真。

同一律、矛盾律和排中律是从不同的角度要求和保证思维有确定性、无矛盾性,三个公式实际上是等值的。

"柳絮飞来片片红"

——逻辑矛盾与现实矛盾

鲁迅有一次和朋友聊天,说到古时候的一些清客为人帮闲,还亏他们真有两下帮闲的本事时,举了一则诗坛逸话。清人陆长春在《香饮楼宾谈》中记述了"扬州八怪"之一的金农替人补台的一桩趣事。一日,金农应某盐商之邀,前往扬州名胜平山堂赴宴。席间有人提议每人吟一句古人有关"飞红"的诗句来助酒兴。轮到盐商时,他冥思苦索之后,终于憋出一句"柳絮飞来片片红"。柳絮是白的,明明是"柳絮飞来片片白",怎么能说"片片红"呢?一阵哄堂大笑,弄得他窘态百出,下不了台。这时,金农很为盐商抱不平,他说,这句诗实在做得好,而且还有出典呢!众人将信将疑,追问出处。金农起身说道:"此乃元人咏平山堂诗,引用得很正确。"接着他从容不迫,口吐莲花:

廿四桥畔廿四风,凭栏犹忆旧江东。
夕阳返照桃花坞,柳絮飞来片片红。

这诗是说在扬州廿四桥畔,夕阳照在桃花坞上,红光四射,柳絮顺风飞来,像落霞一样,片片带彩,一幅多么美妙的景色!"柳絮飞来片片红",本来是不通的,经那个清客用前三句一铺垫,就一变而成为动人的佳句了。这诗委实做得好,不过,它哪有什么出典呢?纯粹是他应景附会的急就章。

孤立的一句"柳絮飞来片片红",与人们思想中早已形成的判断"柳絮飞来片片白",是互相矛盾的。在同一思维过程中,对同一事物作出相反的两种判断,我们称之为逻辑矛盾。思维中出现逻辑矛盾,就违反了形式逻辑的矛盾律,这是论证中的大忌,也是任何其他思想表达方式的大忌。

矛盾律规定,在同一思维过程中,互相否定的两个思想不能同时为真。要排除逻辑矛盾,就得设法使两个思想互不冲突、互不否定。上述清客凑吟的前三句诗,使得"柳絮飞来"的环境条件改变了;从而清除了通常情况下的"柳絮飞来片片白"与特殊情况下的"柳絮飞来片片红"的矛盾,使得二者同真。

冯梦龙编的《古今谭概》中有一则笑话,解逻辑矛盾真是解得好极了。有个叫张幼于的人,每天都有大批食客到他家混饭吃。有次,张幼于作一谜语贴在门上,对大家说,解对了的才能进。谜语是:"老不老,小不小,羞不羞,好不好。"一大群食客挠首搔耳,百思不解,只好瞪着眼睛吃闭门羹。一个叫王百谷的,上来就把它解掉了。他解得真妙:"太公八十遇文王,老不老;甘罗十二为丞相,小不小;闭了门儿独自吞,羞不羞?开了门儿大家吃,好不好?"这个谜语的四句话是四对矛盾概念,我们不能说某人年老,又说他不年老,同样也不能说某人人小又不小。王百谷说"太公八十遇文王",人虽老,但心不老。"老"与"不老"说的是两码事,可以在一人身上"合二而一",不构成逻辑矛盾。同理,说甘罗人小,但官职不小。他将第三、第四两句变成反问句,反问主人,你这样做是羞还是不羞?照我那样做是好还是不好?王百谷这一解,解得主人大笑。

列宁曾经指出:"'逻辑矛盾'——当然在正确的逻辑思维的条件下——无论在经济分析中或在政治分析中都是不应当有的。"同时又指出存在着与"逻辑矛盾"不同的"生活本身的矛盾""实际生活的矛盾",他说:"这并不是叙述的矛盾,也不是学说的矛盾……这并不是臆造的矛盾,而是活生生的辩证的矛盾。"这种矛盾,我们称之为"现实矛盾"。这种矛盾不是矛盾律要排除的。

不是在同一时间,或者不是就同一对象、同一方面来说,相反的两个思想可以不构成逻辑矛盾。古语说,"水能载舟,亦能覆舟","载舟"与"覆舟",这是一对矛盾概念,但是,在不同的条件下,水具有这两种不同的功能。

俄罗斯俗语说:同一个人"在绵羊面前是好汉,在好汉面前是绵羊"。表面上前后冲突,但从不同的角度看,都是真实的。

马克思说过:"革命死了,革命万岁!"既然死了,又怎么万岁呢?马克思是说,法兰西工人的革命斗争虽然暂时失败了,但革命精神是永存的。我们说,反动派的破坏与捣乱,既是坏事,又是好事。这里是说在一定条件下,坏的事情可以引出好的结果来,并不是说它本身既坏又好。

总之,一切反映了现实矛盾的思想,都不违反矛盾律;而叙述过程中出现的逻辑矛盾,却违反矛盾律。但是,在思维中,何者为现实矛盾的反映,何者为逻辑矛盾的表现,往往不容易分清。

例如,中国文学批评史上,有所谓"文以载道"说,又有所谓"诗言志"说。曾有不少人据此认为中国古代文学评论界可分为"载道"派、"言志"派。

钱锺书在《旧文四篇》中指出:事实上,在中国旧传统里,"文以载道"和"诗言志"只规定个别文体的功能,并非概论"文学"。"文"指散文,以区别于"诗""词"。这两者看来针尖对麦芒,其实却井水不犯河水,有如说"他去北京"

"她回上海"。钱锺书认为：二者也可说是"羽翼相辅"，好比说"早点是稀饭""午餐是面"，互不矛盾。因此，同一个作家既可以写文章宣传这样那样的道理（即"文以载道"），又可以写诗歌抒发感情与志向（即"诗言志"）。这就是说，"文以载道"和"诗言志"，并非笼统地谈论"文学"，讲的不是同一对象，并不构成逻辑矛盾。

又如，某人口才好，我们称赞他"出口成章"；某人文章写得深入浅出，通俗易懂，我们又说他的文章"明白如话"。有人就提出"出口成章"好，还是"明白如话"好的问题。置身于绮丽的山水中，人们感叹说"风景如画"；站在一幅引人入胜的山水面前，人们又品评道："如临佳境"。"风景如画"与"如临佳境"，又是哪一种情况更值得称道呢？

张渔甫在《语言的奥妙》中认为，要回答上述问题，首先必须懂得，自然景物、口语是第一性的，图画、书面语是第二性的；同时必须懂得，图画是对自然景物的艺术反映，书面语记录口语时也作了提炼加工。因此，图画不能脱离自然景物，书面语必须接近口语，这是一方面；另一方面，图画不能单纯模仿，必须有所提高，书面语不能简单照录，必须经过加工。因此，"出口成章"好，"明白如话"也好；"风景如画"好，"如临佳境"也好。它们所涉及的是同一事物的不同侧面，实际上并不矛盾。

矛盾律所要排除的逻辑矛盾，是指在同一对象、同一时间、同一方面所做的两个互相否定的思想，离开这"三同一"，就不构成逻辑矛盾了。

读过《圣经》的人都知道，在《圣经》里面有着摩西死后受殡葬的文字，难道人死后还能亲自描述自己受殡葬的场面吗？早在公元8世纪的时候，就有一个学者列举出《圣经》中一系列诸如此类的"矛盾"，以说明《圣经》不圣。

据说，一个得道之人在书中描绘自己死后受殡葬的场面并不是不可能的事。释迦牟尼佛就曾提前三个月预知自己将要涅槃。《佛说观普贤菩萨行法经》开头便说："如是我闻。一时佛在毗舍离国大林精舍重阁讲堂。告诸比丘：却后三月，我当般涅槃。"据记载，这类预知之事在中国高僧中代有其人。

倘若一个人说："我既赞成'人能看见自己死后的情形'，又不赞成'人能看见自己死后的情形'。"那么，我们就要说，他陷入了自相矛盾的境地。

华盛顿考考偷马者
——复杂问语之一

在上海举办的一次中学生智力竞赛中,有一道题难倒了全部竞赛者,他们个个"吃零蛋"。这道题目是:怎样识别雌雄蚯蚓?

参赛者的答案五花八门,不乏奇思妙想,可是对不上口径。

亲爱的读者,我也来考考你,一群狗赛跑,请问跑第一名的与跑最后一名的狗哪一条出的汗多?

也许你会回答:跑得快的比跑得慢的出得多;你的猜测也可能是:两条狗出的汗一样多。那么,我要说很抱歉,你上当受骗了。

以上两题属同一类型。要知道雌雄蚯蚓是同体的,根本就没有雌雄之分,哪有什么识别方法呢?狗没有汗腺,压根就不出汗,任你怎么猜也没门。

古时候有个笑话,说在一个庙前,有三个深度近视的秀才,在争论一问题:"庙前挂的匾上写的是什么字?"正当他们争得不可开交时,小和尚闻声而出,笑着说:"你们来得太早,我这匾还没挂上去呢!"三个"近视眼"自设圈套往里钻,只能留下笑柄。

形式逻辑的排中律,要求在互相矛盾的两个判断中,必须作出一种选择,二者必居其一。如果对两个判断都加以否定,不肯定其中之一为真,就要犯"两不可"的逻辑错误。于是,有的人就利用人们怕犯"两不可"错误的心理,出其不意地提出一些莫须有的问题,诱使对方落入他预设的圈套。

像上面这类问题,逻辑上叫作复杂问语。复杂问语是这样一种问语:它包含着一个假定,无论你回答"是"或"否",都得承认这个假定。碰上一个复杂问语,当其中包含的那个假定是我们不能接受的时候,我们就不能滥用排中律去作简单的回答。

如果有人故意问一位向来不抽烟的女士:"您是否已经戒烟了?"这位女士想必会反问:"你这个问题提得真怪。我从来就没有抽过烟,哪里谈得上戒不戒?"这样的回答当然很正确。恐怕不会有哪个傻瓜会去回答"我没有戒烟",也不会说"我已经戒烟了"的吧。大家都知道,你无论回答"是"或"否",都会落入圈套,实际上都等于承认你过去是抽过烟的。正确的回答是消除那个假定。

"文革"期间,有个文化程度不高的人担任了高级领导职务。一次,接待外宾,当外国朋友高度评价我国明朝末年著名的药物学家李时珍所著的《本草纲目》时,这位高官马上问陪同人员:"李时珍同志来了没有?"搞得所有陪同人员哭笑不得。

在外交活动中,经常会碰到复杂问语。巴西《圣保罗州报》1980 年 12 月 12 日刊登西班牙共产党总书记圣地亚哥·卡里略在马德里会见该报记者的谈话,其中有这样一节:

> 记者问:您是否认为对"四人帮"进行的这种政治审判是正当的?
> 卡里略答:这不是一次政治诉讼,而是正在对他们所犯罪行进行审判。

记者的提问中包含了一个判断:对"四人帮"的审判是政治审判。卡里略没有去理睬这种"政治审判"正当与否的问话,而是直接指出了问话本身包含的错误,正确地说明了对"四人帮"进行审判的性质。这就使不明真相的人懂得,对"四人帮"的审判是为了清算他们所犯的滔天罪行,而不是为了清算他们的路线错误。

懂得复杂问语,不仅可以用来正确回答问题,而且还可以故施妙计,使复杂问语为我所用。上海《青年报》刊载的一则短文《考考偷马者》,叙述著名美国总统华盛顿年轻时的一件逸事,读来颇有兴味:

> 有一次,邻人偷了华盛顿家的一匹马。华盛顿同一位警官到邻人的农场里去索讨,但那人拒绝归还,声称那是他自己的马。华盛顿用双手蒙住马的两眼,对邻人说:"如果这马是你的,那么,请你告诉我们,马的哪只眼睛是瞎的?"
> "右眼。"
> 华盛顿放开蒙右眼的手,马的右眼并不瞎。
> "我说错了,马的左眼才是瞎的。"
> 邻人急着争辩说。
> 华盛顿放开蒙左眼的手,马的左眼也不瞎。
> "我又说错了……"邻人还想狡辩。
> "是的,你错了。"警官说,"证明马不是你的,必须把马交还给华盛顿先生。"

华盛顿略施小计，就轻而易举地把马要了回来。故事虽未赞一词，但华盛顿的巧妙战术令人折服。你看，他简直是一位高明的心理学家，指挥偷马者乖乖地就范。他没有跟对方理论，而是提出一个很简单的问题让偷马者回答。既然邻人称那是自己的马，当然应当知道哪只眼是瞎的，因此他没有理由说"我不知道"。这样，邻人在不得不回答并且"瞎猜也许中"的心理支配下，堕入华盛顿复杂问语的圈套。他哪里想到这匹马其实一只眼也没瞎啊！

最后，请读者诸君再来参加一次智力竞赛。不过，参赛前得先了解相关知识：雌蚊咬人吸血，而雄蚊仅仅吸食花果液汁，交配一次就死亡。题目是：雄蚊咬人狠还是雌蚊咬人狠？我想，各位会得满分的。

别具一格的"诚实试题"
——复杂问语之二

2015年11月,由张幼君制作的题为"诚实的试题"的帖子在网络上一问世,就疯传于电子邮件和微信中。人们乐于随手转发,其热情之高,可以想见。在当今反腐倡廉如火如荼方兴未艾之际,出现这种情况,不难理解。

"诚实的试题"图文并茂地讲述了一则关于大名鼎鼎的香港廉政公署的故事。帖子中还附带对香港廉政公署的由来、发展和影响作了简介。

香港廉政公署成立以前,香港也曾是个贪腐盛行的社会。一位被治罪的香港警司供词:"贪污在香港警察队伍中已成为一种生活方式,就像晚上睡着、白天起床、刷牙一样自然。"

1973年,涉嫌贪污420万港币的香港九龙总警司葛柏在被调查期间偷逃出境,激起公愤。随后香港爆发了声势浩大的"反贪污捉葛柏"游行。在此事件推动下,1974年立法局宣布成立一个"与任何政府部门包括警务处没有关系的独立组织",即香港廉政公署。

该公署采取防止、教育及调查三管齐下的方式反贪倡廉。没几年,香港廉政公署摆脱了最初被质疑的困境,确立了强大公信力。香港民众对廉政公署的信任度高达百分之九十,对廉署工作的支持度更高达百分之九十九。香港也跻身全球最清廉地区行列。后来根据《香港特别行政区基本法》,廉署拥有全权独立处理香港特别行政区内一切反贪工作的特权。其调查对象逐步扩大。初期仅限于公务员,继而扩展至公共事业机构职员,进而包括所有私人机构职员。

让我们回到有关"诚实试题"的故事中来。

1998年10月,廉政公署执行处面向本处全体工作人员公开选拔一名首席调查主任。经过严格的资格审查和层层推荐,最后有40多人获得笔试资格。于25岁进入廉署,承办过多起大案、要案,又具有很高专业水平,为此做了充分准备,时年43岁,正是年富力强的希望之星蔡双雄走进了考场。

除了最后一道20分的大题目,蔡双雄答来游刃有余。这道题是:请简述唐太宗李世民为了保护环境采取了哪些措施,并详细论述其合理性。故事的主人公不但尊崇而且熟悉李世民,却不知道李世民有过什么环保措施。万般无奈,他在答卷上写道:我实在想不起来李世民在环保方面曾有过什么举措,对不起,这道题我不会答。

一道 20 分的大题未答,还有什么希望?为考反贪倡廉的官,与具备环保史知识有什么关系?蔡双雄落到五里雾中,好生郁闷。可万万没有料到的是,评分结果,他这道题竟得了满分,还是唯一的满分。他也成为唯一的面试人选。

选拔委员会解释道:唐太宗时还没有环境保护这种说法,综观李世民一生,他也没有为了保护环境采取过任何措施。这道题根本就没有答案,或者说,最标准的答案就是"不知道"。

对这一考题,仁者见仁,智者见智。多数人赞成,也有少数人不以为然。该题本身的合理性和答案以及评分标准都引来一些质疑之声。

有的说,本来就不该这么出无理题;有的说,出题人考证过吗?你怎么知道唐太宗就没有环保措施呢?有的甚至说,这个题目说明出题人本身就不懂逻辑。

作为曾经的逻辑教师,我想纯粹用逻辑的眼光为此题一辩。

我先要吹毛求疵一番。我会给应试者蔡双雄高分,而不是满分。这道题的标准答案应是:唐太宗时还没有环境保护这种说法,李世民根本没有采取过任何保护环境的措施。

蔡双雄虽然很诚实,承认自己不知道唐太宗有过什么环保措施,但是,他没有直接地明确地回答唐太宗根本没有什么环保措施。说"想不起来",或者说"不知道",与说"根本没有"不能等同。说"想不起来",或者说"不知道",仅仅是应试者的主观认知,并没有排除"根本没有"。你还留下一个尾巴,即逻辑上还有一种可能:你不知道而实际上有。因此,选拔委员会给的满分和应试者蔡双雄的答案都不完满。

站在出题人立场来看,要准确测试考生的诚实度,就要找到一块理想的试金石。这本来就是一个难题。出题人毕竟是智者,他借助了逻辑上的复杂问语。这不失为出题方面的一个金点子。出题者的狡黠,为所有的应试者挖了一个大坑。

可见,这不是一个无理题。正确运用逻辑知识来出题,从动机和效果两方面看,都达到了预期目的。"诚实试题"确实从某一个方面考出了诚实,它也确实称得上出人意料的好题。

一般来说，这道据说出自联合国教科文组织题库中的题目，其可靠性程度应是很高的，值得信赖。没有十足的把握不应随便怀疑。我相信，联合国教科文组织题库的出题者应是相关题目的专家，至少应具有相关题目的不容置疑的可靠的基本知识。其答案应是有内定标准的。从本题来说，唐太宗根本没有提出过什么环保措施，这应是正确的基本知识。从这一正确的基本知识出发，提出这个复杂问语题，是完全正当的，没有什么可以值得指摘。

　　倘若有哪个人甚至是环保史专家跑出来说，经他的严格审慎考证，唐太宗确实有过环保措施。这就另当别论了。题库的专家应当注意到这一在学术上有争议的问题。既是未有定论的学术问题，就应当由专门家去解决争论，而自己的正确做法是尽量回避出这类考题。

　　从形式逻辑的观点看，逻辑是不管具体内容的真假对错的。它吃现成饭，把百科知识拿来用。学了形式逻辑，不能代替学习百科知识。它只管形式方面的真假对错。对待复杂问语，正确方法是根据已有知识消除其中预先设置的陷阱。

　　每一个复杂问语，其中隐含的错误内容，是问者知道，而答者不一定知道。作为问者，出这样的复杂问语题，只会有知识性错误，而没有逻辑错误。退一步说，假如历史上的唐太宗确实有过环保措施，那么这就是一道知识题。标准答案要改过来，"诚实试题"的美名也没了，考察的效果也没了。但是，我们不能因此而批评出题者不懂逻辑或者不合逻辑。他实在没有犯逻辑错误，他只是缺乏相关的正确知识而已。

释迦牟尼答长爪问
——悖论之一

释迦牟尼佛在灵鹫山时,有一名叫长爪的修行者来访。长爪说,自己的观点是"一切于我皆不可"。佛陀敏锐地发现其观点包含着逻辑矛盾,便询问道:"那你对自己的观点'一切于我皆不可'是否认可?"这一句,便把对方问住了。

在因明——印度佛教逻辑学中,有一条立论的原则,就是不能"自语相违",用我们今天的话来说,是不能自相矛盾。

在因明中,"我母是石女"是"自语相违"的一个实例。因明家分析说:既然告诉别人"我母",明明是说有子女;又说"我母"是不会生育的"石女",不可能有子女。"自言既已乖反,对敌何所申立?"意思是你自己的立论都自相矛盾,还拿什么去向敌方宣传自己的主张呢?因此立宗——立论的一个必要条件是不能自语相违。

"我母是石女",包含着矛盾,可以说一目了然,立论者不大会去树立这种显然荒谬的供人批判的靶子。在印度佛教因明的著作中,"自语相违"的另一实例是"一切言皆妄"。这句话与长爪的"一切与我皆不可"相类似。没有一定的逻辑修养,恐怕很难洞察其谬。

唐代玄奘译场中担任"证义"的一位叫神泰的高僧评论说:说"一切语皆是妄"的人,你口中这句是实(真)呢,还是妄(假)呢?

如果说是实,那么为什么说一切语皆是妄语呢?如果你口中这句话是妄,那么应承认一切语皆实。

即使你补救一句"除我口中所语,其余一切语皆是妄",也无济于事。这时又有第二者听了你这句补救的话之后,指出"你这句补救的话是大实话"。请问,这第二者的话是实,还是妄?

如果说第二者的话是妄,那么就会推出你的补救的话是虚假的;如果第二者的话是实,你又有什么理由说"除我所说"呢?

假定你再补救一句:"除了这个评论我的第二者的话是实以外,其余一切言论统统是假的。"如果这样的话,又会有第三个人接着评论说:"这第二个人说的话也是实话。"这第三个人的话算是假的,还算是真的?

同样的道理,如果说是假的,那么说第二个人以及第一个人说的话是真的就不对了;如果第三个人的话是真的,又凭什么说"除我语及此人,其余都虚妄"呢?

神泰的这一连串的推论,除了从"自言是妄"("一切语皆妄"是虚假的)推出"即应一切语皆实"不合逻辑外,后面的推论都是正确的。因为全称肯定判断"一切语皆妄"与全称否定判断"一切语皆实"是反对判断,可以同假,不能同真。由其中一真可推另一假,但不能由其中一假推出另一真。

按照神泰的推论,第四人、第五人……依此类推,以至无穷。你说"一切语皆妄"是真的,可是"一切语皆妄"本身也是"一切语"中的一句,因此又推出"一切语皆妄"这句话本身是假的。你看到推出了矛盾,作个补救,说什么除我口中之语以外,其余一切都是妄,但这样一来,又会出现无穷多个"例外",例外也就不成其为例外了。总之,"一切语皆妄",自语相违,隐藏着矛盾。

我们说,"一切事物都是发展变化的","一切反动派都是纸老虎","凡人皆有死","物质不灭","任何一个事物都包含着矛盾",等等。我们要认识世界并且改造世界,就要认识许许多多的"一切"。"一切"怎么样一般都反映着事物的规律,换句话说,无数的规律、定律、定理是以"一切"的形式加以概括的。但是在"一切"中也有例外,当"一切"涉及自身的时候,就要出问题了。

科学史上有过这么一件事:一个年轻人想到大发明家爱迪生的实验室里去工作,爱迪生接见了他。这个年轻人说,他一定能发明出一种万能溶液,一切物品都可以被它溶解。爱迪生问他:"那么你想用什么器皿来放置这种万能溶液呢?"

大家知道,批评是个好东西,它是解决先进与落后、正确与错误、真理与谬误之间矛盾的好办法。可是,有人说,批评是不好的,甚至断言一切批评都是要不得的。假定"一切批评都是要不得的"是对的,是真的,那么"一切批评都是要不得的",本身也是一种批评,自然也在"要不得"之列。

在世界三大逻辑体系的发源地印度、中国和希腊,古代学者都不约而同地注意并研究了悖论这种特殊的逻辑矛盾。

在中国古代的《墨经》中至少提到过三个悖论。其一,"以言为尽悖,悖"。"言尽悖"相当于"一切言皆妄"。墨家明确指出,说"言尽悖"是错误的,错就错在自身。如果这句话是对的,那么就有一句话是对的,说"言尽悖"就错了。接下来的分析不好理解。

其二,"非诽者,悖"。"诽,明恶也",即批评别人的错误。《墨经》认为,反对批评本身就是对别人的一种批评。

其三,"学之无益也,说在诽者"。《墨经》认为,有人主张"学无益"是不对的。你既然主张"学无益",又教别人学你这"学无益"的知识,岂不自相矛盾?

有人主张"一切判断都是真的",亚里士多德便进行归谬推论,假定"一切判断都是真的"是真的,又由于"有的判断不是真的"也是判断,从而"有的判断不是真的"也是真的,简而言之,从"一切判断都是真的"推出了"有的判断不是真的"。亚里士多德也批评过反对者主张的"一切判断都是假的",这句话同因明、《墨经》所批评的"一切言皆妄""言尽悖"是完全一样的。

熟悉逻辑的读者都知道,本文提到的自语相违现象(除"我母是石女"以外),都称为悖论。这些悖论都是不完全的悖论。古代对悖论的研究是很粗浅的,这跟悖论本身的形式不完全有关系。在希腊,悖论产生的最早年代可以追溯到公元前6世纪。古希腊克里特岛人埃匹门尼德说:"所有的克里特岛人都说谎。"这就是著名的"克里特岛人说谎者悖论"。如果这句话是真的,则他自己(是克里特岛人)便说谎,从而这句话为假;如果这句话为假,则克里特岛人不说谎,而这句话便可为真。读者注意,分号后面的推导是不合逻辑的,我们在前面对神泰的推导作过修正,人们认为,如果将那个克里特岛人的话进一步改为"我这句话是假的",那么悖论就完全了。

古希腊人对悖论百思不得其解。据说斯多噶学派的一位哲学家曾写过六篇关于"说谎者悖论"的论文,后来都散佚不存。还有位诗人很另类,他瘦得弱不禁风,要在脚上绑上铅块才不至于被风吹跑。为解答这些悖论,他苦思冥想,最终落得个英年早逝。

什么是悖论?从字面上说,悖论是指荒谬的理论或自相矛盾的语句、命题。悖论与一般的自相矛盾的逻辑错误不同的是,它是这样的一类命题,由肯定它真,就推出它假,由肯定它假,就推出它真。这类命题也可以表述为:一个命题 A, A 蕴涵非 A, 并且非 A 蕴涵 A, A 与非 A 等值。它有如下特点:一是推理的前提明显合理(按常识或直觉都是合理的或可接受的);二是推理过程合乎逻辑(不是错误推导的结果);三是推理的结果是自相矛盾的命题或这样的命题的等价式。

由于悖论的捣鬼,现代数学掀起过一场被称为第三次数学危机的轩然大波。悖论,成了当代数学家、逻辑学家、语言学家、哲学家讨论的热门话题。

"宇宙是不存在的!"

——悖论之二

这不是耸人听闻,也不是痴人说梦。它不出自虚无者之口,而是来自科学家的结论。但我们毕竟是唯物主义者,宇宙确确实实是存在的,我们人类过去、现在、将来都在宇宙之中繁衍生息。究竟是怎么回事呢?

是悖论在作怪。什么是悖论?悖论是一种特殊的逻辑矛盾,由它是真的,会推出它是假的;由它是假的,又会推出它是真的。在悖论中,推理的前提是明显合理的,而推理的过程又是合乎逻辑的,其结果却是自相矛盾的。形式逻辑的排中律遇上了悖论也一筹莫展,其威力顿时丧失殆尽。

古希腊克里特岛人的"说谎者"悖论是一种不完全的悖论。由"克里特岛上的人是说谎者"真,可以推出"克里特岛上的人是说谎者"假;而由"克里特岛上的人是说谎者"假,推不出"克里特岛上的人是说谎者"真,只能推出"有的克里特岛人不是说谎者"。可见它不完全。

中古时候流传下来的"理发师悖论"是一个完全的悖论。据说中古时代某村只有一个理发匠,他自己约定:只替不给自己理发的人理发。对别人来说,这位理发师很容易执行自己的规定。问题出在他本人身上。他到底替不替自己理发?如果他替自己理发,则依上述约定,他不该替这种人(他自己)理发;如果他不替自己理发,按照上述约定,他必须替这种人理发(即替自己理)。左也不是,右也不是,都有矛盾出现。

古代流传下来的这类悖论为数不少,但都未危及逻辑、数学的基础。

当罗素从现代数学的基础理论——集合论中发现了悖论时,犹如石破天惊,整个数学界为之震动。

罗素提出的著名悖论就是本文标题所示:"宇宙是不存在的!"

我们用大写的 X 来代表宇宙,设 X(宇宙)是由一切事物组成的集合。用符号表示为:

$$X = \{一切事物\}$$

由于这个 X 本身也是一个事物,因此 $X \in X$,读作 X 属于 X。根据集合的理论,一个集合与组成这个集合的元素有本质区别,所以说 X 属于 X,宇宙属于宇宙,是无法理解的事。换句话说,这个所谓包罗一切的宇宙 X 是不可能存在的,如果存在这个 X 就会出现矛盾。现在我们可以来揭示本文标题的谜底了。罗素并不是否认现实世界的存在,而是说,假定宇宙是囊括一切事物的一个集合,那势必会导致矛盾,因而这样的一种集合是不能存在的。

在罗素悖论"宇宙是不存在的"之中,我们又看见与"理发师悖论"相同的情形:

$$设 X = \{A | A \notin A\}$$

$\notin$ 表示不属于,整个式子表示 X 是由所有不属于自己的那些集合所组成的集合。由规定公理可知,X 是存在的。我们问:集合 X 是否属于它自己呢?

如果 X 属于 X($X \in X$),那么由于 X 的任何一个元素 A 都有 A 不属于 A($A \notin A$)的性质,所以,会有 X 不属于 X($X \notin X$)。即由 X 属于 X 会导致 X 不属于 X,矛盾,如果 X 不属于 X,那么由于 X 满足集合 X 所规定的条件,所以又会有 X 属于 X,也导致矛盾。

这个悖论清楚明白,没有任何辩驳的余地。了解现代数学的读者知道,集合论的兼容性是整个数学兼容性的支柱。在 1900 年,在巴黎召开的数学大会上,大数学家彭加勒宣布:"现在我们可以说,完全的严格性已经达到了。"可是他这句话说过才两年,罗素就提出了上述集合论悖论。消息传开,许多数学家大惊失色,惊愕得说不出话。被人称为数理逻辑的第三个创始者数学家弗雷格在《论数学基础》中说:"对一个科学家来说,没有一件事是比下列事实更为扫兴的了,即当他的工作刚刚完成的时候,突然它的一块奠基石崩塌下来了。当本书的印刷快要完成时,罗素先生给我的一封信也使我陷于同样的境地。"

为什么两千年来悖论对逻辑、对数学没有发生根本性的威胁,而现在却像爆发了一场大地震呢?

这是因为,过去的悖论都依赖于某些具体事实,例如,说话的人为克里特岛人,理发匠有一个约定等等,悖论的出现只表明所假定的事实不能出现,是幻想等,与逻辑、数学都无关。

对克里特说谎者悖论,亚里士多德是这样解释的。每一个人都可能本身是撒谎者,但在某些方面或个别场合,却可能讲真话。因此,这一悖论是由"撒谎"一词的双关意义产生的,因而是一种诡辩:说自己撒谎的人是指自己是一个撒谎者,而不是指他所表述的一切判断都是虚假的;所以,他关于自己撒谎的个别判断并不因为讲话的人承认自己是一个撒谎者而成为虚假的。这是一种较为缓和的解释。

后人通常认为该克里特岛人的这句话本身无意义,等于说了一句文法不通的胡言,或发了一系列无意义的声音。

对理发师悖论,通常认为该理发匠作了一个无法执行的约定,等于某人要求自己同时面向东又面向西一样,是无法执行的。

而集合论悖论则不然,它只涉及集合论里的基本概念——集合。这就排除了"透过于人",即归咎于引入新概念,或归咎于推理的中间步骤等可能性。按照规定公理,"任何确定的条件都可决定一个集合"。所谓集合,是指把我们感兴趣的、想加以研究的对象集中在一起组成的一个整体。感兴趣的对象,可以是任意的东西,人、房子、数字,甚至可以是阿狗阿猫。承认集合论的规定公理,罗素悖论就会产生;如果不承认这条原则,数学中经常使用的这类方法便得改变。这就势必对集合论以至对整个数学产生极大影响。

有的逻辑学家认为,悖论产生的原因至少与三个因素有关。一是包含自我指称,这是指一个总体的元素、分子或部分直接或间接地又指称这个总体本身(语句、集合或者类)。二是涉及否定性概念,例如,说自身为假的语句是真的还是假的? 三是涉及总体、无限这类概念。这导致恶性循环。

数学家为了清除悖论这个怪物,提出了各种各样的方案,前后有80多年,至今还是一个没有攻克的山头。

罗素曾经提出过把数学还原为逻辑的方案,经过艰苦的努力,发现有的公理无法还原为逻辑,只好承认此路不通。有的数学家提出将形式逻辑排中律限制在一定范围,但遭到一个大数理逻辑学家希尔伯特的反对,他说:"禁止数学家使用排中律,等于不许天文学家使用望远镜,不许拳击家使用拳头。"

悖论能不能避免? 应不应该避免? 能不能找到一个最终的解决方案? 这都有待时间老人来作答。

鳄鱼碰到的难题
——悖论之三

有的希腊哲学家喜欢讲一个鳄鱼的故事：

一条鳄鱼从一位母亲手中抢走了一个小孩。

鳄鱼：我会不会吃掉你的孩子？答对了，我就会把孩子不加伤害地还给你。

母亲：呵、呵！你将会吃掉我的孩子的。

鳄鱼：……我怎么办呢？如果我把孩子交还你，你就说错了。我应该吃掉他。

这时，鳄鱼碰到了难题。它既要把孩子吃掉，同时又得交还给孩子的母亲。

鳄鱼：好了，这样我就不把他交给你了。

母亲：可是你必须交给我。如果你吃了我的孩子，我就说对了，你就得把他交还给我。

笨拙的鳄鱼懵了，结果把孩子交还给那位母亲。母亲一把抱住孩子，跑掉了。

鳄鱼：他妈的！要是她说我要还给她孩子，我就可美餐一顿了。

故事讲完了，希腊哲学家评论道：如果你们细细琢磨这段著名的悖论，你们一定会明白那位母亲是多么机智。她对鳄鱼说的是："你将会吃掉我的孩子。"

无论鳄鱼怎么做，都必定与它的允诺相矛盾。如果它交还孩子，母亲就说错了，它就可以吃掉小孩。可是如果它想吃掉孩子，母亲就说对了，这就得让它把孩子无伤害地交出来。鳄鱼陷入了逻辑悖论之中，它无法从中摆脱出来而不违背它自己。

如果不是这样，假定母亲说："你将要把孩子交还给我。"那么，鳄鱼就随便了，它既可以交还孩子，也可以吃掉他。如果它交还小孩，母亲就说对了，鳄鱼遵循了自己的诺言。反过来，如果它聪明一些的话，它可以吃掉孩子，这使得母亲的话说错了，鳄鱼便可以从交还小孩的义务中解脱出来。

希腊哲学家的这番评论恰当吗？倘若那位母亲说的话"你将会吃掉我的孩子"是实然判断，即直言判断，那么，鳄鱼无论怎么做，都必定与它的允诺相矛盾。就是说鳄鱼碰上了悖论。

可是，"你将会吃掉我的孩子"却不是对现实的反映，而是一种估计。这个判断不同于实然判断，而是模态判断中的可能判断。希腊哲学家把它当作与直言判断毫无二致的非模态判断，全部的评论都是在非模态领域里进行的。这就有重新审查的必要。

"你将会吃掉我的孩子"相当于"你可能会吃掉我的孩子"，或者"你吃掉我的孩子是可能的"。

所谓可能判断，是断定了事物情况的可能性的模态判断。辩证唯物主义认为，某种事物和现象在其还未成为现实以前，只是一种可能性。可能不等于现实，它不是指当前已经实际存在的事物，而是指包含在事物中的、预示事物发展前途的种种趋势。可能也不一定会变为现实，在一定条件下，在事物发展的种种不同的可能中，只有其中的一种趋势、一种可能会转变为现实。

《新民晚报》1994年6月15日第10版有篇题为《"可能"一词》的文章说："'可能'一词是最完美、最圆润的。'可能'只是说明一种推测，既然是'可能'，当然同时也包含着'不可能'，也许没有一个词，能像'可能'那样能包容两种截然相反的词义。"恰好相反，作者理解错了"可能"一词的逻辑性质。"可能是"能兼容"可能不是"，二者可以同真，却不能同假，就像直言判断中"有的是"与"有的不是"二者可以同真，但不能同假一样。

"可能是"与"不可能是"（必然不是）才是相矛盾的，二者不相容。说"可能是"真意味说"不可能是"假，反之亦然，说"不可能是"真，则推出"可能是"假，二者不可同真，亦不可同假。不可能性是指任何时候、任何情况下都不能实现的东西。我们说"明天下雨是可能的"，这句话排除了"明天下雨是不可能的"。当且仅当"明天下雨是不可能的"为真，"明天下雨是可能的"这个可能判断才为假。因此，我们不能根据明天没有下雨，来判定"明天下雨是可能的"为假。

下面我们就来审查一下鳄鱼是否真的无论怎么做都会违背诺言。

当鳄鱼认为母亲的话是假的时，那鳄鱼按照自己的诺言可以吃掉孩子；但是当他一吃孩子，又使得母亲那句话成为真话，因而鳄鱼必须交还孩子。它必须吃掉孩子又必须交还孩子，总之，它陷入了矛盾。

当鳄鱼认为母亲的话是真话时,那么按照诺言它必须交还孩子;当它交还孩子后,能不能据此断定母亲的话为假话呢? 不能。这正好像根据明天没有下雨来断定"明天下雨是可能的"为假一样,也不能说鳄鱼交还了孩子,可以推出母亲的话为假话。这时,鳄鱼交还了孩子而不违反诺言。

母亲是聪明的。她不说"你将会交还我的孩子",而说"你将会吃掉我的孩子",从而迫使鳄鱼或者陷入矛盾,或者遵守诺言交还孩子,倘若她说前一句而不是后一句,就有可能失去孩子。

"真理之神"与"谬误之神"
——悖论之四

从前有一岛国,岛上立着两尊神像,其中一座称为"真理之神",另一座称为"谬误之神"。这岛国有一令人骇怪的野蛮习俗,凡是漂泊到岛上来的旅行者都要作为祭品被处死,但是在被杀之前允许说一句话,然后由法官来判断这句话是假的还是真的。如果是假话,就拉到"谬误之神"面前处死,如果是真话,则在"真理之神"面前杀,反正难逃一死。

有一天,一位聪明的哲人漂流到岛上。当他听了这条规定以后,想了一下,说了一句话。于是卫兵把他拉到"谬误之神"面前,法官摇摇头,无法判别这话是真还是假;卫兵又把哲人拉到"真理之神"面前,法官还摇头,拉来拉去,总杀不掉他。

哲人所说的这句话是:"我必定要死在'谬误之神'面前。"

这个故事与鳄鱼的故事相仿佛。所不同的是那位母亲的话是一个可能判断,而哲人的话"我必定要死在'谬误之神'面前"是模态判断中的必然判断。法官也误将必然判断当作了实然判断。

法官是具有非模态的推理知识的。当他把"我必定要死在'谬误之神'面前"当成实然判断时,也误以为这句话包含了悖论。如果判它是假话,把哲人拉到"谬误之神"面前处死,那么这句话又成了真话,那又得在"真理之神"面前处死,而一旦拉到"真理之神"面前处死,这句话又成了假话。总之,法官无法判别其真假,因而也无法按规定处死哲人,但是,由于哲人的一句话不是实然判断,因此,法官的推理就不能成立。在鳄鱼的故事中,我们介绍了实然判断与模态判断中的可能判断的取值方法,那么,一个必然判断取值方法又是怎样来决定的呢?

必然判断是对客观事物联系和发展中合乎规律的确定不移的趋向,在一定条件下的不可避免性的反映。例如,"种瓜得瓜""种豆得豆""能量守恒",等等,这些都是省略模态词项"必然"的必然判断。这些必然判断都是反映了事物的发展必定是这样,而不是那样的必然联系,都是真的必然判断。要强调指出的是,一个真的必然判断不能只根据一观察而得到的相符合的事实来决定,它仅仅是对某种必然趋势的反映。倘若种瓜得豆而种豆得瓜有一点可能的话，那么"种瓜得瓜""种豆得豆"就不是真的必然判断。

懂得了必然判断的取值方法，我们就可以逐步来审查法官的推理了。

如果法官判定哲人的话为假话，那么就是在"谬误之神"面前处死他，一旦在"谬误之神"前处死了他，哲人的话又成了真话，既是真话，那就得在"真理之神"前处死他。

看起来，法官是碰到了一个矛盾，既要在"谬误之神"前处死他，又要在"真理之神"前处死他。

这个矛盾是不是必然产生的呢？不是。理由是：当法官判定哲人的话为假话，而根据规定把哲人拉到"谬误之神"面前处死后，这个事实能不能说证明了哲人的话即"我必定要死在'谬误之神'面前"为真呢？不能。我们前面就说过，一个真的必然判断不能只根据一个观察事实来决定。按照岛国的野蛮规定，一个漂泊者被处死的地点有两种可能，而不是唯一的一处，因此，不能根据在"谬误之神"面前处死了哲人，就证明哲人的话为真。既然不能因此而证明哲人的话为真，那就不能再把他拉到"真理之神"面前处死。

可见，若法官判定哲人的话为假话，又如果法官具有模态逻辑知识的话，那么可以根据规定处死哲人而不产生悖论。

如果法官判定哲人的话为真话，情形又如何呢？

哲人的话为真话，则要在"真理之神"前死，在"真理之神"前死了，那"我必定要死在'谬误之神'面前"又成了假话。哲人的话即为假话，又得在"谬误之神"前死。

法官假定哲人的话为真话，不可避免地会碰上悖论。因为要判定一个必然判断为假，只要有一个相反的观察事实就够了，所以，当法官将哲人在"真理之神"前处死的话，那是能够推出哲人的话是假的。于是，法官确实碰到了一个悖论，而无法按风俗行事。

故事告诉我们，要对付岛国的野蛮风俗，按正常的情况，采用合乎逻辑的手段是不成的。因为，一个命题，在二值逻辑里，非真即假，确实无法违背岛国规定，不可能死里逃生。在这种特定场合，反逻辑的手段反而成为救命符。聪明的哲人比先前的漂泊者要智高一筹，他用非常的手段破了非常的规定，自己挽救了自己。

好在哲人的对手并不高明。读者会问，漂泊者怎样回答，才能万无一失呢？讲一句包含完整悖论的话。例如：我正在撒谎。

掉多少根头发才算是秃头？
——悖论之五

倘若有人对你说：张三要是多掉一根头发，他会变成秃子，要是他少掉一根头发，他就不会是个秃子。你一定会以为这是无稽之谈。

古希腊麦加拉派的代表米利都人欧布利德针对这个问题，提出过两个著名的诡辩，使古往今来的有识之士前后苦苦思索了两千多年。

这两个诡辩是：

> 多少粒谷子能组成谷堆？一粒谷子不能组成一堆，两粒谷子不能组成一堆，再加上一粒也不能组成一堆……同样：如果2不多，3不多……10也不多，那么何时才达到多？

"秃头"诡辩和"谷堆"诡辩相类似：

> 如果掉一根头发、两根头发、三根头发等等都不会使人变成秃头，那么要脱掉多少头发才会变成秃头？

在传统逻辑中，通常把这两个诡辩所包含的错误，称作名词的分散使用被归结为集合使用的错误。如果分散地来思考谷子，那么它们当然不能组成谷堆，但这不等于说，作为一个集合的整体来思考的许多谷子也不能组成谷堆。有的逻辑史家认为，这两个诡辩的来源是：问题的提出预先排除了这里有由量到质的辩证转化。

诚然，对这两个诡辩所作的哲学解释是对的，但是太过笼统了，哲学的解释究竟不能代替逻辑的解释。

传统逻辑有没有能力解释这两个诡辩呢？没有。传统逻辑以研究精确的概念、命题为前提，同时，一个命题只有真假二值：它或者是真的，或者是假的。用西方学者的话来说，传统逻辑是以用刀剑划分出来的或真或假的句子为研究对象的。它们不研究有歧义的、模棱两可的处于临界状态的句子。模糊、含混的句子被排除在逻辑研究的对象之外。可是，上面这两个诡辩中所包含的命题却是模糊而含混的。掉一根头发，当然不能算秃子，掉两根、掉三根当然也不算。那么掉多少才算呢？这里不可能用刀切出一个确切的数字来。答案是模糊的。传统逻辑碰上这种模糊对象，简直束手无策，毫无办法。

事实上，在自然界、人类社会和思维中，有着无数的模糊现象。同一种树的叶子大致相同，但不可能找到完全相同的两片；同一个人写同一个字，也不可能绝对相同。黄宗英在1980年3月30日《光明日报》上发表的《给中青年科技工作者》的诗中，第一段写道：

中年、青年，
怎样划分计算？
算生命除去几分之几，
还是时光走了大半？

意思是说"中年""青年"是两个模糊概念，很难精确地加以定义的。又如"高矮""胖瘦""快慢""轻重"等概念都是不精确的。

一个人由瘦子变成了胖子，有一个逐渐演变的过程，你能不能精确地说出他哪一天变胖呢？这当然不可能。

历史表明，牛顿在什么年龄期发现万有引力定律是一相当模糊的事实。若论创造性思想的产生，那是在1665—1666年间，但完成的时间却在1685—1686年间。

同一个法拉第电解定律，到底属于物理学呢？还是属化学？也不是凭借刀剑就能划分的。

传统逻辑不能处理模糊对象，但在实际生活中，人们还是有能力来识别和判断它们。名医切脉诊治，熟练的炼钢工人调节炉温，高级厨师掌握火候，都能恰当地掌握其模糊性。这些行家里手除了具有机械性的、精确性的严密逻辑推理能力以外，还同时具备灵活地处理模糊对象的能力，能进行整体性、平行性的思考，具有概括、抽象、直觉和创造性思维的能力。

要减少盲目性，提高科学性，就要求定量地刻划事物的模糊性。对于诸如航天系统、人脑系统、智慧系统等涉及错综复杂的关系及大量模糊不清的对象的大系统的研究，对于研制模拟人的高级智慧的机器来说，不要说传统逻辑，就是现代的数理逻辑也是远远不够的。于是一种应用逻辑——模糊逻辑（有人又译为弗晰逻辑),就应运而生了。

美国的控制论学者查德第一次提出了模糊集合的概念。模糊集合是由模糊概念所组成的集合。例如,"秃顶的人"这个概念就是模糊的,看作秃顶的人与不看作秃顶的人之间没有一个用刀切出来的界线。

本来,在集合论中,基本的概念是属于关系。任何一个集合与组成这一集合的元素之间至少有一种性质,即某一指定的元素要么属于这一集合,要么不属于这一集合。这种性质,在数学上用分别 1 与 0 二值的特征函数来表示,与逻辑上的真假二值相对应。但这种只取二值的性质只能描述、处理精确性对象。查德把"属于"关系进一步加以数量化,使得一个元素不是要么属于、要么不属于某一集合,而是可以在不同程度上属于某一集合,于是引入了隶属度等概念。

一个元素对一个模糊集合的隶属度可以取大于、等于 0 与小于、等于 1 之间的任何值。查德把普通集合论推广成模糊集合论。它不是只取(0,1)二值,而是在(0,1)区间取连续的无穷值。

例如,万有引力的发现,在 1665—1686 年间展开了一个不同隶属程度的分布函数,或者说,在牛顿一生的 23—43 岁之间,有一个模糊程度的分布。又如法拉第定律隶属物理学的程度是 0.6,隶属化学的程度是 0.3。

查德说:"刻划模糊逻辑的最简单的方法也许是说它是一种近似推理的逻辑。"以不精确的命题为前提的推理是似然的,其结论是模糊的并且不是唯一的。它的推理规则的有效性也是近似的而不是精确的。

现在让我们回到本文开头的那两个诡辩上来。

假定某人头发很多,肯定不是一个秃顶的人。那么,有一个人,他比那个肯定不是秃顶的人只少一根头发(掉了一根),我们问:这掉一根头发的人是不是秃顶的? 显然他不是秃顶的。如果掉(少)一根头发的人不是秃顶的,那么掉两根头发的人是不是秃顶的? 显然不会认为是秃顶的。依此类推,如果有掉了 n 根头发的人不是秃顶的,那么掉 $n+1$ 根头发的人也不是秃顶的。有近似推理如下:

如果掉 0 根(一根不掉)头发的人不是秃顶的,那么掉 1 根头发的人不是秃顶的,

掉 0 根头发的人不是秃顶的,

因此,掉 1 根头发的人不是秃顶的。(1)

如果掉1根头发的人不是秃顶的,那么掉2根头发的人不是秃顶的,

掉1根头发的人不是秃顶的,

因此,掉2根头发的人不是秃顶的。(2)

……

如果掉 n 根头发的人不是秃顶的,那么掉 $n+1$ 根头发的人不是秃顶的,

掉 n 根头发的人不是秃顶的,

因此,掉 $n+1$ 根头发的人不是秃顶的。(n)

最后,就会得到如下结论:对于任意的 n,掉 n 根头发的人不是秃顶的。假定 n 为某人的全部头发,这全部的头发都掉光了,而他仍不是一个秃顶的。显然,这个结论是荒唐的。

我们看到,"秃头"诡辩包含一个连锁的推理悖论。

让我们来审查一下这个推理是否有效。这一系列推理都是运用充分条件假言推理的肯定前件式,形式上都是正确的。

推理(1)的第二个前提"掉0根头发的人不是秃顶的",显然是真的。第一个前提"如果掉0根头发的人不是秃顶的,那么掉1根头发的人不是秃顶的",也是真的。可见,推理(1)是有效的。同样,推理(2)(3)等等都是有效的。当 n 所取的值达到相当程度时,推理(n)的第一个前提是否为真的呢?也是真的。如果(n)的一个前提,即"如果掉 n 根头发的人不是秃顶的,那么掉 $n+1$ 根头发的人是秃顶的"为真,这在直观上是很难理解的。人们难以接受这样的看法,某人少掉一根头发,就不是秃顶的,而多掉一根头发,则成为秃顶的。以一根头发之差来划分是不是秃顶的人,显然不符合通常的看法。因此,推理(n)的第一个前提的否定是假的,而第一个前提仍是真的。

由于 n 可以取任意值,并且推理(n)也是有效的,因此推理 n 的结论也是必然得出的,即真的。这个结论包含着这个意思:脱光了头发的人仍然不是秃顶的。与实际不符,因此该结论又是假的。由真推出了假,矛盾!

症结在于我们使用的是二值逻辑以及它的排中律。二值逻辑只能取真、假二值,排中律又要求一个命题及其否定必有一真。于是,我们只能在每一推理的第一个前提和它的否定之间挑选一个,悖论就产生了。

囿于二值逻辑的眼界,上面这个连锁推理悖论很难解释,而模糊逻辑则对此作出合理的分析。

由秃顶的人组成的集合是模糊集合。一个人对这个集合的隶属度不仅可以取 0 和 1,还可以取大于 0 至小于 1 之间的隶属度。因此,掉 n 根头发的人与掉 $n+1$ 根头发的人,它们的隶属度并不是完全相等的,掉 $n+1$ 根头发的人隶属度比掉 n 根头发的人要大一点点。当 n 取值到一定程度,掉了这样多数目的人对"秃顶的人"的隶属度就由 0 变为 1,大于这个数目的都取为 1。上面这个连续推理就可化为模糊逻辑的近似推理,其每一步推理所得的结论都是近似的,结论的真值都比前提的真值多一点点,聚沙成塔,结论的真值逐渐由 0 变成了 1,从而得到假的结论。

"人之常情就是犯错误"吗？
——换位法与换质法推理

苏东坡曾用"横看成岭侧成峰，远近高低各不同"两句诗，概括地表达他自己从不同角度欣赏庐山美景的体会。而雁荡山的奇峰怪石，除了在远近高低、横竖正侧可以看到不同形态外，更有趣的是在不同的时间还能看到各异的景致。郭沫若亦有诗为证："灵峰有奇石，入夜化为鹰。势欲凌空去，苍茫万里征。"

两位诗人告诉人们一个哲理：多侧面地观察事物，往往能收到全面了解之好处。类似的情况在说话、作文中也常常见到。有些人喜欢把一句话"顺"着说过之后，又"倒过来"说一遍。

大人哄小孩说："好孩子不哭，哭就不是好孩子。"把"凡非正义战争都不是得人心的"这个判断倒过来说成是"凡得人心的都不是非正义战争"，这样从正反两方面说，就把思想表达得更清楚、透彻。以上两例中的正说和反过来说，其判断的对象，即逻辑上说的主项或主词，并不相同，但是这正说、反过来说的判断可以划等号，就是说它们在逻辑上是等值的。又如，人们说，"有的工人是科学家"，也可以把这个判断说成"有的科学家是工人"。从这两个例子可以看出，同样一个思想，可以用表述方式不同的两个判断来表达，这于说话、行文，就多了一种选择，有利于灵活地、多角度地表达思想。

是不是所有形式的判断都可以倒过来说呢？"有的人不是科学家"，倒过来说就成为"有的科学家不是人"，这就大谬不然了。为什么这种类型的判断倒过来会闹出笑话来呢？我们录以备考。

有句拉丁谚语说："犯错误是人之常情，但坚持错误是愚蠢的。"20世纪苏联的一些大学生曾经把它倒过来译成"人之常情在于犯错误，而愚蠢则在于坚持错误"。教师指出这样译不对，并建议他们与正确译文进行比较后，大多数学生仍然迷惑不解。他们总觉得这样译意思没变。究竟意思变没变，谁有道理？我们也暂且按下不表。

再来看看《伊索寓言·狗吃海螺》所提供的倒过来说的可笑事例：

> 有只狗很喜欢吃鸡蛋,有一次看见一只海螺,张口就吞了下去,不久,感到肚子沉重极了。于是哀叹道:"我真是活该,相信一切圆的都是鸡蛋。"

狗为什么会吃苦头呢?不妨来个合理想象,既然"一切鸡蛋都是圆的",那么也可以说"一切圆的都是鸡蛋"了。但狗从自己的痛苦经历中终于懂得,这两个判断是大相径庭的。一切鸡蛋固然是圆的,但一切圆的并非都是鸡蛋。

把一个判断的主词与宾词调换位置,倒过来说,这在逻辑上叫作换位法推理。换位法的规则有两条,一条是不得改变原来判断的性质,原判断是肯定判断,换位后仍是肯定判断;原判断是否定判断,换位后仍是否定判断。规则之二是不得扩大原来主、宾词的外延,就是说,原来不周延的名词,换位后仍不周延。

那么,什么叫周延呢?在一个判断中,如果对某一个名词的全部外延有所断定,那么这个名词就是周延的;如果对某一名词的部分外延有所断定,那么该名词就是不周延的。孤零零的一个概念无所谓周延不周延。

全称判断的主词都是周延的。例如,"一切鸡蛋都是圆的""凡非正义战争都不是得人心的"。"鸡蛋"由量词"一切","非正义战争"由量词"凡"表明全部外延被断定。

特称判断的主词是不周延的。例如,"有的工人是科学家""有的工人不是科学家",这两个判断中的主词"工人"都用量词"有的"表明只有一部分外延被断定。

肯定判断的宾词都不周延。例如,在"一切鸡蛋是圆的"中"圆的"不周延。在这个判断中,只断定了"一切鸡蛋属于圆的",而没有断定"所有的圆的"都是鸡蛋。同理,在"有的工人是科学家"中,也没有断定所有的"科学家"都是工人。句中的"科学家"是不周延的。

形式逻辑只是从判断的形式方面规定判断中主词和宾词的周延情况,这样才能为推理制定规则。

否定判断的宾词是周延的。例如,在"凡非正义战争都不是得人心的"这一判断中,所有的"非正义战争"都被排除在所有的"得人心的"之外,所以,宾词"得人心的"是周延的。同理,"有的人不是科学家"中的"科学家",也是周延的。

做了上述说明以后,我们就可以来回答开头的那些疑问了。

"一切圆的是鸡蛋"之所以与"一切鸡蛋是圆的"逻辑含义不等,是由于扩大了"圆的"外延。在"一切鸡蛋是圆的"这个肯定判断中,"圆的"是不周延的,换句话说,"一部分"圆的东西是鸡蛋,不能任意把"一部分"说成"一切"。只能说,"有的圆的东西是鸡蛋"。推而广之,将"一切 S 是 P"这种类型(全称肯定判断)的判断换位,都必须对换位后的主词加以限制,成为"有的 S 是 P",这叫限制换位法。

懂得了上述道理之后,现在我们用换位法的规则来检查一下那些学生的译文,就不难发现,他们这样译是大成问题的。那句拉丁谚语是说犯错误是人之常情之一,坚持错误是愚蠢的表现之一,而"人之常情在于犯错误"是说人的全部常情就是犯错误,其他一切都与人之常情无关。岂不荒谬?

把"有的人不是科学家"换成"有的科学家不是人"之所以大谬不然,道理也是一样的。在前一判断中,主词"人"由"有的"加以限制,只涉及一部分人,而在后一判断中,则变成所有的"人"都与"科学家"相排斥了。而在前一判断中"科学家"是周延的,在后一判断中又不周延了。这样前后两个判断所表达的思想就不一致。所以"有的 S 不是 P"(特称否定判断)一类句子决不能换位。至于把"有的工人不是科学家"换成"有的科学家不是工人",表面上说得通,实际上则是互不相关的两个不同的思想,是另一回事了。因为前一个判断是说工人中的一部分与所有的科学家相排斥,而后一个判断是说科学家中的一部分与所有工人相排斥,意思完全不同。

在论辩中,换位法常常是揭露论敌逻辑错误的武器。20 世纪 70 年代中期,当有人批评火车总是晚点时,"四人帮"中的张春桥说:"希特勒的火车最准点,分秒不差,怎么能比那个?"有篇文章,对这条歪理作了痛快淋漓的驳斥:

……既然希特勒要火车准点,那么,火车准点的就都是希特勒。这"逆定理"是别有用心者的一大发明,简直使草木咋舌,顽石浩叹,可谓高明到了极点!但希特勒也吃饭,为划清界限计,自然也还是以不吃饭为好,问题是能否坚持得住。在这里,肚子实在比论文更有力。试把张春桥饿几天肚皮看,那结果就必然要"休克",这一定比希特勒那"分秒不差"的火车还要"准"。不信就试试看。

文章的作者不屑于正面说理,不谈论火车准点的重要性,而是将对方言论中所隐含的"逆定理"——"火车准点的就都是希特勒"发掘出来,讽刺为"一大发明"。懂得形式逻辑换位法规则的人一看就明白，这"一大发明"在逻辑上是何等的荒唐。作者并不满足于此，又作进一步的归谬，推出"希特勒也吃饭，为划清界限计，自然也还是以不吃饭为好"的结论，使其荒谬性暴露得更加充分。最后作者又风趣、幽默地将论敌挖苦了一通，令人拍案叫绝！

前面讲过了换位法推理，再来介绍换质法推理。换质法推理是不改变判断的主、谓项位置，只将判断的性质加以改变。或者将肯定改为否定，或者将否定改为肯定，要使改变后的判断与原判断等值，必须改变联结词并同时把谓项改变为矛盾概念。通常我们说"双重否定表示肯定"，就反映了换质法原理。例如，"凡金属都是导电体"与"凡金属都不是非导电体"就是换质的两个等值判断。

"城非不高也，池非不深也，兵革非不坚利也，米粟非不多也"，语出《孟子·公孙丑下》中的"得道多助，失道寡助"。四个句子都是双重否定的判断，联结词"非"即"不是"，谓项又都是带"不"的负概念。如果改为"城乃高也，池乃深也，兵革乃坚利也，米粟乃多也"等四个肯定判断，意思没变，但按照民国教育总长章士钊先生的理解，就失去了委婉的韵味，表达的效果就会大打折扣。又如，对待坏人坏事，"同学们无不生气"与"同学们都很生气"相比，前一句更为强烈。因此，选择肯定判断还是否定判断来表达思想，在不同的语言环境中还是很有讲究的。与换位法推理相比，运用换质法推理不太容易出错。

在实际应用中，换位法推理与换质法推理是经常结合在一起的。民国时期西南联大有位大名鼎鼎的教授，叫刘文典。他给学生上课，追求学术性强、内容创新、语言独特。他曾说过："我讲《红楼梦》嘛，凡是别人说过的，我都不讲；凡是我讲的，别人都没有说过！"没有渊博的学识底气，谁敢说这话？那年代的学生，那年代的大学课堂，开放得很。你敢发大话，我就要探虚实。

有一次，学生大声问："先生对写文章有何高见？"刘文典应声道："问得好！"随即朗声念出5个大字："观世音菩萨。"众学子无不愕然——这是哪跟哪呀！

接下去，刘老师神秘地解说道："'观'，多多观察生活；'世'，须要明白世故人情；'音'，讲究音韵；'菩萨'，要有救苦救难、关爱众生的菩萨心肠。"

"观世音菩萨"怎么就成了"写文章的高见"？果然出口惊人，令众学子闻所未闻。推敲一下，真是"高见"，把写文章的学问概括得既全面又深刻。此种概括还的确是前无古人的原创。

"凡是别人说过的，我都不讲"，把它逻辑化一下就成为"凡是别人说过的都是我不讲的",换质为"凡是别人说过的都不是我讲的",再换位为"凡是我讲的都不是别人说过的"。这与"凡是我讲的,别人都没有说过"的换质命题是完全相同的。刘文典教授的两句话在逻辑上等值,只不过两个判断的主项不同。虽然相同的意义重复说了一遍,但是侧重点还是有不同的。前一句是针对"别人说过的"怎样,后一句针对"我讲的"怎样。一齐道来,更加强了"语不惊人死不休"的效果。

"婚姻成而媒妁退"
——三段论

"愿天下有情人，终成了眷属"。用它来抒发天下"红娘"的心愿，是再恰当不过了。它本是晚清小说《老残游记》结尾处一副对子的上联。其下联为"是前生注定事，莫错过姻缘"。这个下联现在几乎没人提起它，原因自不待说了。但是，我们把这两句对联一齐借用来形容三段论推理的特点，倒是趣味盎然的。

不是吗？三段论里也有一位"红娘"——中词。遵守了三段论推理的规则，就注定能推出一个确定的结论。

给你"海豚是哺乳动物"与"鱼是水生动物"两个判断，请你据以为推，你能不能推出什么结论来呢？你一定会茫然的。再给你两个判断："凡人皆有死"与"张三是人"，能推出什么结论吗？你就是没学过逻辑，凭经验也能推出"张三有死"的结论来，这就是一个正确的但并非标准的三段论推理，因为标准三段论是不包含单称判断的：

> 凡人皆有死，
> 张三是人，
> 　所以，张三有死。

比较这两组判断，前一组两个判断之间没有任何联系，而后一组两个判断却有一个共同的概念——"人"。正是"人"这个概念起着"红娘"的作用，把两个判断联络有亲，从而推出一定的结论。

所谓三段论，是由两个包含着一个共同项的性质判断推出一个新的性质判断的推理。

三段论每个判断的主词（主项）和宾词（谓项），都称为名词。在结论中的主词称为"小词"，例如"张三"；结论中的宾词称为"大词"，例如"会死"。在结论中不出现的名词叫"中词"，例如"人"。含有大词的判断称为大前提，含有小词的判断称为小前提。小词与大词能不能组成一定的联系，这就要看它们与中词发生什么样的关系了。可见,中词在三段论中举足轻重,非同小可,它掌握着三段论的命脉。但是,它为大、小词联姻后却不在结论中出现,功成而隐退。欧洲的逻辑学家对此作了一个风趣的譬喻,"婚姻成而媒妁退"。

有中词,是三段论的一个显著特点。

每一个三段论,只能有三个名词。既不能少,也不能多。少于三个名词,那就不能组成两个判断。多于三个名词,所组成的两个判断没有联系,即没有一个共同概念把其他概念联系起来,也就不成其为三段论。在应用中,有不少这种形似而实非的"三段论",例如:

中国人是勤劳勇敢的,
我是中国人,
所以,我是勤劳勇敢的。

这是一个不合逻辑的推理。大前提中的"中国人"是指整体而言,小前提中的"中国人"是指整体中的部分,所以它们不是一个共同的概念,不能起中词的作用。这是"四名词错误",与三段论的定义不合。

我们再来分析一个逻辑史上很著名的诡辩。古希腊的诡辩家欧布利德对另一个人说:"你没有失掉的东西,那你就有这种东西,对吗?"那人回答说:"对呀!"欧布利德就说:"你没有失掉头上的角吧?那你的头上就有角了。"

列成推理式如下:

凡你没有失掉的东西,就是你有的,
角是你没有失掉的东西,
所以,角是你有的。

这个结论显然不对。毛病出在什么地方呢?中词"你没有失掉的东西……"在大小前提里是有歧义的。在大前提里,"你没有失掉的东西"是指"原来有这种东西",在小前提里,则指"原来没有的东西"也就无所谓失去。可见,这个推理也有"四名词",不是三段论。

在三段论关于名词的规则中,有一条是关于中词的规定:中词在前提中至少要周延一次。

美国有一个参议员对逻辑学家贝尔克里说:"所有的共产党人都是攻击我

的人,你也是攻击我的人,所以,你是共产党人。"

贝尔克里当即反驳道,你这个推论实在妙极了,从逻辑上来看,它同下面的推论是一回事:

> 所有的鹅都是吃白菜的动物,
> 参议员先生也是吃白菜的动物,
> 所以参议员先生是鹅。

在这个三段论中,两个前提都是肯定判断,且中词"吃白菜的动物"两次都在宾词位置上。我们知道,肯定判断的宾词是不周延的,因此,这个推理违反了中词必须周延一次的规则。为什么中词不周延一次,结论就不合逻辑?因为大小词都与中词的一部分外延发生联系,就可能各执一端,而缺少一个共同的部分把它们联系起来。

居维叶(1769—1832)是法国古生物学家,又是比较解剖学的奠基者。有一次,他在睡午觉,被一阵怪里怪气的声音吵醒了。他发现窗口上有一个狰狞怪物,便仔细打量了一番,只见那怪物头上长角,脚上一双蹄子,于是笑道:"有角和蹄子的动物呀,都不是吃肉的。我才不怕呢。"说完又高枕而卧。

这是一个调皮学生在跟老师捣蛋,但他没料到西洋镜这样轻易被戳穿,恶作剧的结果反暴露了自己的无知。

原来,根据比较解剖学,草食动物外表的特点是有蹄子,而凡是有蹄子的动物都是有草食特性而且性情温和。因此,在居维叶脑子里很快就形成了一个正确的三段论推理。

> 凡是有蹄子的动物都是不吃肉的,
> 这个动物是有蹄子的动物,
> 所以,这个动物是不吃肉的。

在这个三段论中,中词是"有蹄子的动物"。"凡是"这个全称量词表明它的全部外延都被断定,是周延的,符合中词周延一次的规则,再加上它的小前提又是肯定的,所以这个推论完全合乎逻辑。

三段论的名词规则中还有一条是针对大、小词的外延情况而规定的:在前提中不周延的概念在结论中不得周延。

据清代笔记《纵世忆谭》记载，某县太爷亲自起草的一纸布告上有这么一句妙语："鱼也弗食为妙。"从布告上可知，这不是毫无根据的信口开河，而是一番推理的结论呢。

事情是由一位穷秀才引起的。河豚有毒，弗食为妙。大概穷秀才把命豁出去了，品尝后发现其味之鲜美，无与伦比。于是借着酒兴，吟诗作文，大造舆论，竟掀起一阵河豚热。但河豚毕竟有毒，有些人不懂如何去毒取鲜，结果中毒死亡者接二连三。当地县官为避免事态扩大，急忙写下一纸布告，告示说：河豚有毒，食之死亡，河豚是鱼，故"鱼也弗食为妙"。

河豚有毒，若不掌握剖杀要领，不懂得如何吃法，自然弗食为妙，但岂能把所有鱼都从传统食谱中勾销？

这个荒谬结论是怎样推出来的呢？把整个推理列式如下：

河豚有毒，
河豚是鱼，
所以凡鱼者有毒。

在这个三段论里，"河豚"是中词，"有毒"是大词，"鱼"是小词。"鱼"在小前提中是不周延的，因为根据性质判断的周延规则，肯定判断的宾词是不周延的，但是在结论中"鱼"成了全称判断的主词，却周延了。因此，这个三段论犯了小词非法周延的错误。根据前提对小词部分外延的断定，推不出小词全部外延被断定的结论。

"人非草木，孰能无情？"人们常常这样说。一般来说，这句古训是对的，人作为血肉之躯究竟不同于草木（其实草木也是有情的，只不过人体会不到罢了）。但是，有人把下面这个三段论当作正确推理就大谬不然了：

草木是无情的，
人不是草木，
所以，人不是无情的。

"无情的"是大词，在大前提中作为肯定判断的宾词，是不周延的，而在结论中成了否定判断的宾词，是周延的，犯了大词非法周延的错误。

蛇本无足，这是常识。成语"画蛇添足"，比喻做多余的事，未能增益，反而无当。这个成语故事来自《战国策·齐策二》：楚国有个人祭过祖先后，赏给他手下的人一壶酒。手下人商议说："几个人喝一壶酒，不够；要是让一个人喝，就足够了。这样罢，让我们各自在地上画一条蛇，谁先画好就给谁喝这壶酒。"比赛开始后，有一人先画好，他拿起酒壶就要喝，一看别人未画成，就左手拿着壶，右手又为画好的蛇添上脚，自言自语道："我能为蛇画上脚呢！"但是，蛇脚未画成，另一人把蛇画成了，就从前者手中夺过酒壶说："蛇本无脚，你怎能给它画上呢？"说完就喝起酒来。

这一反驳，很有逻辑性，有推理如下：

凡蛇皆无足，
此物有足，
所以，此物非蛇。

这是一个正确的三段论。它的大前提是否定的，因而结论也是否定的。符合三段论的前提规则，即两个否定前提得不出结论，若有一个前提是否定的，则结论是否定的。这个三段论的形式称为区别格，常用于反驳。

当心上"常识"的当
——三段论与数学公式

莫斯科高等学校某次数学入学考试中,有一道题:三角形的三边分别为3、4、5,这是一个怎样的三角形?

这个问题不难回答——当然,这是一个直角三角形。但是为什么呢?很多考生是这样议论的。从毕达哥拉斯的定理中我们知道,任何三角形的斜边的平方等于另外两条直角边的平方之和。而这里正好是 $5^2 = 3^2 + 4^2$。这就是说,从毕达哥拉斯的这一条定理可以得出结论。这个三角形是一个直角三角形。

从通常所谓的"常识"的观点看来,这种议论是令人信服的。但主考人却认为有毛病,因为它包含了一个很大的逻辑错误。为了顺利地通过考试,这里单知道一些定理是不够的。考生不应该违背数学中所要求的论证的逻辑性。

国内有的逻辑书是这样来分析的,即把考生的推理整理成三段论:

  凡是直角三角形都是斜边的平方等于其他两边平方之和,
  这个三角形是斜边的平方等于其他两边平方之和,
  所以这个三角形是直角三角形。

这个推理的形式结构是:

P 是 M
S 是 M
S 是 P

在这里,中项 M 两次都不周延,因此,他所得出的结论并不是必然的,有时可能是错误的。例如:下述推理就是同前述推理的逻辑结构完全相同的:

  羊是动物

> 犬是动物
> 所以，犬是羊

其结论显然是荒唐的。

以上是有的逻辑书的分析。看起来，这样分析考生的逻辑错误，似乎很清楚明白，可惜不合乎考生的原意，仍然不足以服人。

实际上，考生的回答也不是按三段论方式推论的，所以，该书的分析就成了空中楼阁。正如数学家莫绍揆先生在评论中国古代的《墨子·小取》的逻辑体系时所说："事实上，在自然科学中，在数学中，明显地使用三段论的地方极少，建立公式运用公式的地方比比皆是，可以说离不开建立公式的方法。足见建立公式法（效法）不但比三段论简明，而且比三段论更便于运用，更接近于数学和自然科学。《小取》提出效法而不讨论三段论，作者觉得这是很妥当的。"莫先生说明了数学推论的方法是建立公式，运用公式，即代入公式，符合公式的便真，不符合公式便假。这种建立公式、代入公式的方法，是科学尤其是数学上一贯大量使用的方法。试想想，我们在解习题时谁会去舍简求繁，不用代入公式方法而使用三段论呢？

上面说的逻辑读物的分析首先不合考生原意，削足适履；其次，也无法整理成一个三段论。何以见得？第一，对于一个任意的三角形来说，其三边不能用斜边和其他两边来做出区别，所谓斜边只是就直角三角形的一边来说的。如果我们把斜边改成长边的话，这个问题也好解决。但是更大的一个毛病仍然存在。这就是四名词（四概念）错误。细心读者会发现，上面整理出来的三段论的中项在大小前提中实际上是两个名词。在大前提中，中项"斜边的平方等于其他两边平方之和"是指"一般"直角三角形的属性，而小前提中的中项只是"这个"三角形的属性即 $5^2 = 3^2 + 4^2$。

上面提到的逻辑读物认为，正确的推理形式应当是：把三段论的大前提改写为"凡是斜边的平方等于其他两边平方之和的三角形都是直角三角形"。这样一来，推理就有效了，但它仍然是四个名词，根本就不是一个三段论。

那么，究竟应当怎样来分析考生的逻辑错误呢？

我们先把考生的推论过程写下来：

> 如果一个三角形是直角三角形的话，那么其斜边的平方等于二直角边的平方和，

这个三角形的三边是 $5^2 = 3^2 + 4^2$，
所以，这个是一个直角三角形。

这个推论过程是首先选择一个公式即第一个前提，然后代入公式，即第二个前提，得出结论，这种方式正是"曲全公理"（凡可以肯定或否定一全类的，亦可以肯定或否定该类之任一事物）本身的反映，这种"效法"方式和亚里士多德的演绎逻辑实质上是同一内容的两种处理方式，问题是，第一前提所选择的公式选择错了。正确的选择应当是毕达哥拉斯定理的逆定理，正确的推论如下：

如果一个三角形其一边的平方等于另两边的平方之和，那么它是一个直角三角形，
这个三角形其一边的平方等于另两边的平方之和，
所以，这个三角形是直角三角形。

怎样从逻辑上来分析这个有效的推理呢？

读者很容易把上面这个推论（1）看成一个充分条件的假言推理。我们把（1）与下面的推理（2）比较一下：

如果三角形 ABC 其一边的平方等于另两边的平方和，那么它是一个直角三角形，
三角形 ABC 其一边的平方等于另两边的平方之和，
所以，三角形 ABC 是直角三角形。

（1）与（2）的形式有不同之处。（2）的第一前提是"如果三角形 ABC 其一边的平方等于另两边的平方和，那么它是一个直角三角形"，这是假言判断。而第二前提正好是这个假言判断的前件。但是（1）中的第二前提却不是第一前提（假言判断）的前件，本来是不相同的，却把它当作是相同的，要是发生在三段论中，就会犯四名词错误。

（2）是标准的充分条件的假言推理，形式是有效的，（1）却不是标准的充分条件假言判断。但是从（1）中的假言判断，即从"如果一个三角形其一边的平方等于另两边的平方之和，那么它是一个直角三角形"，可以推出"如果三角形 ABC 其一边的平方等于另两边的平方和，那么它是一个直角三角形"。在传

统逻辑中,没有建立这条规则。而在数理逻辑中,有这样一条规则,叫作从一般到个别的规则。因此从(1)是能推出(2)的。可见(1)也是一个有效推理。

考生的推理也依(1)推出(2)的方式改写成一个充分条件假言判断,但由于未能遵守充分条件的假言推理的规则,即通过肯定后件来肯定前件,因而是不合逻辑的。

把麦子变面粉的祷告
——充分条件假言推理

在安徒生的童话《皇帝的新装》里,有两个骗子针对皇帝喜欢穿新衣的癖好,自称能织出世界上最美的布,而且,用它缝制的衣服还有一种奇怪的特性:任何不称职的或者愚蠢得不可救药的人,都看不见这衣服。

皇帝深信不疑,给骗子很多钱和生丝。骗子全都装进了自己的腰包,却空着两手装模作样地忙着"织布"。"布"终于"织"成了,"新衣"也"缝"好了。大臣们和皇帝虽然明明什么也没有看见,却生怕被人家讲"愚蠢得不可救药"或者"不称职",于是都一致称赞"美极了"。这样,骗子得到了御赐爵士衔、勋章,而皇帝则"穿"着"美极了"的"新衣",进行了一次裸体游行。

满街的老百姓都觉得荒唐可笑却不敢道出真相,无奈一个小孩忍耐不住,叫道:"他其实什么也没穿呀!"

皇帝为什么会赤条条地"穿"上子虚乌有的"新装"游街示众,闹下天大的笑话呢?他的吃亏倒不在于不懂得逻辑推理,"肉食者鄙","鄙"就"鄙"在不可救药的占有欲、虚荣心以及不诚实。

皇帝和他的大臣们,硬说自己"看见了",目的是为了表白自己不是一个不称职的或愚不可及的人,其推理如下:

> 如果我是不称职或愚不可及的,那么我就看不见新衣,
> 我看见了新衣,
> 所以,我不是不称职和不是愚不可及的。

这是一个充分条件假言推理。充分条件假言推理是以充分条件假言判断为第一个前提的推理。它有两个正确式:肯定式和否定式。

否定式的规则是:否定后件就可以否定前件。它是通过第二个前提否定假言判断的后件,从而得到否定前件的结论。皇帝的推理是一个否定式,第二个前提"我看见了新衣",是对第一个前提后件"看不见新衣"的否定,结论则否定前件"不称职或愚不可及的人",从形式上讲是完全合乎逻辑的。但这个推

理的内容是错的,犯了条件强加的错误,即第一个前提前件和后件之间不存在必然联系。

第二个前提"我看见了新衣"也是假的。尽管这个推理从形式上看符合推理规则,但由于两个前提内容有问题,所得结论没有得到充足的理由来支持。

在《波斯趣闻》中有一则故事是关于磨粉师傅不畏祷告的。

> 教长把一袋麦子运到磨坊跟前。磨粉师傅告诉他:"我今天没有时间替你磨了。"
> "如果你胆敢不马上替我磨成面粉,我就要做祷告,让你、你的磨坊和你那拉磨的毛驴,统统遭到灾难!"教长愤愤地说。
> "照这么说,你的祷告总是很灵验的啰?"磨粉师傅问道。
> "当然啦!"
> "那么干脆,你做一次祷告,让你的麦子变成面粉吧!"

教长没有回答,他的牛皮破产得那样快,就像肥皂泡一样瞬息即逝。

不受欺骗和不怕威吓的磨粉师傅最后一句话之所以那么灵验,是因为这话体现了逻辑的力量。尽管他没有把话和盘托出,我们仍可以把他省略的话全部恢复起来,有如下推理:

> 如果你的祷告真的那么灵验的话,那么你也能做一次祷告,把麦子变成面粉,
> 你不能做一次祷告把麦子变成面粉,
> 所以,你的祷告是不灵验的。

这也是一个充分条件假言推理的否定式,从内容到形式都没有问题。磨粉师傅是这样来思考的。姑且把教长的话当作真的,然后从中引申出一个判断来,它们分别成为充分条件假言判断的前、后件,由于后件是从前件中必然引申出来的,由于第二个前提否定了后件,即肯定后件为假,因此结论就否定前件。

充分条件假言推理否定后件式在反驳当中经常用到。从前有个道士。听说远方有人懂得长生不死的法术,便出远门前去求教,但是等到道士赶到目的地时,那个懂法术的人在几天前生病死掉了。这位道士非常懊恼,怪自己走得

太慢，误了时间。旁人就开导他说："你的目的，是要学他长生不死的法术，他如今连自己的性命都保不住，即使见着，也学不到什么！"

旁人的开导包含如下推理：

> 如果他懂长生不死法术，那么他就不会死，
> 他死了，
> 所以，他不懂长生不死法术。

充分条件假言推理肯定式的规则是：肯定前件可以肯定后件。

在第十二届世界杯足球赛时，秘鲁的巫师泰里德斯事先预言秘鲁队能出线，他还许诺，假如不灵就剃光头。不幸的是，他的预言失灵了。一位理发师用了很短的时间，在100多人和电视台摄影人员面前，把他一头又粗又硬的黑发剃光了。泰里德斯埋怨运动员缺乏斗志，又责怪裁判员有问题，但不管怎样，预言失灵就不得不当众出丑。下面这个推理是有效的：

> 假如不灵，就剃光头，
> 不灵，
> 所以，得剃光头。

不管什么原因造成秘鲁队出不了线，只要你预言失灵，你就得剃光头，否则就失言了。这个推理的第二个前提肯定了假言前提的前件，因此就能得出肯定后件的结论。

充分条件假言推理有两个错误的形式。一是通过肯定后件来肯定前件；二是通过否定前件来否定后件。例如：

> 如果得了阑尾炎，腹部就会剧痛，
> 他腹部剧痛，
> 所以，他得的是阑尾炎。

腹部剧痛固然可能因阑尾炎引起，但也可能因外伤、寄生虫为害等原因引起。如果哪个医生像上面那样通过肯定后件来肯定前件，根据病人腹部剧痛就给割阑尾，那么，病家就只得"敬鬼神而远之"了。

再来看如下推理：

  假如不灵，就剃光头，
  灵，
  所以，不剃光头。

这个推理对不对呢？不对。它是通过小前提否定前件，来得到否定后件的结论。"不灵"是"剃光头"的充分条件，"灵"排斥了"不灵"，但它没有排除能导致"剃光头"的其他因素。

类似的例子是：

  如果天下雨，那么地上湿，
  天不下雨，
  所以，地上不湿。

"天不下雨"，仅仅排除了导致"地上湿"的一种原因。假如有洒水车正在作业呢？还湿不湿？

向动物请教
——必要条件假言推理

古希腊的哲学家说过,"人为万物之灵"。

人有智慧的大脑,有灵巧的双手。因而主宰地球的是人,探索宇宙的也是人。这是任何动物都万万不及的。

但是动物也有其得天独厚之处:老鹰的千里眼,兔子的顺风耳,还有那灵敏的狗鼻子……都是人所不能比拟的;春蚕吐丝作茧,蜜蜂采花酿蜜,狗能侦缉、找矿,等等。因此,在许多事情上,"万物之灵"倒很有必要向动物请教请教!

在《韩非子·说林上》中,记载了这样一件事:

> 管仲、隰朋从于桓公而伐孤竹,春往冬反,迷惑失道,管仲曰:"老马之智可用也。"乃放老马而随之,遂得道。行山中无水,隰朋曰:"蚁冬居山之阳,夏居山之阴,蚁壤一寸而仞有水。"乃掘地,遂得水。

管仲、隰朋跟随齐桓公去攻打孤竹国,回来的路上迷失了道路。管仲懂得老马识途,因而找到了原路。成语"老马识途"就是从这里来的。队伍走到山中,找不到水源,又陷入了困境。这时,隰朋又出了个好主意,他说蚂蚁冬天巢穴于山的南面,而夏天则居住在山的北面。蚁穴封上有一寸高,穴下一仞(汉以前一仞为八尺)便有水。于是,找到蚁窝,掘地得水。

老马识途,为大家所熟知。隰朋利用蚁窝来准确地找水,这事倒很新鲜。细想一下,觉得颇有道理。水,是蚂蚁生存的必要条件,蚂蚁总是在水源附近营巢筑穴,所以找到了蚁穴,掘地就能得水。隰朋应用了一个必要条件假言推理:

> 只有有水,才有蚁穴,
> 有蚁穴,
> 所以,有水。

上面这个推理从内容到形式都是正确的,因此,所得结论符合实际。

所谓必要条件假言推理,就是以必要条件假言判断为假言前提的假言推理。

必要条件假言判断的前件与后件之间的真假关系告诉我们,如果一个必要条件假言判断是真的,而且它的后件也是真的,那么它的前件就只能是真的,而不可能是假的。因此,如果承认必要条件假言判断的后件,就必须承认它的前件。于是,就得出必要条件假言推理的第一条规则:承认后件就承认前件。

上面那个推理,小前提肯定了大前提中的后件"有蚁穴",因而结论肯定了大前提中的前件"有水"。这是一个肯定式的必要条件假言推理。

必要条件假言判断的前件与后件之间的真假关系又告诉我们,如果一个必要条件假言判断是真的,而且它的前件又是假的,那么它的后件就不可能是真的,只能是假的。因此,如果否认一个必要条件假言判断的前件,就必须否认它的后件。于是,就得出第二条规则:否认前件就否认后件。

隰朋不仅懂得蚁穴与水源的密切关系,而且还懂得蚂蚁的居住地点是随时令而转移的。"冬居山之阳,夏居山之阴",这就为寻找蚁穴划定了范围,免得踏破铁鞋无觅处。如某座山上有蚁穴,而当时若是冬令季节,那一定在"山之阳"。如果跑到"山之阴"去找,就无异于"树头挂网枉求虾,泥里无金空拨沙"。这里也是应用必要条件假言推理,列式如下:

只有在"山之阳",才有蚁穴,
这是"山之阴",
所以,这里没有蚁穴。

上面这个推理是否定式必要条件假言推理,它符合第二条规则,因而也是正确的。它由第二个前提否定假言前提中的前件,从而得出否定后件的结论,即用"山之阴"否定"山之阳",得出"没有蚁穴",否定了假言前提中的后件"有蚁穴"。

韩非在讲述了上述故事之后,紧接着就发表了一通议论。他说像管仲、隰朋见识这样广的人,碰到疑难,竟能不耻下问,向动物请教,而当今一些人却不知道向前人学习,不能不是一个过错。

在战争中向动物请教的事,历史上不乏其例。据说1794年深秋,拿破仑的一支军队进军荷兰。在强敌入侵的紧急关头,荷兰人打开了所有运河的闸门,用滚滚洪水阻挡了敌军进攻。法军不得不撤退。但是撤退刚刚开始,法军统帅夏尔·皮舍格柳(拿破仑的老师)突然发布命令,停止撤军。因为他已获得一项报告:有人看见蜘蛛在大量吐丝结网。不久,寒潮来,滚滚江河,一夜之间顿失滔滔。法国军队踏冰越过瓦尔河,一举攻克荷兰要塞乌得勒支城。

一支军队的行动怎么取决于蜘蛛的是否吐丝结网呢?有经验的人们知道,在深秋,只有当干冷天气即将到来的时候,蜘蛛才会大量吐丝结网。就是说干冷天气是蜘蛛大量吐丝结网的一个必要条件。人们根据蜘蛛在结网,就可推断干冷天气即将到来。

法军统帅夏尔·皮舍格柳做了一个肯定式必要条件假言推理:

只有干冷天气即将到来时,蜘蛛才会大量吐丝结网,
现在蜘蛛大量吐丝结网,
干冷天气快要到来。

上述推理显然符合第一条规则,结论是正确的。

运用必要条件假言推理,常犯两种错误。一是通过肯定前件来肯定后件。例如:

只有有水,才有蚁穴,
有水,
所以,有蚁穴。

有水,是有蚁穴的必要条件,"无之必不然",但"有之未必然"。

错误之二是通过否定后件来否定前件。例如:

只有有水,才有蚁穴,
没有蚁穴
所以,没有水。

必要条件假言判断的后件是前件的充分条件。有蚁穴,一定有水,但没有蚁穴,不一定无水,这就是《墨经》上说的"无之未必不然"。

真城与假城
——充分必要条件假言推理

这道智力测验题来自20世纪的苏联。是上海音乐学院大提琴演奏家林应荣教授对我讲述的。她是新中国成立后第一批赴苏联的留学生。

相传有这样两座奇怪的城市：一座是真城，一座是假城。凡是真城里的居民，个个说真话；反之，假城里的居民个个说假话。两座城市的居民互相往来。一个旅行者来到了其中一座城市。这位旅行者既通晓两城的风俗，又谙熟逻辑推理。他不管男女老幼，见到第一个人就问："你是这座城里的居民吗？"不论对方回答"是"或"否"，他立刻就明白他所到的是真城还是假城。

有人说，旅行者是这样推导的：

（一）（1）如果旅行者到的是真城，并且对方是讲真话的人，那么对方一定回答"是"。

（2）如果旅行者到的是真城，并且对方是讲假话的人，那么对方也一定回答"是"（对讲假话的人来说，事情是颠倒的）。

综合（1）和（2）可知，只要对方回答"是"，就可以断定所到之城是真城，而不论其是讲真话的人还是讲假话的人。

（二）（3）如果旅行者到的是假城，并且对方是讲真话的人，那么对方一定回答"不是"。

（4）如果旅行者到的是假城，并且对方是讲假话的人，那么他也一定回答"不是"。

综合（3）和（4）可知，只要对方回答"不是"就可推得所到之城为假城，而不论所遇之人是讲真话的还是讲假话的。推导完毕。

表面上看，貌似有理，稍加推敲便觉大谬不然。下面我们逐一来考察（一）和（二）这两步推理。

（一）可以用下面这个推理来表示：

如果旅行者到的是真城,并且不论对方是讲真话的人,还是讲假话的人,那么他一定回答"是",

对方回答"是",

所以,旅行者到的是真城,并且不论对方是讲真话的人还是讲假话的人。

这个结论是一个联言判断,以它为前提就可推出结论"旅行者到的是真城"。此结论是不是由上面那个充分条件假言推理必然得出的呢?显然不是。充分条件假言推理的规则是:肯定前件可以肯定后件;肯定后件则不能必然肯定前件。上面这个充分条件假言推理是通过肯定后件来肯定前件的,因此是不合逻辑的。

同(一)相类似,(二)可以用下面这个推理来表示:

如果旅行者到的是假城,并且不论对方是讲真话的人,还是讲假话的人,那么他一定回答"不是",

对方回答"不是",

所以,旅行者到的是假城,并且不论对方是讲真话的人还是讲假话的人。

结论也是一个联言判断。以它为前提就可推出结论"旅行者到的是假城"。从推理形式上来看,上面这个充分条件假言推理与前一个是完全一样的,同样不合逻辑。

总而言之,旅行者是不能这样来推导的。

读者会问,从直观上来看,只要根据对方回答"是",所到之城为真城;只要根据对方回答"不是",便是假城,这不是很明白吗?

的确,依据的标准是正确的:对方回答"是",则所到之处为真城,回答"不是",则所到之城为假城。但问题在于这个标准是怎么来的?有没有逻辑依据?

如前所述,单根据(一)或者单根据(二)都没有必然性,而我们只要将(1)、(2)、(3)、(4)综合起来考察一下,可以发现:(1)和(2)简而言之是说,如果到真城,那么对方回答的是"是";(3)和(4)是说,如果不到真城,那么对方回答的是"不是"。有之必然,无之必不然。也就是说,当且仅当到真城,回答是"是",

"到假城"与回答"不是"之间也有充分必要条件联系。于是,有下面两个充要条件假言推理:

旅行者到真城,当且仅当对方回答"是",
对方回答"是",
所以,旅行者到的是真城。

旅行者到的是假城,当且仅当对方回答"不是",
对方回答"不是",
所以,旅行者到的是假城。

熟悉普通逻辑的读者都知道,这两个推理是完全合乎逻辑的。

"活埋"八天,是死是活?
——选言推理

有一篇《"活埋"八天,"死"而复生》的文章,介绍了印度瑜伽师的惊人功夫。

有一次,一位叫萨加姆尔蒂的瑜伽师同意医生们用仪器观察他的"活埋"表演。这位瑜伽师被埋在土坑里八昼夜,不吃也不喝。只是在土坑里放置了一盆5公升的蒸馏水。据瑜伽师说,此水不是为了饮用,而是为了湿润空气。

在八昼夜期间,心电图观察一直在进行着。当土坑上面盖上土后2小时,心率加快,第一天傍晚达到每分钟250次,到第二天晚上,心电图突然成为直线,这使在场的医生甚为惊讶。

当时医生们分析可能有三种情况:一是仪器坏了,二是电路断了,三是瑜伽师死了。但经过检查,仪器和电路都毫无问题。如果可能性确实只有这三种的话,那么运用否定肯定式选言推理,结论应该是"瑜伽师死了"。惊恐的医生们决定立即停止试验,打开土坑。但瑜伽师的助手反对这样做,他说,瑜伽师还活着,用不着担心,只不过是他的心脏暂时停止跳动了。到了第八天,在预定试验结束之前半小时,心电图开始出现曲线,心脏开始恢复活动,心率每分钟142次。打开土坑后,瑜伽师一阵颤抖,慢慢醒了过来。

事实证明,"瑜伽师死了"的结论是错误的。医生们的推理从形式上看是一个选言推理。毛病出在哪里?

选言推理是前提中有一个是选言判断,并且根据选言判断选言支之间的关系而进行推演的推理。它通常以选言判断为第一个前提,第二个前提肯定(或者否定)其中一个或一些选言支,结论则与第二个前提"背道而驰",相应地否定(或者肯定)另一些选言支。选言推理分为否定肯定式和肯定否定式两种。

医生们的推理如下:

或者是仪器坏了,或者是电路断了,或者是瑜伽师死了,
不是仪器坏了,也不是电路断了,

所以，是瑜伽师死了。

医生们的推理从形式上看正确无误，它是一个否定肯定式，第二个前提否定了选言前提中的两个选言支，结论则肯定了"瑜伽师死了"这个选言支。

根据推理结论不符合实际而推理形式正确，可以判定作为选言推理前提的选言支是不穷尽的，即是说，没有列举出全部可能性，至少是遗漏了真正的原因。

除了医生们列举出的三种可能情况外，还有第四种情况即"瑜伽师活着但心电图成为直线"。这表明瑜伽师像有些动物一样进入了冬眠状态。瑜伽师的特异功能是客观存在的，这种功能突破了普通人的生理极限。由于认识的局限，医生们的选言前提不全面，导致了结论的不可靠。这说明选言前提尽可能做到穷举各种可能是多么重要。

上海地面曾经发生过大规模沉降，水文地质专家列出了四种可能的原因：或是海平面上升，或是高层建筑的压力，或者由于开采地下天然气，或是由于大量抽取地下水。后来查明不是前三种情况造成的，因此推出"由于大量抽取地下水造成地面大规模沉降"的结论。这也是应用否定肯定式选言推理，由于前提把各方面的因素都考虑周全了，结论必定与实际相符。找到原因后，采取了相应措施，就成功地控制了沉降。

《韩非子》中有一则"郑人买履"的故事，说一个郑国人想买一双鞋子，到了市上，才记起事先照脚量好的尺寸忘在家中没有带来，连忙回去拿。可是等他赶回市上时，集市已经散了。有人问他："你为何不用自己的脚去试穿呢？"他回答说："宁信度（尺寸），无自信也。"就是说，宁愿相信量好的尺寸，而不愿相信自己的脚。

郑人的回答是这样一个选言推理：

或信度，或自信（被省略的选言前提），
宁信度，
无自信也。

郑人的错误在于：本来是既可"信度"，亦可"自信"的，因为度本来就是根据自己的脚量出来的，直接用脚不是更好吗？"信度"与"自信"二者互不排斥，而他却把"信度"与"自信"对立起来。他不自觉地以兼容的选言判断为前提，作出肯定否定式的推论。

相容的选言推理,只能使用否定肯定式,不能使用肯定否定式。只有不兼容的选言推理,才有两种正确的形式,按照需要既可用肯定否定式,又可用否定肯定式。

韩非由于主张中央集权制而受到秦王嬴政的赏识。秦王嬴政发兵攻韩,把韩非要了来,准备重用他。李斯等人嫉贤妒能,挑拨离间,使得他身陷牢狱。

李斯派人送来一瓶毒酒,让韩非自杀。韩非不服,就问狱吏:"我究竟犯了什么罪?"狱吏回答说:"一个鸡笼里容不下两只鸡!他们遇见像公子这样有才干的人,不是重用,就是害死,管他有罪无罪。"韩非长叹一声,就服毒自杀了。

"不是重用,就是害死",是一个不兼容的选言判断。"重用"与"害死"不能并存,因此,下面四个推理形式都是正确的:

不是重用,就是害死,
不重用,
所以,害死。

不是重用,就是害死,
重用,
所以,不害死。

不是重用,就是害死,
害死,
所以,不重用。

不是重用,就是害死,
不害死,
所以,重用。

韩非是个明白人,他知道等待他的命运只能是第一或第三种前途。

据说,爱因斯坦提出过一个逻辑推理题,题目是"土耳其商人和帽子",内容如下:

有一个土耳其商人,想找个协助他经商的伙伴。有两个人前来报名。土耳其商人想知道这两人中谁更聪明,于是想出一个办法来测验他们。他把两人带进一间屋子,这间屋子用灯照明,没有镜子,也没开窗户。商人指着一个盒子说道:"这里面有五顶帽子,两顶红的,三顶黑的。现在我把电灯关掉,打开盒子,我们三人每人摸一顶帽子戴在自己头上。然后我盖上盒子,开亮电灯,你们俩尽快地说出自己头上戴的帽子是什么颜色。"

当电灯开亮之后,那两个人看见商人头上戴一顶红色帽子。两人相互看了看,无法判断。过了一刹那,其中一个喊道:"我的是黑的!"

这个人的判断是正确的,他于是被选中了。

帽子只有两种颜色,不是戴红帽,就是戴黑帽。假使商人拿的是黑帽子,那就还剩下两顶红的,两顶黑的,甲乙这两个应考者就无法作出合乎逻辑的回答。现在商人恰好戴的是红帽子,就是说还剩下一顶红帽子。假定甲看见乙戴的也是红帽子,那他立刻就可以推断自己是戴黑帽子的。但是甲看见乙头上的帽子后不吱声,于是乙马上悟到自己头上戴的是黑帽子。你说对吗?

"寄与不寄间,妾身千万难"
——假言选言推理

有一天,阿凡提从市场上买回3斤肉,吩咐妻子说:"今晚包顿饺子,咱们美美地吃一顿。"

阿凡提的妻子把肉炒了炒,全都吃了。到了晚上,给阿凡提端上一碗白皮面。骗他说:"当我切好肉,动手揉面时,猫偷偷地把肉全都吃掉啦!"

阿凡提也不啰嗦,把猫抓来放在秤盘上一称,刚好3斤,便问:"妻呀,你瞧!如果这是猫的话,那么肉呢?如果这是肉的话,猫又到哪去啦!"

故事就到此为止,读来令人发笑。不难想象,面对阿凡提的提问,妻子陷入无言以对的境地,"骗局"一下就被戳穿了。

阿凡提的战法很高明,如果把他的思考过程写下来,即为下式:

如果这仅仅是猫,那么肉不见了,
如果这仅仅是肉,那么猫没有了,
或者这仅仅是猫,或者这仅仅是肉,
所以,或者肉不见了,或者猫没有了。

这是一个假言选言推理。假言选言推理是由一个选言判断及与选言支数目相对应的假言判断组成前提的推理。当我们考虑某事物情况有几种可能性并且每种可能性都会导致某种后果时,常常使用一个假言选言推理。

假如有两种可能性,从这两种可能引申出的结论都使某对象难以接受,就是说,这两种可能的结果都涉及某对象的心理因素,例如某人与其他对象的利害关系时,我们便把这种假言选言推理形象地称为二难推理。当着可能性是三种或四种,而这三种或四种可能又都会引出某对象难于接受的结论,这样就形成了三难推理或四难推理。

元朝的姚燧写了一首曲子,用平实朴素的语言把一个妻子怀念戍边亲人的矛盾心情表现得淋漓尽致。曲曰:

欲寄君衣君不还,不寄君衣君又寒,寄与不寄间,妾身千万难。

这位士兵的妻子面临着二难的选择:

如果寄寒衣,那么怕你不还,
如果不寄寒衣,那么怕你受寒,
或者寄,或者不寄,所以,或者怕你不还,或者怕你受寒。

苏轼有一首《琴诗》,是七言绝句:

若言琴上有琴声,放在匣中何不鸣?
若言声在指头上,何不于君指上听?

这首诗是讲弹琴的道理。悦耳的琴声是怎么产生的呢?单有琴而不用指头弹,或单有指头都不行,两者必须结合起来,还要靠人的思想感情和技术的熟练。

苏轼在这首诗里运用了一个二难推理来否定两种错误观点:

如果琴上本来就有琴声,那么放在匣中会鸣,
如果声只在指头上,那么在指头上能听琴声,
或者琴上本来有琴声,
或者声只在指头上,
所以,或者琴放在匣中会鸣,或者在指头上能听琴声。

这个二难推理形式正确,但是由选言判断组成的结论显而易见是虚假的,而这个结论又是从前提中必然推出的。由于两个充分条件假言判断后件假,前件必假,因而"琴上有声"与"声在指上"两种观点都是片面的。苏轼在这里是通过写诗来讨论复杂的美学问题:产生艺术美的主客观关系。要详细地回答这一问题就不是本文所能办到的事。

假言选言推理有复杂式与简单式之分。作为前提的几个假言判断前后件都不相同的,其结论为一选言判断,称为复杂式。以上几个例子都属于复杂式。

简单式的假言选言推理其若干个假言前提或者前件相同,或者后件相同,而结论是一性质判断(直言判断)。例如:

> 如果是锐角三角形,其面积是底乘高的一半,
> 如果是钝角三角形,其面积是底乘高的一半,
> 如果是直角三角形,其面积是底乘高的一半,
> 或者是锐角三角形,或者是钝角三角形,或者是直角三角形,
> 所以,任一三角形面积都是底乘高的一半。

假言选言推理既然是由假言推理与选言推理的结合而成,那么,其推理规则就必须既遵守假言推理规则,又遵守选言推理规则。

鲁迅先生曾用"孺子牛"的笔名于1933年发表《华德焚书异同论》,痛斥了希特勒及其"黄脸干儿们"的谬论。其中,鲁迅先生引用了历史上的一个例子:"阿拉伯人攻陷亚历山德府的时候,就烧掉了那里的图书馆,那理论是:如果那些书籍所讲的道理,和《可兰经》相同,则已有《可兰经》,无须留了,倘使不同,则是异端,不该留了。"

烧书的那位阿拉伯军队的阿马将军运用了一个二难推理,从推理的形式来讲无可指责,但是,推理的内容却大成问题。由于这个二难推理的两个假言前提,其前后件之间并无充分条件与结果的关系,其烧书的结论也就站不住脚。因而,鲁迅说"这才是希特拉(希特勒——引者注)先生们的嫡派祖师"。

在阿凡提的故事里,有一个说阿凡提运用三难推理与别人开玩笑的:

> 清真寺要阿凡提去讲道。阿凡提走上清真寺的讲台,对大家说:"我要跟你们讲什么,你们知道么?"
>
> "不,阿凡提,我们不知道。"大伙说。
>
> "跟不知道我要说什么的人,还说什么呢?"阿凡提说完,下了讲台就走了。
>
> 过了些日子,阿凡提又被请到清真寺来。他站到讲台上问:"喂,乡亲们!我要跟你们说什么,你们知道么?"学乖了的人们马上齐声回答道:"知道!"
>
> "你们知道了,那我还说什么呢?"阿凡提又走了。
>
> 当阿凡提第三次登上讲台,又把上两回那句话问一遍之后,那些自作

聪明的人顺着阿凡提的竹子爬竿，又一次落入了圈套。他们中一半人高喊"不知道！不知道！"另一半则嚷嚷："知道！知道！"

他们满以为这下可难倒阿凡提了。哪知阿凡提笑了笑说："那么，让知道的那半人讲给不知道的另一半人听好了！"说完扬长而去，听讲的人们眼睁睁地望着，无可奈何。

看起来，听讲的人们碰上了"三难"。其实，一难也不难，谁叫你被他牵着鼻子走呢？事情很简单，只要指出阿凡提的话中包含的三个假言判断的前、后件之间没有必然联系就行了。

打个比方说，我们知道了某时请某人作形势报告，你总不能说既然你们知道了，那就不必要讲了吧。知道报告的题目，并不等于知道了报告的具体内容。

要驳斥一个错误的假言选言推理，除了指出其违反假言、选言推理规则或者假言前提内容不真实、选言前提不穷尽外，还可以采用构造一个形式相同而结论相反的假言选言推理的办法。本书第一篇父子两人的推理都是二难推理，由于儿子反驳了父亲，所以儿子的推理叫反二难推理。虽然反二难推理的结论未必就是真理，但是它仍不失为一种有力的反驳方式。

有一次，英国一家电视台的记者采访梁晓声，并要求梁晓声毫不迟疑地回答他的问题。梁晓声点头认可。记者的问题是："没有文化大革命，可能也不会产生你们这一代青年作家，那么文化大革命在你看来究竟是好还是坏？"

梁晓声先是一怔，但很快反应过来，立即反问："没有第二次世界大战，就没有以反映第二次世界大战而著名的作家，那么你认为第二次世界大战是好还是坏？"

英国记者显然设置了一个左右为难的圈套让你出洋相，梁晓声无论说"好"还是"坏"，结果都会陷入二难的境地。但在进退维谷之际，梁晓声灵光一闪，迅速抛出一个类似问题，对反二难推理的运用真是灵活到家了！

神机妙算
——完全归纳推理

$$98\ 765\ 432 \div 8 = ?$$

这是小学生能做的题目,结果是:

$$98\ 765\ 432 \div 8 = 12\ 345\ 679$$

稍加观察,便可发现这个式子还很有点"规律性"。被除数与商数都是八位数,各位数目字都得连续数,前者从大到小,后者从小到大。商数中 1,2,3,4,5,6,7,9,单单少个 8,而除数正好是 8。

这个"缺 8 数"有着有趣的性质,请看:

$$12\ 345\ 679 \times 9 = 111\ 111\ 111$$
$$12\ 345\ 679 \times 18 = 222\ 222\ 222$$
$$12\ 345\ 679 \times 27 = 333\ 333\ 333$$
$$12\ 345\ 679 \times 36 = 444\ 444\ 444$$
$$12\ 345\ 679 \times 45 = 555\ 555\ 555$$
$$12\ 345\ 679 \times 54 = 666\ 666\ 666$$
$$12\ 345\ 679 \times 63 = 777\ 777\ 777$$
$$12\ 345\ 679 \times 72 = 888\ 888\ 888$$
$$12\ 345\ 679 \times 81 = 999\ 999\ 999$$

眼前这数字的海洋,波浪起伏,真是美不可言。对于一个观察和推理能力都不强的人来说,要从上式归纳出"缺 8 数"的性质来,可是件难事,我们从中可以悟出一个道理,善于观察和推理是通往神机妙算的桥梁。

计算等差数列之和,对于有初等代数知识的人来说,是最容易不过的事,大家知道,这有一个公式可利用:

$$1+2+3+4+\cdots\cdots n = \frac{n \times (n+1)}{2}$$

如果要从 1 加起,加到 100,那么用 100 来代入上式中的 n,可得总和为 5 050。

求等差数列和公式是由谁发现的？又是怎样发现的？恐怕不是每一个人都能说得出的。

求等差数列和公式是由古希腊数学家毕达哥拉斯建立的。他采用形象简便的图示办法，把许多小石头堆列成三角形数，如图 1 所示：

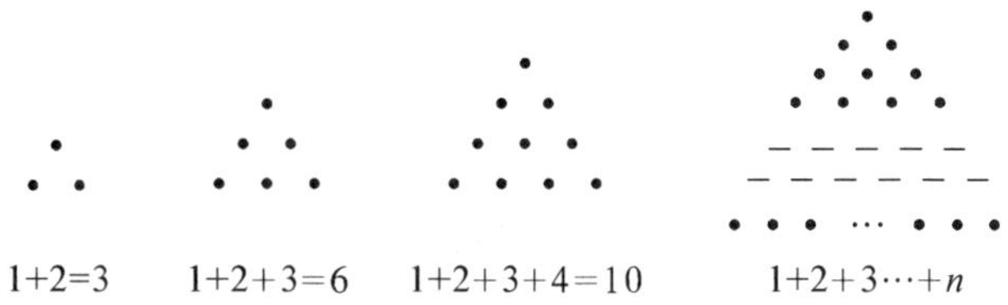

1+2=3　　1+2+3=6　　1+2+3+4=10　　1+2+3…+n

图 1

为了得到原来三角形数的一般表达式，他把同一个三角形数倒转加到这原来的三角形数上，构成一个平行四边形，其中一个有 n 个小石子，另一个有 $n+1$ 个小石子。如图 2 所示：

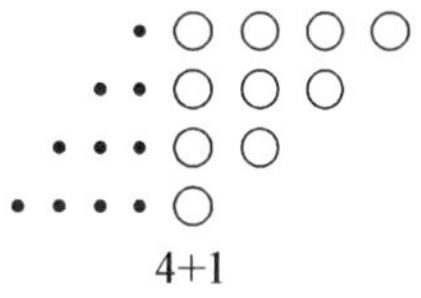

4+1

图 2

因而有下列等式：

$$2 \times (1+2+3+\cdots\cdots+n) = n \times (n+1)$$

$$1+2+3+\cdots\cdots+n = \frac{n \times (n+1)}{2}$$

数学史上，还有一个相映成趣的故事：

100 多年前，在德国某小学低年级的一个班里，有几个孩子发出了闹声，因此老师决定惩罚他们一下。放学后把几个孩子留下来罚做算术：从 1 加到 100。正当别的孩子还在抓头挠耳时，一个孩子向窗外望了望，便交了卷。老师一看只好让他先走。第二天老师兴致勃勃地问他怎么这样快就找到了答案。孩子机敏地回答说："我想这道题目一定有一个快做的好办法，我找到了一个。您知道，100 加 1 是 101，99 加 2 也是 101，这样一直加下去就有了 50 个 101，也就是 5 050。"

这个孩子就是后来的大数学家高斯。

在二千多年前，毕达哥拉斯就建立等差数列公式，自然是值得千古称道的事情。高斯的独立发现也有着异曲同工之妙。对于一个年仅 8 岁的娃娃来说，这是一个了不起的惊人发现。他动脑筋的时间是如此之短，表明他的思维是何等的敏捷。小高斯还没有受到逻辑思维的训练，但是他已具备某些朴素

的逻辑推理能力。尽管他当时没有说他运用了哪种推理形式,我们仍然可以根据推导过程加以整理。可列成下式:

$$1 + 100 = 101$$
$$2 + 99 = 101$$
$$3 + 98 = 101$$
$$4 + 97 = 101$$
$$\cdots\cdots$$
$$50 + 51 = 101$$

这 50 对是从 1 加到 100 的全部,每一对都是 101。

这是一个完全的归纳推理。形式逻辑的归纳推理,就是指从个别性前提推出全类一般性结论的推理。它分完全归纳推理和不完全归纳推理两种。完全归纳推理的前提是关于个别性知识的论断,而结论是关于一般性知识的论断。因此,使用完全归纳推理可得到概括性的结论。它既是一种发现方法,又是一种证明方法。

应用完全归纳推理要具备两条:一是必须确认所研究的那类对象的每一个对象,二是必须确认所概括的那一属性是该类每一对象都具有的。由于第一条的限制,完全归纳推理不适用于有大量分子或无穷分子所组成的类。因此,这种归纳推理有很大的局限性。由于完全归纳推理在前提中考察的是某类的全部对象,而不是某类的一部分对象,因此结论没有超出前提所断定的范围,也就是说,结论是必然得出的。

小高斯要计算的是有限的等差数列之和,适合使用完全归纳推理;毕达哥拉斯要计算的是任意大的等差数列之和,形式逻辑的完全归纳推理就失掉了威力。他所采用的图示方法实际上是运用了数学归纳法。毕达哥拉斯求得的是等差数列的一般公式,高斯解决的仅仅是一个实例,高低优劣自不待说。我们总不能去苛求小高斯吧。

下面我们附带介绍一种二位数减法的快速方法。例如,93 减 39 等于几?如果按部就班地做减法,总得费点心计。我们可以用 9 减去 3 得 6,再用 6 乘 9 得 54。又如,求 86 减 68 的差,我们可以用 8 减 6 得 2,用 2 乘 9 得 18。上面两例有个共同特点,即两个二位数的个位数和十位数是正好相反的。求 100 以内的所有这类二位数的差,都可以用上述先做减法后做乘法的办法来求,虽然有两个步骤,但几乎可以应声而答。这种算法能被概括出来,也是完全归纳推理的应用。

"卖鞋看手不看脚"
——不完全归纳推理

在冯雪峰先生编写的《百喻经的故事》里,有许多富有哲理的故事,其中的一篇题为《尝一个买一个》。

故事说:有一个绅士,想吃苹果,打发他的仆人到别人的果园里去买:"你要买甜的来,不甜的不要买。"仆人拿了钱去了。到得果园,园主说:"我这里的苹果,个个都是甜的,你尝一个看。"仆人说:"我尝一个,怎能知道全体呢?我应当个个都尝过,尝一个买一个,这样最可靠。"仆人就自己摘苹果,摘一个尝一口,甜的就都买回去。绅士见了,却觉得恶心,一个都没有吃。

在现实生活中,像这个仆人那样不聪明的人是很难碰到的吧。但是在类似的事情上,做这种蠢事的人恐怕并不少。佛教中的《百喻经》,善于从具体的个别事情上来阐发有普遍意义的道理,这是很值得我们学习的。

在日常生活和科学研究中,当我们观察到某事物中的许多事物或者全体事物都有某种属性,而又没有观察到相反的事例时,我们就会作出结论:某类事物都有某属性。这一思维过程就是归纳推理。

科学研究与日常生活中用得较多的是不完全归纳推理,亦即简单枚举归纳推理,它根据某类事物的部分对象具有某种属性,推断该类事物的全体都具有这一属性。

人们知道,昼夜的交替或四季的变更密切影响着生物的活动。鸡叫三遍天亮,青蛙冬眠春晓,大雁春来秋往,花卉按时开放,等等。生物这种测量时间的本领被称为生物钟。科学家从微生物、植物、动物直到人类等形形色色的生物中都找到了生物钟。根据个别种类的生物体活动具有周期性节律概括出了一个一般性的结论——凡生物体的活动都具有时间上的周期性节律。这便是不完全归纳推理的应用。

外国有一则寓言说,从前有一位户籍官到威尔士某个村庄去登记全体户主的姓名。他询问的第一个户主叫威廉·威廉斯;第二个户主、第三个、第四个……也叫这名字;最后他自己说:"这可腻了!他们显然都叫威廉·威廉斯。我来把他们照这名字都登上,今天好休个假。"图省事的结果是他错了。村子里独有一位名字叫约翰·琼斯的。

简单枚举归纳推理的结论并非是从前提中必然推出的。其可靠性完全建立在枚举的事例中没有反例的基础上，枚举的事例数量越大，其可靠程度会有所提高，但是不管枚举的数量有多大，其结论仍然是或然的。如果只根据若干还不够充分的事实仓促地推出一般性的结论，把它看作完全可靠的，就会犯"以偏概全"或"轻率概括"的错误。

对归纳理论有深入研究的密尔（又译作穆勒）曾说过，中非洲的黑人在还没有碰到白人以前，显然以为所有人都是黑皮肤的；英国一个旅行家在加来上陆后遇到两个火红头发的法国人，在日记上写道："所有的法国人都是火红头发的。"

人们曾根据多次见到天鹅是白色的，归纳推理"所有的天鹅都是白色的"；人们曾根据猪、狗、牛、羊的血是红色的，推论"一切动物的血都是红色的"；人们还说"天下乌鸦一般黑"，"凡哺乳动物都是胎生的"，等等。但后来发现了黑天鹅、白乌鸦和卵生的哺乳动物鸭嘴兽，而虾及其他一些动物的血都不是红色的，于是就要修改上述结论。

鲁迅在《内山完造作〈活中国的姿态〉序》里指出："一个旅行者走进了下野的有钱的大官的书斋，看见有许多很贵的砚石，便说中国是'文雅的国度'；一个观察者到上海来一下，买几种猥亵的书和图画，再去寻寻奇怪的观览物事，便说中国是'色情的国度'。"

在一定范围内没有出现矛盾情况不等于一定不会出现矛盾情况。哥德巴赫猜想是根据不完全归纳推理提出来的，在它未得到证明之前，它只能是个猜想。

英国著名的数学家和哲学家罗素用他的哲人之笔塑造过一个颇有归纳素养的火鸡形象。这只被关的火鸡观察到，饲养场上午9点给它喂食。是不是每天9点都会喂食呢？它不愿意轻率概括，不急于做结论。它继续观察不同场合下的大量事实：无论是星期三还是星期四，无论热天还是冷天，无论下雨还是出太阳，等等。它每天都把事实材料（观察记录）放进归纳法的"机器"中，最终它得出一个普遍结论：每天9点钟都会喂食。可是，作为被饲养的对象最终难逃被宰杀的命运。在圣诞节前，当它又兴高采烈地跑出来想吃食时，自己却成了盘中餐。它错在哪里呢？

不能说它的观察很简单、很片面，至少它还懂得观察不同场合下的大量事实。只能说它不懂主人为什么要给它喂食，也不懂得为什么在9点给它喂食。

因此,在一定的时间条件下,它做出的不完全归纳即简单枚举归纳的结论是有效的,而超出一定条件则是无效的。明乎此,便不至于做出一个超时空的一般性结论。

我们说,这只火鸡充其量是一个囿于传统经验论的古典归纳主义者。

《新民晚报》有篇文章介绍国际象棋世界冠军谢军的随队医生任大夫对谢军每盘棋的胜负有特殊的预测方法,读来饶有兴味。任大夫对国际象棋一窍不通,预测准确率却令人吃惊。

任大夫的预测方法十分简单。他每天上午只需量一下谢军的体温,便可对下午的胜负猜得"八九不离十"。据任大夫透露,他发现了谢军在马尼拉向前世界冠军齐布尔达尼泽挑战时,最佳竞技状态下的体温是 $36.1℃$。文章说,十分巧的是,谢军在蒙特卡洛进行卫冕战时,前五盘对局日谢军的体温又都是 $36.1℃$,而这五盘棋她取得了四胜一和的佳绩。谢军凡是进入最佳竞技状态下的体温都是 $36.1℃$。这个一般性的结论显然是通过不完全归纳推理得到的。

可贵的是,任大夫也好,记者也好,对这种现象保持了清醒的头脑。文章说对胜负"猜得八九不离十",而没有说一定如此。卫冕战中也有例外。在关键的第七盘棋前,谢军的体温上升到了 $36.4℃$,谢军仍赢了。那天上午任大夫替谢军量完体温后,没有向谢军吐露真情,仍是笑呵呵地骗谢军说:"很好!今天又是 $36.1℃$。"

新华社有一则电讯,读来更令人叫绝。哈尔滨市第一百货商店一位营业员人称"神眼"杨华,她有一手绝活是"看手拿鞋"法。只看手的长短胖瘦,就能准确地判断出顾客所适合的鞋号。

为了练就一手超人的技艺,十几年来杨华分析了所卖出的十几万双鞋例,走访了许多专家教授,在柜台上,试了一千多例都很成功。现在能达到看一个准一个。她判断手的长度可以精确到毫米。

有位顾客听说后,亲自驾车前来考她。杨华说:"你的手长20.1厘米,穿27厘米的鞋。"然后从兜里掏出一把尺测量,果然一毫都不差。

杨华认为,一个正常人手的长度是脚的四分之三,余下的四分之一就是脚跟的长度。为验明这一点,她先后数次登门向哈医大局部解剖专家张才教授请教,把自己的公式告诉张教授:脚长 = 手长加足跟,足跟 = 脚长 $\div$ 4。当场试验,连一毫米也不差。张教授称赞说:"你给医学界提出了一个新课题。"

杨华提出脚长、足跟的公式的思维过程无疑包含了不完全归纳推理,其准确性之所以那样高,倒不是因为使用了简单枚举归纳推理,而是运用了科学归纳推理。她利用业余时间读了《进化论》、《人类学》、《解剖学》等十几种专著,深入探讨了人的手脚比例关系及骨骼的发育过程。她提出的公式是理论与经验结合的产物。

所谓科学归纳推理是这样一种推理:列举某类事物中一部分对象具有某种现象,并找出这些对象与现象之间的本质联系,其中包括因果联系,并以这种本质联系为根据,从而作出关于这一类事物的一般性结论的推理。

什么样的手适合哪一号的鞋,这个一般原理又是不完全归纳推理的结论。它也不是轻率概括的产物,而是深入观察与反复思考的结果。利用假日,她跑鞋厂,请教老师傅,既掌握了新旧鞋号的差别,又了解南北方鞋号的标准。由于她基本功过硬,顾客来买鞋,就免去了一个不可缺少的环节:试鞋。

梦是怎样引起的？
——求同法推理

梦是怎样引起的呢？古人说："日有所思，夜有所梦。"这是对梦产生原因的一种解释。现代人则解释得更为详细。

外部的刺激能引起梦。睡时阳光照脸，就可能梦见熊熊大火；双足露在被外，也许会做在冰雪中奔跑的梦。有人这样试验：在睡着的人的鼻前放了一瓶香水，那人醒后说，他梦中到了大花园，觉得到处都是花香。一本古老的著作也提到：轻轻加热熟睡者的手，他在梦中觉着自己穿过火丛。

身体内部的刺激也会产生梦。正在发育的人，可能会梦自己凌空飞行。有的气喘病人说，当他呼吸通畅后，也会做飞行的梦。如果睡着后，膀胱胀满要小便，就可能在梦中到处找厕所，小朋友或许就会尿床……

"千人千面"。人们的年龄、体质、习性、饮食及其他生活条件大多不同，但当承受外部或内部的刺激时，都会引起与该刺激相应的梦。所以，刺激是产生梦的原因。

"刺激是产生梦的原因"是归纳所得的结论。这种归纳推理称为判明现象因果联系的归纳推理。

简单枚举归纳推理的结论具有"所有S都是（不是）P"的形式，而关于现象间因果联系的归纳推理，其结论具有"A是a的原因"的形式。关于现象间因果联系的归纳推理是或然性推理，属于不完全归纳推理。

因果联系是客观世界普遍联系和相互制约的表现形式之一。我们把引起另一现象的某种现象，称作另一现象的原因；被某种现象引起的现象，就是某种现象的结果。有因必有果，无果不成因。原因总是先于结果，结果总在原因之后。因果联系的两个特点是因、果之间有必然联系和时间上因、果先后相继。

世界上存在许多有必然联系的现象，但是在它们之间没有时间上的先后之别，不构成因果联系。例如，正方形边长的增减，必然引起面积的增减，你却不能说边长的增减是面积增减的原因。

白天过去是黑夜，冬天过去是春天。白天不是黑夜的原因，昼夜循环是地球自转的结果；冬天也不是春天的原因，冬去春来是地球围绕太阳公转的结果。如果以为凡是有先后相继的两个现象，都有因果联系，就要犯"以先后为因果"的错误，或者说犯"在此之后，即由此之故"的错误。在外国文学作品中，高卢雄鸡确信，它的高啼可以唤起日出，高卢雄鸡成了"在此之后，即由此之故"的有名的文学象征。

希伯来人通过观察发现，健康人身上有虱子，有病发烧的人身上没有虱子，便断言"虱子能使人健康"。其实，当一个人发烧时，虱子就觉得不舒服，于是逃离人体；反之，很舒服，便在人身上寄生下来。因此并非有虱子是人身体健康的原因。

正确理解因果联系，还必须注意与迷信划清界限。"夜有灯花落地，必有喜事进门"，"乌鸦叫，噩运到"，谁能说得清它们之间的必然联系呢？

欧美很多人认为"13"这个数字不吉利，是因为耶稣同他的12个门徒共13个人吃过"最后的晚餐"之后，就被钉死在十字架上。人们很忌讳"13"这个数字，甚至门牌号码都以"12A"来代替"13"。人们常常把灾难、事故归咎于偶然出现的"13"。

《新民晚报》有一篇《荒唐的中奖迷》的小品文，说有人买了鞋，领到商店发的对奖券。从此，他盼星星，盼月亮，梦想得大奖。眼看开奖日临近，他坐立不安，竟想出个"绝招"来，他对谈了3年多的恋人说："我们分手吧！"恋人莫名其妙，此人却一本正经解释说："情场失意赌场就会得意……所以这次肯定能中头奖。"女友见他并非儿戏，一怒之下拂袖而去。开奖后，中奖迷的奖券成了废纸一张，耳边却响起邻居和父母"荒唐""神经病"的骂声。

判明现象因果联系的方法一共有五种，称为穆勒五法。第一种是求同法。

求同法也叫契合法，它的内容是：如果某一现象出现在几种不同的场合，而在这些场合里只有一个条件是相同的，就可以推断这个相同的条件是产生这一现象的原因。

每个人的梦境可以千差万别，每个人所接受到的内外刺激也可以形形色色，但是有一个共同点，就是都受到了刺激，因此可以推断，"刺激是产生梦的原因"。这就是一个求同法推理。

七色彩虹的生成原因，也是用求同法得到的。雨后天晴出现虹；太阳光线通过三棱镜也出现虹的各种颜色；晴天在瀑布的水星中，在船桨打起的水花中，都可以看到虹的色彩，都能观察到与虹相似的现象。在这些不同的场合中，只有一个情况是共同的，即光线通过球形或棱形的透明体。

人们观察到，种植豌豆、蚕豆、大豆等豆类植物，不仅无需向土壤施氮肥，甚至，它们本身还能使土壤增加氮。人们经过研究发现，尽管豆类植物各种各样，但各种豆类的根部都有称作根瘤的突起部分。于是人们根据求同法推理得出：豆类之所以不需要施氮肥，并能使土壤增加氮，是由于有根瘤。

求同法推理在科学实验的第一阶段上常用来提出假设。人们观察到，敲锣发声时，如用手指触锣面，会感到锣面在振动；用琴弓拉琴弦发声时，让纸条跟发声的弦接触，纸条被弦推动得跳动起来；人说话时，如用手去摸咽喉，也会觉得它在振动。因此，得出结论说：振动是物体发声的原因。

《吕氏春秋·疑似》曰："使人大迷惑者，必物之相似也。……相似之物，此愚者之所大惑，而圣人之所加虑也。"世界上的事物是复杂的，运用求同法寻找事物的因果联系时，必须注意不为似是而非的假象所迷惑。

有时会出现这样的情况，在我们观察到的几个场合中那个共同的条件，可能和我们所研究的现象毫无关系。沼泽的存在曾一度被认为是疟疾流行的共同条件，可是后来查明沼泽地带多蚊虫，蚊虫才是疟疾的带菌者。

要提高求同法推理的可靠程度，一要求所观察场合愈多愈好，二是各场合中那些不相同的情况其差异程度愈大愈好。应当注意，求同法推理既然是判明现象因果联系的归纳方法之一，那么它的结论是或然得出的，其正确性往往要再用求异法即差异法来检验。

"灵魂"有重量吗？
——差异法之一

有年4月,唐朝大诗人白居易到深山里的大林寺游玩,他惊奇地发现,寺庙旁红艳艳的桃花开得正盛。平原上,流水落花春已去;深山里,鸟语花香春正浓。诗人仿佛来到了世外桃源。他触景生情,一步三叹,信手写诗一首,题为《大林寺桃花》:

人间四月芳菲尽,山寺桃花始盛开。
长恨春归无觅处,不知转入此中来。

白居易生动地描绘了山上山下春留春去的不同景色。然而,作为诗人的白居易并没有告诉我们山上山下的桃花命运为何不同,春天的脚步为什么有快有慢？200多年后,作为科学家的沈括对此作了精辟的解答。

沈括在《梦溪笔谈》里引了白居易的两句诗"人间四月芳菲尽,山寺桃花始盛开"后指出:"此地势高下之不同也。"他就白居易的诗句说明了高度与温度的关系,高度增加,温度降低,植物开花就迟,他认为这两句诗反映了一个很普遍的现象,概括了"常理"。同一种植物在同一畦里,成熟有早有晚,"此物性之不同也"。岭、峤(指广东、广西)的小草寒冬不凋谢,并、汾(河北、山西一带)的乔木临近秋天就开始落叶,"此地气之不同也",即我国南方北方物候的先后不一。明朝的地理学家徐霞客在云南丽江时说"其地杏花始残;桃犹初放,盖愈北而愈寒也",和沈括说的是一个意思。沈括还指出,同一亩地里的庄稼,水肥条件好的先发芽;同一块地上的禾苗,后种的晚结实,"此人力之不同也"。这些真知灼见在今天已成为常识,在那时得来却难能可贵。

沈括为了弄清开花时间与地势、物候等条件之间的关系,作了这样的推理:山上山下的桃树品种一样,都是野生的,所不同的是生长的地势有高低,因而推断出山上气温低是植物开花迟的原因。

同理,同一亩地的庄稼,土壤、水分、光照、品种等等都相同,只是施肥与不施肥的差别,发芽就参差不一,从而推断出在其他条件相同的情况下施不施肥是发芽迟早的原因。这种推理方法,叫差异法,是探明现象的因果关系的归纳方法之一。

差异法的基本内容是:如果某种现象在第一个场合出现,在第二个场合不出现,在这两个场合中只有某一个条件不同,那么这个条件就是这种现象的原因。

三国时的浦元是诸葛亮手下著名的制刀匠。他特别擅长淬火。公元227年时,为诸葛亮铸刀3 000把,被人称为"神刀浦元"。他起初是在成都比武应试后被诸葛亮派到斜谷关担任军械监造这一官职的。可是到了斜谷关,打成的刀,不是卷刃,就是容易断裂。

是锻打的次数不够,还是淬火时间没掌握好?浦元仔仔细细比较了成都和斜谷关制刀的全过程:在炭火中烧成熟铁块,再在铁砧上加以锻打,再烧红,再锻打,最后放到水中淬火,锻打的次数,淬火的时间完全一样。想来想去,只有一样不同,在成都用的是蜀江水,这里却是汉水。他连夜打了一把刀,放到汉水中,水缸里泛起黄色的泥沙。

蜀江水是凉的呈绿色,汉水是温的呈黄色,估计刀的质量与水质有关。于是派人费尽千辛万苦取来真正的蜀江水,铸成了锋利的钢刀。

沈括与浦元的不同发现有着异曲同工之妙。可以说我们这个世界上有数不清的新发现都是自觉不自觉地应用了差异法推理。

在一千多年之前,埃塞俄比亚的凯夫镇上有个牧羊人。有一次,他到一块新的草地上去放牧。每天放牧回来,温驯的羊兴奋得疯疯癫癫的,到处乱跑。多年的放牧经验告诉他,羊可能吃了一种新的草。他对新旧两块放牧草地进行观察和比较,发现在新放牧的草地上有种从未见过的草,开着白花,结着浆果。经过反复试验,证实就是它使羊一反常态。后来,这种植物的浆果就成了制作咖啡的原料。

差异法的运用是相当普遍的:

养羊的在黏碱土草原上放牧,比在沙滩草地上放牧多生雌羊;

黄瓜在多雨时节多开雌花;

大量食用蔬菜的非洲农民,结肠癌的发病率每年仅十万分之三点五,而每天纤维素摄入量仅为非洲农民六分之一的欧美人,发病率高达十万分之五十一点八;

家有电视机的小孩比没有电视机的小孩容易得近视眼;

……

这些十分简单的比较,即差异法的运用,使我们懂得了许多东西。

差异法常常运用于实验。因为在自然条件下,别的情况都相同,只有一个情况不同,这样的场合是很少见的,而由人工控制的实验则可以做到这一点,因而结论也较精确。

一只具有触须的淡水龙虾遇到强烈气味时会逃跑,但是当它的触须被割去后,对强烈气味就麻木不仁了。这就说明触须是淡水龙虾感觉气味的器官。

最近美国纽约州立大学的两位女生物学家发现,有一种蜥蜴头顶上有第三只眼,具有辨别方向的功能。

巴巴拉艾利斯昆恩和卡洛西蒙在亚历桑纳州山区研究一种蜥蜴,发现蜥蜴头顶上有第三只眼,可以辨别方向,于是就做了一项实验。她们共抓了80只蜥蜴,其中在40只头上涂上油漆,其余40只未涂,再将这80只蜥蜴全部带到和它们住家相隔150米远的地方,结果发现,未涂油漆的蜥蜴,不到半个钟头的时间就可以找到家,但是头上涂过油漆的蜥蜴,就如同没头苍蝇般地乱闯,始终找不到归途。

这项实验证明了蜥蜴头上的第三只眼,果然是蜥蜴有方位感的主要原因。

以前有的心理学家曾经认为,盲人的皮肤感觉非常发达。在他接近物体时,能用面部皮肤感知空气的回流来躲避障碍物。有人把盲人的这种本能称作"面部视觉"能力。后来心理学家做过这样的试验。把盲人的面部用毯子遮住,他们仍然能回避障碍物,从而推翻了过去的结论,而把他们的耳朵塞住或让他们赤脚在地毯上行走,便丧失了回避障碍物的能力。这个试验揭示出盲人的"特异功能",那就是具有高度发达的听觉能力。

据报载,1901年,美国马萨诸塞州哈佛山的杜坎·麦克唐盖尔博士在一家医院里做了一项特殊的试验,秤出了灵魂的重量。

可是,麦克唐盖尔的发现并没有引起广泛的注意,尽管他一再强调自己是科学家,而不是招魂术士,但社会舆论不过是一笑了之。科学界也不置可否,这个问题太深奥了。灵魂非物质因而无重量是传统观念,是没有什么疑义的。而今,突然有人宣布说灵魂有重量,简直不知所措,无从讨论起。有没有灵魂?灵魂有没有重量?还是留待科学家、哲学家、宗教家、生物学家、人体科学研究者去研究和讨论,我们关注的倒是他的检测手段和方法。

杜坎·麦克唐盖尔把一个即将咽气的肺病患者移放到一架很大但非常灵敏的光束天平上。大约过了3小时40分钟,病人的面部表情骤然消失,在那一刻,光束发生了偏移,有21.26克(重约3盒火柴)的重量失去了。这一发现使博士兴奋不已。在以后的两年半里,他又对5名病人做试验。这些人在死去的一瞬间失去了10.6克至42.5克的重量,这一现象除了说明灵魂离开身体之外,好像没有其他解释。差异法的创建者万万想不到,本来用于科学发现的方法,却被人在类似于"通灵术"的试验中一用再用,着实过了把瘾。

巴斯德的瓶子
——差异法之二

生命是从哪里来的？很早以来就有人在思考这个问题。人们见到腐肉生蛆，就联想到虫、鱼、鸟、兽是从泥土、垃圾里自然生长出来的。就连许多著名的哲学家、科学家如亚里士多德、哈维、牛顿、阿奎那斯等，对这种"自然发生说"也都深信不疑。

"自然发生说"的信奉者，比利时的约翰·范·赫尔蒙脱（1577—1644）甚至断言，在容器里放一块脏亚麻布和一些麦粒或一块奶酪就能长出老鼠来。此人做过很多实验，其结果读者可以想见。人们虽然不相信老鼠和蛆能自然生成，但是对于像细菌和真菌这样的微生物，问题仍未解决。

17世纪中叶以后，人们做了一些实验，说明生命不能无中生有地自然发生。这一派叫"生命种生说"。"自然发生说"和"生命种生说"这两个学派激烈争论，争论波及了许多国家。1860年，法国科学院只好用悬赏来征求解决问题的办法。

就在这场国际性科学论战的高潮中，当时还不出名的巴斯德默默地在一间简陋的实验室里研究着。他用一团棉花塞在玻璃管里，然后抽气，空气微尘滞留在棉花纤维上，放在显微镜下，看到许多微生物，投进肉汤里，不久肉汤就腐败了。由此，他设想空气里的微生物种胚是使有机液体腐败的原因。但反对派驳斥道：这个实验并没有证明微生物是从空气中直接产生的，驳不倒"自然发生"说。

1860年9月，在荒凉的阿尔卑斯山上来了一个奇异的旅行者，这就是巴斯德。他在向导的带领下，牵着一头毛驴，驮着几十个装着有机液体的瓶子，沿着山路收集空气试样。结果发现，在山下采集的试样，有机液体发生腐败的较多；在终年积雪的山顶上采集的试样，有机液体发生腐败的极少，从而进一步证明空气中的微生物种胚是使有机液体腐败的原因。根据大量实验，巴斯德写成题为《论空气中所含有的微生物》的论文，把科学假说发展成为科学理论。

1864年4月7日，法国科学院在巴黎大学进行科学讨论会。巴斯德宣读了他的论文并当场做了表演。

他取出一个封了口的瓶子，里面装着有机液体（肉汤），瓶里清洁明亮；

又拿出一个敞口瓶，装着同样的液体，里面混浊不堪，长满了微生物；

再出示一个敞口曲颈瓶，装着煮沸过的有机液体，瓶内没有显示任何变化。如果把曲颈瓶晃动几下，再静放几天，瓶内也会变得混浊不堪，长满微生物。

三个瓶子装的都是相同的液体，但是，第一个瓶子是封闭的，有机液体没有接触空气，没有腐败。第二个瓶子，有机液体接触了空气，发生了腐败。第三个瓶子，虽然敞口，接触了空气，但液体同样经过煮沸消毒，并且瓶子的曲颈细长下弯，空气中的尘埃进不到瓶子里边，也没有腐败。只是在晃动之后，滞留在瓶颈里的尘埃与液体相混，瓶内污染，才发生腐败。

一个实验解决了200年的争论。为什么巴斯德的上述实验会有那样强的说服力呢？

自然界里的现象，其产生的原因常常是复因。在自然条件下，很少能遇到除一个情况之外在一切情况上都相同或相似的这样两个场合。所以，在一般情况下，运用求异法来观察现象，把握性就不大，而要在实验当中得到符合求异法推理所必需的场合，就很容易做到。即在实验时逐个去掉个别的情况保留其他情况。

巴斯德开初从棉花纤维上发现微生物，提出微生物是使有机液体腐败的原因，这是运用从个别到一般的不完全归纳推理。验证这个假设，则是运用求异法推理于实验。

巴斯德所用的第一个封闭的瓶子与第二个敞口的瓶子，别的条件都相同，唯有一点不同，那就是第一个瓶子不能接触空气中的尘埃，而敞口的瓶子接触空气中的尘埃。这两个瓶子比较的结果告诉我们，能否接触尘埃是会不会变质的原因。

第三个瓶子实际上把第一个瓶子和第二个瓶子的情况集中在一起。摇晃之前不变质，摇晃之后会腐败，差别也只有一点。

巴斯德的实验可谓"决定性实验"。实验清楚地表明，引起有机液体腐败的，是空气中的微生物，而不是空气自身。微生物是微生物种子生成的，而不是无中生有、自然发生的。

经过200年的争论，生命种生说驳倒了自然发生说。但应指出，生命种生说还没有解决生命最初是怎样产生的。关于这个问题我们在假设专题中再作介绍。后来，巴斯德创立的微生物理论在酿酒业、养蚕业、畜牧业以及外科手术等方面，获得了广泛的运用。

"鬼倒路"之谜
——求同求异并用法

世界上第一个记录脚气病并且找出它的病因和治疗方法的,不是外国人,而是我国唐代的名医孙思邈。

孙思邈发现有钱人常得脚气病。病人身上发肿,肌肉疼痛,浑身无力。孙思邈想:"为什么穷人得的是夜盲症,富人得的是脚气病呢?这很可能与饮食有关系,不是多吃了些什么,就是缺少些什么。"

富人吃的是荤腥细粮,而穷人吃的是素食粗粮。脚气病或者是吃荤腥,或者是吃细粮引起的。他把粗粮与细粮两相比较,发现精米、白面虽然好吃,但是缺少了米糠、麸子,他想,富人得脚气病可能是缺少米糠、麸子而引起的吧。根据这个设想,他试用米糠、麸子来治脚气病,结果很灵验。后来,他又发现杏仁、吴茱萸等中药也有疗效。

孙思邈能发现脚气病的病因是与他发现夜盲症病因所得到的启发分不开的。穷人易得"夜盲症"。病人在白天还看得见东西,一到晚上就像麻雀一样成了睁眼瞎。孙思邈想:"为什么有钱人不得这种病呢?分明是穷人身上缺少点什么才引起的。"他猜想是穷人少吃荤的缘故。于是采用动物的肝脏来治病,结果证实了他的想法。现代医学告诉我们,肝脏里含有维生素 A,而夜盲症患者身上缺的正是它。

孙思邈发现这两种病的病因和治疗方法都运用了推理,而且推理的方法是同样的。以脚气病的发现为例,将其推理过程整理如下:

第一步,将患脚气病的所有富人加以比较,各人的性格、脾气、生活习惯等千差万别,但是有一个共同点,那就是吃精米、白面。这里应用求同法,得出吃精米、白面是患脚气病的原因。

第二步,将不患脚气病的穷人加以比较,各人的情况也不尽相同,但也有一个共同点,就是吃不上精米、白面,这里也应用求同法,得出不吃精米、白面(即吃粗粮)是不得脚气病的原因。

第三步,是将上面正、反两个场合的情况加以比较,应用差异法得出吃精米、白面是得脚气病的原因。

从上述推理过程来看,孙思邈不自觉地应用了求同求异并用法。

什么是求同求异并用法呢？它的内容是：如果在被研究的现象存在的几个场合中,都有一个共同的条件存在,而在被研究的现象不存在的几个场合中,都没有这个共同的条件存在,那么,这个条件与被研究的现象之间就有因果联系。

仍以发现脚气病病因的推理为例,列式如下：

```
正面场合   张××患脚气病    不吃粗粮
          李××患脚气病    不吃粗粮
          王××患脚气病    不吃粗粮
反面场合   赵××不患脚气病   吃粗粮
          孙××不患脚气病   吃粗粮
          钱××不患脚气病   吃粗粮
```

所以,患脚气病与不吃粗粮有因果联系。

脚气病因的发现,外国比中国晚了一千多年。1882年,从东京到新西兰的日本军舰"龙骧号",在200多天的航行中,许多人患了脚气病,20多人死亡。过了两年,军舰"筑波号"走的是同一条航线,航行的时间虽然多了十几天,但只有14名脚气患者,无一人死亡。比较两次航行,别的情况大致相同,明显的不同是伙食改成近似西餐。由于利用了这一经验,脚气病对日本海军的威胁,大大减轻。但是脚气病因仍然是个谜。

有位在荷属东印度(今天的印度尼西亚)殖民军中服役的荷兰军医名叫克里斯琴·爱克曼,在1890年之后,有一天他发现医院养鸡场的鸡突然得了病。这些鸡的脚无力,不能行走,同人得脚气病的症状一样。他非常感兴趣,密切地注视鸡的变化,过一段时间,鸡的病又好了。原来他发现：起初,饲养员用精米喂鸡,鸡得病,后来,新来的饲养员认为,用给病人吃的精米喂鸡太可惜,于是改精米为糙米,这样一来,鸡的脚气病又好了。爱克曼亲自又做了试验,出现了同样的现象。

人得脚气病的原因是不是也这样呢？他对荷属东印度的100多个监狱作了统计,发现在给糙米吃的犯人中,每1万名中,脚气患者仅1人,而在吃精米的囚犯中,则有3900人之多。由此,他完全弄清了糙米同脚气的关系。

但是,为了找出糙米中的这种未知物,科学家仍然花费了很多时间。1910

年和1911年,铃木梅太郎和卡西米尔·芬克分别发现了这种物质。芬克把它命名为维生素。后来,科学家们又发现了多种维生素。

荷兰军医爱克曼对脚气病的研究,应用了多种推理方法。对鸡的情况的观察和实验,用的是差异法推理。把鸡和人对照,则是类比推理的应用。对100多个监狱调查结果的分析,又用了与孙思邈相同的求同求异并用法推理。

求同求异并用法与求同法、求异法的相继应用是不同的。首先,应用求同法,不需要反面场合,而求同求异并用法有反面场合作对照;其次,应用差异法,其正面场合与反面场合只有一点不同,别的情况都完全相同,而求同求异并用法在别的情况方面不必完全相同。

求同求异并用法是科学研究中经常用到的推理方法。达尔文曾经应用求同求异并用法发现,生物的生活环境的相同或不相同,是生物的形态构造的相似或不相似的原因。

你看,属于鱼类的鲨鱼,属于爬行类的鱼龙,属于哺乳类的海豚,这些分属于不同种类的游泳健将,都有适合于游泳的相同的体形,这是由于它们都生活在相同的环境——水中。

反之,都是属于哺乳类的狼、鲸、蝙蝠却由于生活环境的不同,形态各异,差别很大。狼长于奔跑,鲸会游水,蝙蝠善飞翔。

比较前后两组动物,前一组有了相同的生活环境,形态相似,后一组却不具相同的生活环境,形态迥异,因此,可推断动物生活环境的相同或不相同,是形态相似不相似的原因。

你听说过"鬼倒路"的故事吗?在迷信盛行的时代,它是人们夏夜纳凉的"热门"话题之一。

所谓"鬼倒路",是指走夜路的人,经过一夜的奔波,突然发现转回到原地。信鬼神的人说,这是鬼使神差。

可是,下面这类故事用"鬼倒路"解释得通吗?在一望无垠的大沙漠之中,征途漫漫,旅行者白日跋涉,尽管是成群结队,一旦迷失方向,尽管不断地走啊走,结果发现又回到了原地。如此反复数次,终因跳不出这迂回的圈子而葬身于茫茫沙漠之中。

鲁迅说过:"科学能教人思路清楚,能教人道理明白。"在科学昌明的今天,人们不仅能合理地解释这种兜圈子的现象,而且还能利用这种现象来为自己服务。

朋友,也许你没有夜行的经验,也没有体验过沙漠旅行,但你一定见到过儿童玩的带发条的小汽车——发条上紧之后,走不多远,它们就会往左或往右偏,如果发条够长的话,它们还能返回原地。这就是兜圈子原理的简单应用。

为了解释兜圈子的现象,科学家根据一定的设想,安排了如下试验:地点是一广场,远处有一大厦,叫来许多人,要他们蒙上双眼,各自正对大门走去,看谁能走进大厦。这应当说并非难事。应试者都竭力使自己走得更直些。很遗憾,事与愿违,一个个大失所望。临近大门时,他们不是偏向左边,就是偏向右边。

粗略地观察他们的行进轨迹,可以发现,在他们走过一段距离之后,就呈现两条弧线,或是弯向左,或是弯向右。

调查一下向左偏的人,他们都习惯用右手;恰好相反,凡向右偏的人,则是清一色左撇子。统计结果表明,凡是习惯用右手的人,右手比左手要更发达有力,因此而影响到右脚比左脚更发达有力,右脚的跨步比起左脚来略微要大些。左撇子的情形正好相反,左脚的跨步要比右脚略大些。总之,人的双脚跨步不可能绝对相同。积跬步以至千里。左右两脚各跨一步的差距是微不足道的,但是随着时间的推移,两脚所走过的路程之间的差距会愈来愈大。

在月黑风高之夜,在沙漠失途之时,在双目紧闭等种种特定场合,人们步行的轨迹不可能是平行的直线。在短距离内它会是两道弧线。随着弧线的延伸,就出现了两个大小相差无几的同心圆。

"鬼倒路"之谜正在于此。要是试验所在的广场够大的话,要是蒙目者无休止地走下去的话,可以料定他们一般会走回出发点的。不信,有兴趣者可以一试。

把兜圈子的原因解释为两脚跨步不同,这种解释最初是一种设想,也即假设。这种假设是根据已有的经验演绎出来的。人的两脚跨步肯定不会绝对相同。问题是两脚跨步的不同有没有规律可循。

"凡是向左偏的人其右脚跨步大"这是个经验命题,造成右脚跨步大的原因是什么呢？比较凡是往左偏的人,他们有许许多多不同特点,如不同的身材、习惯、性格、心理状态、情绪等等,但有一个显著的共同特点,就是都习惯用右手。由此可知,习惯用右手是右脚跨步大的原因。这是运用求同法推理得到的。

依照上例,可以推得"习惯用左手是左脚跨步大的原因"。

再将这两组事例加以对比,发现在第一组例子中(正面场合)人人都有用右手的特点,而在第二组例子中(反面场合),也有一个共同特点,这个共同特点恰好是没有第一组的那个共同特点。

以上两次求同加一次对比,构成一个完整的求同求异并用法推理。

在我们具体分析的这第二组事例中,虽然没有"习惯用右手"这个特点。但有一个共同的"习惯用左手"的共同特点。因此,根据求同求异并用法推理既可推得"习惯用右手是右脚跨步大的原因",也可推得"习惯用左手是左脚跨步大的原因"。

求同求异并用法与求同法和差异法的相继运用是不同的。它比单纯运用求同法可靠程度高。

读者会问,既然人的两脚跨步不同,那为什么在正常情况下我们朝着一个目标,总能到达目的地呢?那正是因为在正常的情况下,我们可以放开眼光,对准目标,随时修正前进方向,尽管两脚仍然存在差距。

设计儿童玩具小汽车,两边的车轮子有意做得不一般大。要小汽车沿顺时针方向前进,只要将右边的轮子做得小些。

为什么天才大多脾气暴?《科技日报》有篇科普文章解释了其中缘由。荷兰阿姆斯特丹大学的马泰斯·巴斯招了一批学生志愿者做测试。他让一半学生写短文回忆愤怒的事;又让另一半学生回忆悲伤情绪,也写一篇短文。经过考察发现,"愤怒"组的学生头脑有更多的灵感,愤怒者们在"无序创新"(又称"无结构思考")时表现也更出色。

文章说,天马行空的思维对创造发明至关重要。愤怒能让人更加积极地调动各种资源,而创造力不过是人的思维跳跃能力。愤怒的源头也在杏仁体。它负责识别身边的威胁。肾上腺素在大脑中奔腾,呼吸和心率会加快,血压也会升高。这些反应是为了让身体做好出击准备,也会激发人们的动力和勇气。

末了,我要提醒一句,不要为了成为天才,先去练就暴脾气。

从资本胆量之大小说起
——共变法推理

马克思在《资本论》中有句名言:"资本来到世间,从头到脚,每个毛孔都滴着血和肮脏的东西。"

马克思自己为这句话作了一个注,这个注引用的是《评论家季刊》的一段话:"资本逃避动乱和纷争,它的本性是胆怯的。这是真的,但还不是全部真理。资本害怕没有利润或利润太少,就像自然界害怕真空一样。一旦有适当的利润,资本就胆大起来,如果有 10% 的利润,它就保证到处被使用;有 20% 的利润,它就活跃起来,有 50% 的利润,它就铤而走险;为了 100% 的利润,它就敢践踏一切人间法律;有 300% 的利润,它就敢犯任何罪行,甚至冒绞首的危险。如果动乱和纷争能带来利润,它就会鼓励动乱和纷争。走私和贩卖奴隶就是证明。"

马克思所引用的《评论家季刊》上的这段话,考察了资本胆量的大小与利润多少之间的关系,利润小,胆量小;利润大,胆量大。由此可以断定,资本的胆量是由利润来决定的。上述结论的得出,是判明现象的因果联系的归纳方法之一——共变法的具体应用。

一个画家去拜访德国著名画家阿道夫·门采尔,向他诉苦说:"我真不明白,为什么我画一幅画只消一天工夫,可是卖掉它却要等上整整一年。"

门采尔认真地说:"请倒过来试试吧,亲爱的,要是您花一年工夫去画它,那么只用一天工夫,就准能卖掉它了。"门采尔一语道出了工夫的多少与画的质量高低间的关系。同一件事,工夫下得多,质量自然高,卖出去也容易,相反,则难于出售。我国民谚说,"一分耕耘,一分收获",讲的就是这个道理。在其他条件不变的情况下,辛勤耕耘则收获丰裕,三天打鱼两天晒网必定所获无几。"一分耕耘"与"一分收获"之间存在着共变关系,由此可以断定,耕耘是收获的原因。

英国神经生理学家科斯塞利斯和米勒最近根据研究得出一个结论:"人的大脑,受训练越少,衰老也就越快。"

他们认为,人的大脑紧张工作开始得越早,持续的时间就越长,脑细胞的老化过程就发展得越慢。人不论年纪大小,积极从事脑力劳动是大有益处的。

什么是共变法?共变法的基本内容是:如果每当某一现象发生一定程度的变化时,另一现象也随之发生一定程度的变化,那么,这两个现象之间有共变的因果联系。

在自然科学的研究方面,共变法的应用非常广泛。

1917年,美国的生理学家雅克·洛布等人发现,在其他条件不变的情况下,在26摄氏度时,果蝇只能活35—50天;18摄氏度时,可活100天;10摄氏度时,可活200多天。每降低8度,它的寿命可延长一倍。由此可以断定,果蝇的寿命与气温有关。

谁都可以做这样一个实验:把一盆植物的幼苗放在一个密封的匣子里,在匣子的东侧开一个洞,过些时候就会看到盆内幼苗的尖端都变向东侧透光的洞口;然后将此洞口封上,再在南侧另开一洞口,又会发现盆内幼苗的尖端都弯向南侧透光的洞口;在西侧、北侧重复做实验,也得到相同的结果。可见,随着透光方向的改变,植物生长的方向也会改变,这就是植物学上所说"向光性运动"。

沈括在《梦溪笔谈》中,分析了潮汐产生的原因,他说:"卢肇论海潮,以谓'日出没所激而成',此极无理。若因日出没,当每日有常,安得复有早晚?予尝考其行节,每至月正临子、午,则潮生,候之万万无差。月正午而生者为潮,则正子而生者为汐。"沈括根据自己的观察,认为在其他条件不变的情况下,潮汐是随月的运行而变化的,因此月亮的运行变化是产生潮汐现象的原因,否定了卢肇关于海潮纯由"日出没所激而成"的观点。沈括所用的推理方式,也是共变法。

我国古代早就发现了月的圆缺与人的某些生理现象存在着共变关系。《黄帝内经》把妇女的月经称为"月事",不无道理。根据现代生理卫生知识,月经周期为28天,这与朔望月的周期29.530 59日很接近。最近德国的妇科专家调查了1万多个妇女的月经周期,结果表明,在望月夜晚,妇女们月经出血量成倍增加,而在月亏时正好相反。

更有趣的是,据说人的情绪也以28天为一个节律。巴黎消防队在每个望月的夜晚,都进入超警戒状态。根据他们的经验,望月时,纵火犯的活动会增加。一位警察署的处长声称:"纵火犯、盗贼、漫不经心的驾驶员和酗酒者,好像在望月初期更趋于闹事,而满月渐渐缩小期间,上述情况又渐渐平静下来。"还有人指出:"当望月时,月亮向地球投射它的耀眼银光,夜里很多人睡不着。

第二天,4个妇女中的一个,9个男人中的一个会抱怨说:我一夜都没合眼。即使那些睡着的,半夜里也往往因噩梦而醒。"

是不是所有的共变现象都存在因果联系呢?不是的。闪电大雷也大,是众所周知的现象。闪电大与雷大之间确实有共变关系。但是,在"闪电"与"雷"之间没有因果联系,它们二者的大小都是由云层中电的强弱来决定的。电的强弱与它们二者才有因果联系。

把共变法与差异法做一比较,便可看出,差异法是共变法的局部(或极限)场合。我们只要把引起另一现象发生共变的那一现象,改变到完全消失或加大到一定界限,便会得到差异法推理所必需的场合。本文开头所说到的,利润的多少与资本的胆量的大小是成正比的,有着共变关系,当利润为零时,资本便会胆怯起来,不会被动用。这就是差异法。又如,在一定范围内,肥多粮多。但肥过多,共变关系遭到破坏,农作物要被"烧"死。肥料减到没有,便谈不上增产,这又回到了差异法。

与求同法、差异法、契合差异并用法相比较,共变法有其优点。前三种方法都是从现象出现或不出现来判明因果联系的。共变法却可以从现象变化的数量上来判明因果关系,可以得出一个函数关系,也就使得结论的可靠性程度提高。

铀及其"子孙"
——剩余法推理

在众多的化学元素中,铀是一位大名鼎鼎的"人物"。你可知道,它的童年却是漫长而又平凡的?

1789年,德国人克拉普罗兹用一种黑色的沥青状的矿物做实验,得到一种外表非常像金属的带光泽的黑色物质,他认为这是一种新元素。为了纪念1781年发现的天王星,克拉普罗兹把它命名为铀,即天王星的意思。

1841年,化学家佩利戈特从这种黑色的有着金属光泽的物质中分离出氧元素,才知道它不是单质的铀而是化合物。次年,他提取到银白色的金属铀。可是金属铀发现后,仍然是充当玻璃、瓷和珐琅的"着色师"的角色。把万分之一的铀化物掺进玻璃,玻璃就着上鲜艳的黄色。

1895年,德国物理学家伦琴发现了"X射线"。为了弄清楚X射线与荧光之间的关系,法国物理学家亨利·贝克勒尔用一块含铀的荧光物质硫酸钾铀做实验。那天,天空阴云密布,他只好把硫酸钾铀连同底片还有一把钥匙一起收藏在抽屉里。不久太阳露出笑脸,贝克勒尔立即准备重新实验。他按照惯例试冲了底片,竟发现底片不但跑光了,而且底片上还留下一把清晰的钥匙的影像。怎么回事?自然光根本进不去,荧光物质硫酸钾铀事先又未经阳光曝晒,不可能发出荧光,显然底片感光和荧光没有关系。经过反复研究,贝克勒尔得出结论,铀元素能从物质内部自发地放射出一种肉眼看不见的射线,它既不同于伦琴发现的X射线,也不同于荧光。从此,掀起了一个轰轰烈烈的研究放射性的热潮。

读了贝克勒尔发现铀的天然放射性的研究报告之后,皮埃尔·居里(1859—1906)和他的妻子玛丽·居里(1867—1934)决心把放射性的研究工作深入下去。

他们找来各种铀矿石和铀化物,进行了相当详细的考察工作。他们观察到铀在化合物及矿石中虽然有各种各样的存在方式,但是无论以哪一种方式存在,都会有放射性。居里夫妇还初步发现铀化物和铀矿石的放射性强度随着铀元素的含量多少而增减。一次又一次地更换样品,一次又一次地测量,结果表明：铀含量和强度之间存在着正比关系。居里夫妇的上述考察是两种推理形式的应用，一是求同法，二是共变法。

铀矿石和铀化物的组成成分尽管多种多样，但只有一个共同点，那就是都有铀元素存在，因此，铀元素的存在是产生放射性的原因。这是求同法推理。

当铀元素含量增加时，放射性强度也增强，可以推出铀元素含量的多少是放射性发生强弱不同的原因。这又是共变法推理应用。

居里夫妇的上述考察不仅进一步验证了贝克勒尔的发现，而且得到了这样两个结论：铀元素的放射性与它在铀化物及铀矿石中究竟以什么形式存在完全无关，并且含量与放射强度之间存在正比关系。

实验在继续。样品换成了沥青铀矿。意外的结果出现了，这种铀矿的放射性强度比根据该矿石中含铀量推算出来的放射性强度强 4 倍！玛丽·居里大胆地推测道，沥青铀矿里含有一种极少量的物质，它们的活动能力比铀本身强烈得多；它必定是一种新的元素。

居里夫人没有告诉人们，她作出这种大胆的假设究竟运用了哪种推理。

如果已知被研究的某一复杂现象是由另一复杂原因引起的，那么把其中确认因果的部分减去，剩余部分也必互为因果。居里夫人的大胆推测就是建立在这一剩余法推理之上的。剩余法推理也是判明现象因果联系的归纳方法之一。

简单地说，剩余法推理就是做减法。既然一定的铀含量所具有的放射性强度只是现在测到的强度的四分之一，那么，把已确定了因果联系的部分原因和部分结果除去，一定还有某种未知的元素产生了剩余的放射性。

居里夫妇带着十分激动的心情，搞到了几吨沥青铀矿。他们在一个很小的木棚里盖了一个作坊，在很原始条件下以极大的毅力在这些很重的黑色矿中寻找这些微量的新元素，他们在大缸里溶解矿石，用铁锅蒸发溶液，整天和大量的有刺激性、腐蚀性的盐酸、硫酸、氢氧化铵以及散发着臭鸡蛋味的有毒气体——硫化氢打交道。

两年之后，1898 年 7 月，他们从几吨矿石中先后得到两份放射性很强的物质。一份是铋的沉淀物，一份是钡的沉淀物。居里夫人的假设得到了完全的证实。

玛丽·居里把夹杂在铋里的新元素命名为钋；把夹杂在钡里的另一种新元素命名为镭。现在知道，镭和钋分别是铀的第六代和第六代以后的子孙。矿石里发现的镭和钋是铀放射线之后演变出来的。

尽管沥青铀矿中,镭的含量约为铀含量的三百万分之一,钋的含量更少,但镭的放射性强度是铀的几百万倍,而钋的放射性强度是铀的上百亿倍!

运用剩余法推理,除了要注意判明复杂现象的一部分结果是由一部分原因引起的之外,还要注意剩余部分不可能是这些情况引起的。还必须注意,复杂现象的剩余部分的原因,可能是个复因,还需作进一步研究。居里夫妇在得到了钡的沉淀物之后,没有停止实验,而是继续进行化学分离,直到找到全部的原因,即分离出铋的沉淀物。

居里夫妇从沥青铀矿中分离出镭和钋的实验,不愧为运用剩余法推理的典范。

古希腊的科学家泰勒斯(公元前 6 世纪)曾断言一切物质都是由水产生的。两千多年后比利时的约翰·范·赫尔蒙脱(1577—1644),仍对泰勒斯的这一学说信守不渝。赫尔蒙脱是医生、炼金士,同时也是神秘思想家。他热心寻找"哲人之石",并宣称找到了。他还相信"自然发生说",甚至提出了用小麦孵化老鼠的方法。这些自然很荒唐。但是,他倒不是幽居密室冥思苦想,而是常常求助于实验。只是他的实验不那么科学、严密,常常走到真理的门槛外,又折向了他处。

他曾做过这样一个实验:把经过准确计量的泥土放进一个盆子里,然后栽上一棵柳树苗,只浇水。5 年后,柳树重量增加了 164 磅,但泥土只减轻了二盎司。赫尔蒙脱据此得出结论:植物的质体确实是以水为原料生成的。

他压根就没想到,柳树长高、变重这一复杂现象也是由复杂原因引起的。

柳树与柳树苗相比,其中的水分、无机盐类和碳等,都按比例地大增。水分来自每天所浇的水,无机盐得之于泥土,诉之于剩余法,就得追究碳的来历。

后来的科学家发现:柳树和其他一切植物都是从空气中吸取二氧化碳,以二氧化碳和水为原料,借助光合作用,使自身长高、变重。

赫尔蒙脱是第一个承认存在着几种与空气很相像但又不是普通空气的气体,还着重研究过木头燃烧时产生的气体,它正是柳树所吃营养物质——二氧化碳。

不少逻辑书籍谈到剩余法时,都举海王星的发现为例加以说明:天文学家观察出天王星的运行轨道在四个地方发生倾斜。已知三个地方的倾斜现象是由于受到三个已知行星的吸引,于是便确定剩余的一个地方的倾斜现象,是受了一个未知行星的吸引。后来,天文学家果然观察到了一颗行星,即海王星。

实际上海王星的发现并非是剩余法的运用,而是类比推理的运用。即是说,将第四个倾斜点与其他三处进行类比,既然那三处都是受到已知行星的吸引,那么,第四处也可能是受到某个行星的吸引。

　　如果这第四处是由于多种原因造成的异常倾斜,而我们已经知道了其中的某种原因,减去相关的因果现象,随后找出新的原因,这才算是剩余法运用。

肌肉发出的"雷声"
——比较中的证认推理之一

有一天,一个人潜入毕加索家行窃。当小偷拿着东西往外跑的时候,正好被毕加索的女管家看见。女管家抓起铅笔和纸,把小偷的形象画了下来。

正巧这时毕加索在阳台上休息,看见跑出去的小偷,也顺手把小偷的形象画了下来。

画家同女管家一同去警察局报案,并交上他们的速写画。照女管家画的形象,小偷很快就被抓到了。按照毕加索的画去抓人,竟有不少人被带到警察局。

大画家也许是在阳台上看不真切,也许是心不在焉,用他自己曾经说过的话来说是:"我自己有时也画冒牌货。"

使逻辑工作者感兴趣的只是有关的破案方法。这种破案方法可以说是最基本、最简单不过的。用中国的一句成语来说叫作"按图索骥"。从认识论的角度看,这种方法属于比较法。

比较是辨认对象之间的同异。认识起始于比较。警察为什么能找到那个小偷?那是因为小偷的"光辉"形象入了画,按照画中的形象来"索骥",再加上警察局原先掌握的情况缩小了范围,就可能较快地认出那个作案的小偷。福尔摩斯有很敏锐的观察能力和准确的比较能力。他能从溅落到观察对象身上的几滴极不引人注意的泥浆上,辨别出这个对象到过什么地方。他对伦敦各地的泥土颜色有准确的了解,从而能作出可靠的比较。

有一天,福尔摩斯对华生医生说:"今天早上你去过韦格摩尔街邮局。"华生道:"完全不错。我真不明白,你是怎么知道的,那是我一时的突然行动,并没有告诉任何人啊!"福尔摩斯得意地说:"这个太简单了,简直用不着解释,因为,只有去过韦格摩尔街邮局,鞋上才会踏上那条街特有的红色泥土。"

20世纪50年代初,《新民晚报》记者曾写了一篇特写,标题是《南京路是上海的精华》。几天后,总编辑赵超构收到一封读者来信,对这提法表示不同意见,末尾署名是"一读者"。但赵超构一看信,便看出名堂来了。赵后来回忆说:"什么都瞒不过我,从笔迹上我断定,这封信出于陈毅市长之手。这样一手毛笔字别人写不出来。再加上,信笺和信封上都印有红色的'上海市人民政府'字样,更证实了这猜测没有错。"

三国时孙权的长子孙登有一次骑马外出,突然有颗弹丸向他射来。手下人四下搜寻射弹丸者。恰好看到一人手里拿着弹弓,身上带着弹丸,大家认为就是此人。审问时,此人不肯认罪。随从们想拷打他,太子不许,而要随从把射过的弹丸找来,同这个人身上带的比一比,结果不一样,就把他放了。

上面说到的比较,都是拿对象的影像摹本或标本与对象作比较的。依据对象本身的"样式"来比较,虽然是最基本的方法,但它是较简单的、低级的,并且不是事事都能普遍使用的。科学研究活动不能仅仅以对象本身作比较。使逻辑学工作者感兴趣的是探索比较中包含了哪些有普遍指导意义的推理形式。国内有的逻辑工作者进行了可贵的探索。下面我们就来介绍其中的一种:比较中的证认推理。

自然界里有雷声,大家司空见惯。人身上也会发出"雷声",恐怕知道的人还不多。

请你把拇指轻轻地按住一个耳孔,然后,一边提起肘部,一边握起拳头。你会听到一种隆隆的声音——肌肉发出的"雷声"。

早在1810年,英国物理学家沃勒斯特就发现了肌肉发出的声音。他比较过肌肉发出的声音与车轮在伦敦卵石街道上滚动的声音。他选择万籁俱寂的清晨做实验。让马车忽而奔驰,忽而缓行,以各种不同的速度所发出的声音作比较,推论出肌肉的频率在20—30赫兹。人耳的感觉范围20—20 000赫兹之间。通常情况下,由于噪音的干扰,一般是听不到肌肉的歌唱或叹息的。

1936年,加利福尼亚州立大学的奈尔逊发现,鲨鱼只为频率20—40赫兹的声音所吸引。他把扬声器垂入水中,只要声音在20—40赫兹之间,鲨鱼就会从数米之外笔直地冲来。奥斯特对鲨鱼的奇特习性作了如下解释:猎物在拼命逃遁时肌肉要发出25赫兹左右的声波。他还观察到鲨鱼追捕猎物时还会左右晃动身体,以便容易用自己身上的三个声呐装置来确定方位。奥斯特劝告在水中遇到鲨鱼的人,千万不要太紧张,不要太用劲收缩肌肉,否则发声的肌肉正好为鲨鱼导航。

沃勒斯特把肌肉发出的声音与车轮的声音作比较,以及奥斯特把扬声器的声音与肌肉的声音作比较,都是运用了比较中的证认推理。这种推理有如下形式:

```
对象            标记
A               a₁ a₂ a₃
B               b₁ b₂ b₃
C               c₁ c₂ c₃
…               …
X：a₁ a₂ a₃（或 b₁ b₂ b₃；或……）
所以，X 是 A（或 B；或……）
```

在上面这个公式中，"X"表示需要证认的未知对象。

比较中的证认推理在科学研究中被广泛地运用。以地质学为例，由史密斯开始而由赖尔完善的化石对比方法，即用地壳中生物遗迹研究地壳岩层层序的地层古生物方法，第一次把地质学建立在科学基础上，使地质学从宗教神学的荒诞假说深渊中解放出来，并形成生物地层学和古生物学两门新的边缘学科。赖尔的地质渐变论作为科学的地质进化思想，直接为达尔文的生物进化论的创立开辟了道路。这是古生物地层方法的伟大历史功绩。

在人类认识各个地质年代形成的地层以前，不可能拿出地层的"样本"，人们只能根据地层的"标记"——生物化石来证认。例如细菌、水藻等化石是原古代的标记，而三叶虫、笔石、古杯等化石是古生代寒武纪地层的标记，等等。

辩证唯物主义的常识告诉我们，测量时间的标记是物质在空间的运动，离开物质在空间的运动，就没有时间的度量可言。测量空间的标记则是物质在时间中的运动。证认时间的钟表，最有趣的要算18世纪的瑞典植物学家别出心裁地设计的花时钟了。林奈把各种花种在一起，成为一个花圃，这些花分别在一天24小时开花。人们在观赏的同时，根据什么花开放了就知道大约是几点钟了。

在《绞刑架下的报告》一书中，伏契克描写过捷克警官和密探中的一种人的脸谱——"政治气压表"。书中写道："他们很凶或者打官腔吗？那准是德寇在向斯大林格勒进攻了。他们和颜悦色，还同犯人聊天吗？那就是形势好转！德寇准是在斯大林格勒吃了败仗。他们如果开始叙述自己原是捷克人的后裔，谈他们是怎样被迫地给秘密警察服务时，那就好极了：准是红军已经推进到罗斯托夫了。"

且慢火化！
——比较中的证认推理之二

由董仲龄写的《浴缸中的女尸》侦破案发表在《科学画报》1980年8月号上。

某一天晚上，火葬场的焚化炉炉门已经打开，工作人员正要将一具年轻的女尸推进去，突然，公安局的李法医赶了来，他通知说："立即停止火化，我们要检验这尸体。"

就在当天下午，某医院急救室里，躺着一位被救护车送来的女青年，经抢救无效死亡。

这时，一个瘦长个子的男青年王某正站在一旁，痛苦地向医生诉说："她是我的女朋友。近来，她常常感到胸闷、胸痛，已昏厥过好几次。今天下午，我去看望她，因为天气较热，她准备在洗完澡后，和我一起去医院看病。不料，进入浴室以后，久久未见她出来，也听不到任何动静，这才使我着急起来。我赶快设法把门打开。天哪！她竟然昏倒在浴缸里，身子淹没在满缸的水中。这时，她似乎还有极微弱的呼吸，可是等我将她从水中抱出时，已经什么话也不会说了。"说到这里，他禁不住呜咽起来。

那医生提起笔，在死亡证明书上写道："死者袁××，女，24岁，来院已死。心肌梗死，合并为溺水死亡？"不久，王某便拿着医生签署的死亡证明书，来到了火葬场。

李法医和其他侦察员根据初步的检查情况，发现不少疑点，决定验尸，查清死因。

死者在生前发生的一些情况，在尸体上会有所反映，因而对尸体进行科学的验证和分析，不仅可以确定其死亡原因，还可以分析案情性质和犯罪分子的作案过程。同时通过推断行凶工具、判断死亡时间、认定犯罪证据等，还可从各方面为侦查部门提供有科学依据的线索。

小袁是什么时间死的呢？

小袁送到医院时，她的背部和臀部等处，已出现了尸斑，证明已死了近2个小时。通常，人死了2个小时以后，尸体的底下部位，都会出现紫红色斑痕，这是正常的尸体现象,在法医学上叫尸斑。人死了三四小时左右,关节开始僵硬,这在法医学上叫尸僵。尸僵一般首先在上颌关节出现,8 小时后手关节就僵硬了。尸检时女尸手关节已经僵硬,说明已死了 8 个多小时。

这里法医运用了比较中的证认推理。死亡 8 个多小时的标记是手关节僵硬。

急救室医生的诊断是"心肌梗死,合并溺水死亡",末了是个问号,说明医生也是持怀疑态度。

女尸的左右心房和心室被切开以后,发现心肌各部分和心脏瓣膜均无明显的异常和病变,冠状动脉根本没有粥样硬化和梗死现象,显然,她不是因心肌梗死而死的。

这里运用了充分条件假言推理的否定后件式。假如是心肌梗死死亡,那么心脏会有病变,现在心脏没有发现病变,说明可以排除心肌梗死。

在死者的子宫里,有一个 2 个月左右的胎儿,但怀孕与突然死亡没有必然联系。这是根据经验来判断的。

是不是在浴缸里淹死的呢?

通过硅藻检查可以鉴定出来。硅藻是大量存在于江河湖海中的一种浮游生物,耐酸,能承受 100 度以上的高温,不易受破坏。当人淹死在水中时,这种生物就同水一起被大量吸入肺中,而人死亡以后,呼吸停止了,水中的硅藻通常就不会进入肺脏。所以检查肺中的硅藻,对于判断是淹死的还是死后被人移入水中的,将是一个有力的证据。

检验结果表明:浴缸残存的水中有一定量的硅藻,死者的肺组织中却没有发现硅藻。结合尸体上无明显的溺水征象,足以说明袁某是死后被人放入浴缸的。硅藻检查又是比较中的证认推理的运用,应当说,其结论是较为可靠的。

死亡的真正原因是什么呢?

李法医切开女尸的头皮,皮下有一块长、宽分别为 4 厘米和 3 厘米的出血斑。但是,进一步的检查发现,相应部位的头骨没有骨折现象,脑组织也未受损伤。李法医根据经验判定,这出血斑是头部碰撞在钝面物体,如墙壁、地面造成的。这个结论是根据经验作出的。

这时,胃内容物的化验结果出来了。化验报告上说明了胃容物的消化程度和成分。

由于人死后,消化也就停止了,因而根据胃容物的消化程度就可以确定死者是在最后一餐进食后多少时间死去的。当胃里的米饭和菜的外形较完整，表明人死于饭后 1 小时内；当饭菜已成糜糊状时，表明人死于饭后二三小时；如胃内食物已经排空，则已是 4 小时以上了……

现在根据胃容物消化程度的观察，可知袁某是在饭后 2 小时左右死去的。这个结论仍然是通过运用比较中的证认推理获得的。

胃容物含有大量的安眠药成分，会不会是安眠药中毒引起的死亡呢？法医们排除了这种可能。因为安眠药中毒要很长时间才会死亡，至少 1 天，也有可能发生在昏睡三四天后，而小袁是在几小时内死去的。这里的推理再次运用了充分条件假言推理的否定后件式。

那么，造成死亡的原因究竟是什么呢？

李法医翻开小袁的眼睛，发现眼结膜上面有针尖大小的出血点，并在肿状成青紫色的脸上发现微小密布的点状溢血，这些都是窒息症状。

只有窒息，才会出现点状溢血，女尸有点状溢血，因此可以推出是窒息而死。这是一个必要条件肯定后件式推理，是正确的。此外，还有旁证，颈部有因表皮剥脱留下的轻微伤痕和皮下出血斑，显然，袁某是被人用手扼压致死的。

后来又查证了下面两个事实：一是 3 天前王某在 3 个药店分别买过剂量为 0.03 克的苯巴比妥共 30 片，二是小袁死亡前后一段时间，始终只有王某在家。

审问时，王某交代其犯罪经过如下：

"……自从小袁告诉我已怀孕的情况后，为了逃避责任，我产生了杀人灭口的动机。经过反复考虑以后，我到书店买了一本医学书，熟记了能引发昏厥和急死的心肌梗死的详细症状。为了不使她反抗，我以买来堕胎药为借口，诱骗她服下了事先研磨成粉末的一包安眠药。然后……我完全没有想到的，这似乎是万无一失的计划，这么快就被揭露了。"

"捕捉"雷电的巨人

——类比推理与假说

传说,锯子是由鲁班发明的。有一次,鲁班上山砍木料,不料手指被茅草划了一道口子。鲁班是个有心人,他发现,茅草这样厉害的原因是,茅草的边缘上排列着又长又密又锋利的牙齿。他就找铁匠仿照茅草样子,用铁打了几十根铁条,用来锯树,果然又快又省力。

他的思考过程是:

茅草边缘有很密而又锋利的齿能划开硬物,

铁条边缘有很密而又锋利的齿,

所以,铁条也能划开硬物。

这是一个类比推理。类比推理是这样一种推理:根据两个对象在某些属性上类似而推出其他属性也类似。

如果对象 A 有属性 abcd,对象 B 也有属性 abc,那么就可以得出对象 B 也有属性 d 这一结论。

南北朝时的贾思勰读书时善于思考。当他读到荀子《劝学篇》中"蓬生麻中,不扶自直"时,就想到纤细茎弱的蓬长在粗壮的麻中,就会长得很直,那么,把细弱的槐树苗种在麻田里,也会这样吗?于是他做试验。槐树苗由于周围的阳光被麻遮住,便拼命往上长。3 年过后,槐树苗果然长得又高又直。

生活在奥古斯都王朝的克里欧默狄,观察到放在一只空的容器中的一个指环,刚刚为容器边缘所阻,因此看不见,但是把水注入容器,就能看见了。他根据这个现象提出,我们所看到的将落未落的太阳可能已经在地平线之下。

200 多年前的一天,风雨交加,电闪雷鸣,著名科学家富兰克林冒着生命危险,把一只特制的纸风筝放上了天空。风筝的绳子的末端拴着一把金属钥匙,钥匙下端又用丝线把绳子加长,由于丝线是不良的导电体,电会集中在钥匙上而不会通到拿着丝线的手上。这时他发觉,用手去触摸钥匙,就产生通常的触电感觉。

如果说古希腊神话中的普罗米修斯是为人类盗窃天火的英雄,那么可以说富兰克林是捕捉雷电的巨人。神话毕竟是神话,富兰克林的实践,其惊险与成就足以胜过一打神话。

启发富兰克林做这个实验的,是他对"地电"与"天电"所作的一次类比推理:

> 闪电的路线是之字形的,电花亦然;
> 电使物体着火,闪电也有这一本领;
> 电熔解金属,闪电也有这一威力;
> 两者都能杀死动物,都能致盲;
> 电经常在最良好的导体或最易带电的物体中通过,闪电也一样;
> 尖的物体吸引电花,闪电也酷爱亲吻塔尖,树木和山顶;
> 闪电经由一朵云到另一朵云,正如电花之经由一物到另一物……
> 如果闪电是电,那么,运用适当的设备就能把它引到地面。

这便是运用类比推理提出的一个著名假说。

类比推理的结论是或然的。因为类比推理的可靠程度决定于已知共有属性与推出属性之间的联系程度。在客观世界中,二者之间的联系有的有规律性,有的没有规律性,所推出的结论,可靠程度就会有所不同。有的结论,通过实践而确立其真理性,有的依照实践而加以修改,有的则被推翻。如果已经确定了已知共有属性与推出属性之间的必然联系,人们就会应用演绎推理而不会再应用类比推理。

假说是根据已有的事实或知识,对未知的现象及其规律性作出假定并证明这个假定的思维过程。

医生看病,通过望、闻、问、切而提出初步诊断;在军事上,侦察员遇到新的情况,要作出种种推测,指挥员根据侦察来的情况,要提出一种或数种战斗方案;刑侦人员根据一定的线索,要提出破案的各种可能性;科学家在向自然和社会进军的过程中,常常要用新的理论去解释未知的现象以及它们之间的各种联系。上述种种推测、方案、猜想等,都称为假说。

自然科学研究无疑要大量用到假说,就是在社会科学研究中也时时运用假说。

列宁在1918年写的《预言》这篇短论中,评论了恩格斯在30多年前谈世界战争(即第一次世界大战)时所说的一段话。列宁说:"这真是多么天才的预言!""很多事情发生得同恩格斯所预料的'一字不差'。"

恩格斯的预言如下:"对于普鲁士德意志来说,现在除了世界战争以外已经不可能有任何别的战争了。这会是一场具有空前规模和空前剧烈的世界战争。那时会有800万到1000万士兵彼此残杀,同时把欧洲都吃得干干净净,比任何时候的蝗虫群还要吃得厉害。30年战争所造成的大破坏集中在三四年里重演出来并遍及整个大陆;到处是饥荒、瘟疫,军队和人民群众因极端困苦而普遍野蛮化;我们在商业、工业和信贷方面的人造机构陷于无法收拾的混乱状态,其结局是普遍的破产;旧的国家及其世代相因的治国方略一齐崩溃,以致王冠成打地滚在街上无人拾取……"

形式逻辑不研究具体的假说,它只研究推理在假说中的应用。假说包含两个阶段,第一阶段是假说的提出,第二阶段是假说的证明。

神奇的预言是神话,科学的预言却是事实。假说的提出,并不是胡思乱想的结果,它以所掌握的事实和根据已有的科学知识为出发点。

牛顿说过:"我不做假说。"但他不顾这个声明而提出了很多假说。他的意思是说"我不做假说,但我要在事实的基础上提出假说"。当牛顿以自发唯物主义倾向研究自然现象时,提出了万有引力定律等著名的科学假说与理论;当人家问他行星为什么会运动时,他却错误地假定了上帝的第一推动力,走进了死胡同。

据说提出著名的星云假说的法国的拉普拉斯把他的《世界体系》一书送给拿破仑,事前有人告诉拿破仑说,这本书里根本没有提到上帝。拿破仑就对拉普拉斯说:"你写了这样一部大著作,却从来不提到世界体系的创造者。"拉普拉斯回答得好:"我用不着那个假设。"

在形成假说的过程中,我们还要运用一种推理或综合运用各种推理,进行推演,提出某个假说。

类比推理在假说的提出中占有特殊的地位。因为人的认识总是从个别开始的,人们发现了所研究的两个对象有某些相似点,就有可能去假定这两个对象在其他方面也有相似点,例如,关于动物细胞结构的假说最初也是通过类比推理提出来的。德国动物学家施旺和德国植物学家施莱登发现动植物都是由细胞组成的。后来,又发现植物细胞中有细胞核,于是类推动物的细胞也有细胞核。

归纳推理在假说的提出阶段也是用得较多的形式。例如,著名的哥德巴赫猜想就是不完全归纳的结果。

运用演绎推理来提出假说的情形较少见，因为它容易导致模式论。

这里追述一下华人神探李昌钰怎样通过一系列的选言推理来提出一个著名悬案的假设。

21岁的加拿大华裔女大学生蓝可儿于2013年1月31日失踪。美国警方公布的录像显示蓝可儿在失踪一天前位于洛杉矶市中心贫民区旁的酒店住宿时，曾在电梯有令人百思不解的一连串怪异动作，令事件更加扑朔迷离。但警方强调蓝可儿并无精神问题。2月19日尸体被发现在她所住的洛杉矶塞西尔酒店顶楼的水箱中。6月20日，蓝可儿尸检报告出炉，警方称其意外溺亡，患躁郁症。

已经多次退休的国际鉴识专家李昌钰认为，蓝案不一定是自杀。案情及杀人凶手至今都尚未明朗。他因为没有直接参与调查这个案子，所以只能根据媒体提供的信息做一些评论。他说，蓝可儿的尸体在水塔中发现，只有两种可能性：一是她自己掉进水塔，二是别人谋杀她。

他认为，关键就是警方判断错误。蓝可儿失踪前于电梯的怪异动作，其实是在释放求救信号，很明显有人在跟踪她。但美国警方却错判她很调皮、很捣蛋，将电梯每一个楼层按钮都按一下，又在那里做鬼脸。其实这个女孩子当时的心情是很紧张的，当时判断对的话，就知道她是受到生命的威胁。就因为警方把这起案件当普通失踪案处理，才让凶手有机会将她全身衣物脱光弃尸水塔。尸体泡水后，所有指纹、伤痕等微物迹证都随之消失，让原本破案有望的凶杀案成了棘手的离奇玄案。

李昌钰后来回到母校台湾彰化高中演讲，针对蓝可儿命案，指出她最后在电梯内有释放3个求救讯号，第一，蓝进到电梯后，马上按下每个楼层，就是不要让跟踪她的人知道她在哪一层；第二，她伸头出电梯看，是要看跟踪者在哪；第三，蓝可儿在电梯内一连串怪异举止，应该跟中邪无关，而是透露出有人企图对她不利的警讯。

作为知名刑事鉴识专家，李昌钰非常重视让证据说话的原则。他说，死亡方式和死亡原因是两件事。在美国死亡方式分为5种：自杀、他杀、意外死亡、自然死亡和死因未明。死亡原因大概有30多种，包括淹死、毒死、枪击、刀伤等等。遇到溺水而死，首先一定要查是生前落水还是死后落水。这些都不难判断，可以检查胃部、肺部有没有进水，看气管里微生物是否和水箱里一样等等。第二，要看是否有外伤、内伤。然后，要看有没有使用毒品、酒精、药物等，再来做一个详尽的设想。对蓝可儿尸体的化验与检测,大概分成三个部分:首先是验尸,看有无刀伤、绳索勒伤或者枪伤,她有没有被打伤、打晕,通常很容易就能看到,肺和胃里面有没有进水也很快可以知道。再查是否使用了毒物、药物,一般一到两天就能检测出来。如果是奇怪的毒物,可能需要送到特别的毒物实验室才行,世界上仅有几个实验室才能分析。最后,要看过去的病历。看她有没有精神方面的问题,要将以前的 X 光和现在的 X 光进行比较。李昌钰补充说,除上述几样之外,还要留意水塔有多高,有没有上锁?她会不会爬上去?上面能不能找到她的指纹?听说她被发现时是裸体。要查明掉入水塔中时究竟是裸体还是穿了衣服?假如是裸体,她从房间走到水塔处、爬上去,过程中有没有留下微物证据?这些需要很有经验的人才能分析。

李昌钰说,他们做任何侦查都不能预设立场。假如真的如网络上传言,蓝可儿是裸体,那当然很可疑;假如是自杀,要看有没有遗书,这很容易可以查明。此外,有人说是因为情感纠葛,由于这些是传言,在没有真正掌握物证之前,很难去判断。李昌钰也针对电梯的影像提出质疑,警方只公布蓝可儿在电梯中那一段,按常理来说影像不会那么短,而且一般人也不清楚那一段影像是什么时候拍摄的,很容易造成误导。

李昌钰推论,假如没有外伤,还有其他疑问:她的衣服去了哪里?衣服鞋子是在她自己的房间里、还是丢在了水塔外面?这个很明显应该马上公布出来。假如我到现场侦查,第一步就是找她的衣服,还有皮包、手机等,这些东西女孩通常会有,它们在哪里?然后,看看她住的房间有没有遗书,有没有打斗的痕迹,有没有杯子、瓶子,有没有什么残余物。假如发现有酒瓶,我就会验酒精。假如杯子里有残余物,那就比较容易和死者身体里的东西去比对。

此外,通过手机,可以发现蓝可儿最后和谁通话。电梯影像应该有时间,几分几秒、哪一天,从她还活着的时候开始,经过的每个时间段都要算出来。这个案件,需要很多的人证、物证、事证,好像拼图一样,拼出一幅完整的图。现在只是看网站上的讯息,我不愿做太多的评论。

在形成假说的过程中,除了运用逻辑方法以外,科学想象也起着重要作用。有人认为,只有诗人才需要幻想,这是没有理由的,甚至在数学上也是需要幻想的,没有它就不可能发明微积分。

想象(幻想)是一种特殊的思维活动。在实践活动中,人的头脑不仅能感知过去和现在作用于他的事物,而且能创造出过去未曾遇到过的事物的形象,产生出现实中尚不存在的东西的观念。想象既有一定的事实依据,又有高度的抽象性。它是直觉的延伸。人一借助幻想来猜测对象的性质、特点和机理，思想便可能渗透到实验、观察所不能直接达到的深处和广处。

德国化学家凯库勒描述过自己发现苯的环状结构的想象过程:"事情进行得不顺利,我的心想着别的事了。我把座椅转向炉边,进入半睡眠状态。原子在我眼前飞动:长长的队伍,变化多姿,靠近了,联结起来了,一个个扭动着,回转着,像蛇一样。看,那是什么?一条蛇咬住了自己的尾巴,在我眼前轻蔑地旋转。我如从电闪中惊醒,那晚我为这个假说的结果工作了整夜。"

我们一方面要看到类比推理在假说的提出阶段有着大量的应用,另一方面又要强调,类比推理的结论又是或然的,即不是从前提中必然推出的。

19世纪人们根据火星与地球有许多相似之处,推出火星上也有生命的结论,就被20世纪空间探测的结果所否定。又如,1845年法国天文学家勒维耶发现水星轨道近日点的进动现象在有的摄动影响都考虑进去以后,仍旧有无法解释的偏移,他根据以往从天王星轨道的摄动现象预言并发现了海王星的成功经验,将水星轨道的进动现象同天王星轨道的摄动现象进行了类比,认为这可能又是一个未知行星的摄动力作用的结果,于是,许多天文学家花费了几十年的时间,寻找这颗猜想中的行星,有人还热情地预先将它命名为火神星。但是,经过反复探测,人们发现它并不存在。直到爱因斯坦的广义相对论建立以后,人们才发现水星轨道的近日点的进动,原来是一种广义相对论效应。

要使假说成为科学的、正确的理论,必须通过实践和科学论证来确立假说的真实性。

在验证假说时,暂时假定所提出的假说是真实的,然后根据这一假说导出一批推断,接着再拿这些推断来同现实对照,看看推断结果是否符合实际。通常,如果实际上没有产生这些结果,则可以认为该假说是虚假的。有时候据假说推出的推断与实际不符,是由于提出假说的背景知识有缺陷,这时就要求修改背景知识,所以不能轻易以推断的假来否定假说。如果推出的结果愈多并且验证得愈多,那么假说的可靠性程度愈高,但是该假说仍没有得到逻辑上的证明,因为其逻辑形式是充分条件假言推理的肯定后件式,前提与结论没有必然联系。

验证假说的真实性比验证其虚假性要复杂得多。

当假说涉及的现象能够直接通过实践加以观察时,如果假说与观察相符,那么假说就变为确实可靠的知识。

数学中的公理,形式逻辑中的基本规律以及具体科学和哲学中的带公理性质的基本原理,都是一些特殊性质的假说,对它们无法进行逻辑的论证,只能直接依赖实践的证明。

数学中的许多命题不可能由实践直接证明,当数学家从一些公理出发,通过演绎证明后,这些命题就成为定理。

在科学史上,有许多有生命力的假说,不仅能解释已经观察到的现象,而且还正确地预言新的没有观察到的现象,因此得到人们的承认。这时我们就不再称它们为假说,而称它们为定理。例如,根据元素周期律预言了一系列未知元素,当这些预言得到证实后,它就成为定律被人们接受。

"捉住我,不要让我逃走"!
——机械类比

"捉住我,不要让我逃走",是古罗马奴隶项圈上所刻的字。这不是觉醒的广大奴隶的心声,而是幻想长治久安的奴隶主贵族强加给奴隶的口号,一种精神鸦片。

在公元前 2 世纪初,意大利多次出现奴隶起义,对奴隶制统治造成了困难和威胁。为了镇压公元前 196 年的起义,罗马政府曾派出整整一个军团。

公元前 137 年,发生了第一次西西里奴隶起义,在地中海范围内产生了强烈的影响。公元前 104 年,为了反抗奴隶主的残酷剥削和压迫,又爆发了第二次西西里奴隶起义。起义失败后,许多俘虏被钉在十字架上。为了镇压这两次起义,罗马政府动用了一支训练有素的职业军。

到了公元前 73 年,罗马历史上爆发了规模最大的一次奴隶起义,即斯巴达克起义,给罗马奴隶主阶级以最沉重的打击。起义失败以后,六千起义者被钉死在从卡普亚到罗马的大道上。

这一次次的起义都以失败而告终,但是"革命死了,革命万岁",它们在历史上留下了不可磨灭的光辉。恩格斯认为,顽强奋战后的失败与轻易获得的成功有着同等重要的意义。

可是,在罗马史上,也有过与这些光辉篇章形成强烈对照的暗淡的一页。据说,有那么一次百姓暴动,被奴隶主贵族不费一兵一卒,仅凭牧师式的说教,三言两语就平息下去。这不能不是一个惨痛的教训。

罗马政府派出的说客是议员梅涅里·阿格利巴。他对暴动的人们说,你们每人都知道,人体由若干部分组成,每一部分都担负着自己的一定任务:双脚走路,大脑思想,双手工作。国家也是一个机体,里面每个部分也都完成着自己一定的任务:贵族是国家的大脑,百姓是它的双手。如果人体的个别部分不安分,并拒绝完成赋予它的任务,那还成什么人体呢?假如人的双手拒绝工作,大脑拒绝思想,那么这人只有死路一条。要是国家的公民拒绝尽他们应尽的义务的话,国家也是会遭到这种命运的。

这番说教的用意显然和本文标题上的这句话如出一辙。它要奴隶们俯首帖耳,安于命运,相信剥削、压迫有功,而造反无理。

从逻辑上来说,梅涅里·阿格利巴使用了归谬法和类比法:

> 如果人的双手拒绝工作,大脑拒绝思想,那么人只有死路一条,
> 人不能无谓地去死,
> 所以,人不能双手拒绝工作和大脑拒绝思想。

人是如此,国家也一样。这又是类比推理,但是,这是一个完全不正确的类比推理。它通常叫作机械类比。

的确,人体中的每一个部分都有不同的功能,各司其职,不能越俎代庖。大脑的命令要靠手和脚来执行,手和脚也不能代替大脑来思想。在人体的各个器官之间,存在着一种内部协调一致的关系,构成为统一的整体。

但是,在一个奴隶制国家里面,人与人之间存在着阶级关系,统治阶级与被统治阶级有着根本的利害冲突。难道能够说百姓离开了贵族就不能生存吗?难道能够说只有百姓用手和脚来工作,而只有贵族能用大脑思想吗?不!贵族与百姓之间根本不存在协调一致的关系。既然在人体内部各组织之间有协调一致的关系,而一个国家各阶级之间不存在协调一致的关系,就不能用前者来类比后者。

从这个事件中总结阶级斗争的经验教训,是史学工作者的任务;逻辑工作者更感兴趣的是从中探讨类比推理的结论的可靠性程度。

类比推理是一种或然性推理,其结论不是从前提必然得出的。这是因为类比推理的可靠程度决定于已知共有属性与推出属性之间的联系程度。类比是以对象之间的某些相似的共有属性为根据的,但从两个对象之间在某些属性方面的相类似,并不能得出它们在其他方面必然相类似。类比推理是在未确定已知共有属性与推出属性之间有必然联系的情况下进行的。如果已经确定了二者的必然联系,人们就会运用演绎推理而不会再运用类比推理。正因为类比推理是在不确定已知共有属性与推出属性之间有必然联系,如果所推的属性恰好与已知属性间有规律性联系,那么结论就经得起实践的检验,否则就会被推翻。

梅涅里·阿格利巴用人体各部分的关系来类比一个国家各阶级的关系,是不恰当的。人的大脑和手脚,担负着人的机体的不同职能,这些组织拒绝工作,生命就会终结,二者之间有着必然的联系;而国家的公民拒绝尽他们的义

务与国家会崩溃之间却不存在这样的规律性联系。人和国家这两类事物的相似,例如,都分成各个组成部分,仅仅是表面的、形式的、非本质的。问题在于这些组成部分的相互关系,人体各组织是协调一致的,而一个国家的统治阶级和被统治阶级是根本对立的。

欧洲中世纪的神学家为了论证上帝的存在,把世界和钟表进行类比。他们认为:钟表有构造,有规律;世界也是有构造,有规律的;既然钟表有其制造者,那么世界也有其制造者,这就是上帝。其推论方式为:

钟表有构造,有规律,有制造者,
世界有构造,有规律,
所以,世界有制造者。

拿钟表与世界进行"类比","推出"世界的"制造者"上帝,就犯了机械类比的错误,其结论只能导致荒谬。

如果死鸡会生蛋……
——比喻推理

从前有个脚夫,在一家客店里吃了一只鸡。临走时请店掌柜算账,店掌柜说:"客人假若手头紧,就记上账吧,啥时有钱啥时再还。"

过了一些时候,脚夫来还账。店掌柜用古铜钱在桌上摆来摆去,好像这笔账有多么繁难似的。脚夫有些不耐烦地说:"你那只鸡到底值多少钱,你说好了,何必这样算来算去呢?"

过了很久,店掌柜终于把账算出来了,脚夫一听大吃一惊,这只鸡的价钱比一般的市价贵了几百倍。店掌柜说:"你算算看,假若你不吃掉我那只鸡,它该下多少蛋?这些蛋又该孵成多少小鸡?小鸡长大了,又要下多少蛋?"

两人争执不下,来找当地最有权威的法官——寺院长老。"恶人先告状",店掌柜抢先一五一十地说了一遍。长老听了觉得挺有道理,因此他不等脚夫申诉便判决,让脚夫如数偿还。

脚夫把自己的遭遇,告诉了纳斯尔丁(阿凡提的全名是纳斯尔丁·阿凡提)。纳斯尔丁思索了一会,说:"你立刻再返回寺院,说官司断得不公,请求长老当众公审,我纳斯尔丁替你包揽这场官司。"

公审这天,陪审官和群众纷纷来到寺院。长老宣布开审以后,等了很长时间,纳斯尔丁却姗姗来迟。他向长老和陪审官们说:"请长老和法官先生们原谅,因为有一件紧要的事,我来得迟了。"一个陪审官故意挑剔说:"难道还有比今天的事更紧要的吗?"纳斯尔丁说:"当然紧要,你们想想,我明天就要种麦子了,可是我的麦种还没有炒熟呢,还有比这件事更紧要的吗?就因炒了三斗麦种,我才来迟了。"长老和陪审官们都喊起来:"简直是疯话!炒熟的麦子还能下种吗?"他们企图取消纳斯尔丁的辩护资格。

纳斯尔丁不慌不忙地说:"你们说对了,既然炒熟的麦子不能下种,难道吃到脚夫肚子里的鸡还能下蛋吗?"长老和陪审官们被问得哑口无言了,听众高兴得喊起来:"对呀!难道吃了的鸡还能下蛋吗?"长老和陪审官们只好取消了原来判决,让脚夫按一般市价付一只鸡钱了事。

纳斯尔丁的反驳是够巧妙的。如果炒熟的麦子不能下种,那死鸡当然不会下蛋哕(更何况是吃到肚子里的鸡)。

有人说,纳斯尔丁的反驳是运用了类比。这样说未免太过笼统。"类比"是个多义词。它在希腊语中的原意是表示比例。希腊数学家用它来表示数目之间的关系的相符。例如,4 和 6 两个数的系统与 6 和 9 两个数的系统是相类似的,即 4∶6=6∶9,两个系统有相同的比例数 2∶3。

随着科学的发展,"类比"一词又在多种含义上被使用。有时它表示两个对象之间的类似、相符或有同样关系。例如,卢瑟福把原子结构与太阳系结构类比,就是指两者相似。

"类比"一词有时又指修辞学中的比喻。例如,"音乐是流动的建筑,而建筑则是凝固化的音乐"。

"类比"在形式逻辑中,又指一种推理形式——类比推理。纳斯尔丁使用的类比,既不同于修辞手法的比喻,也不同于类比推理。

他用麦子炒熟以后不能再用来下种这个比喻,来证明死鸡不能下蛋。这不仅是比喻,而且还包含了推理。因此,它被有的语言逻辑工作者称为比喻推理。

作为修辞手法的比喻与作为推理的比喻,共同之点是"以彼物比此物",比喻推理也有修辞作用。但是比喻推理与比喻又有种种不同之处。

比喻推理中被比喻的对象不是一个具体的事物,如死鸡,而是比较抽象的事理,如死鸡不会下蛋;用以比喻的不是一个对象,如炒熟的麦种,而是一组具有内在联系的对象,如"麦种炒熟了,不能下种";比喻推理的语言表述不是词或词组,而是一个复合句,纳斯尔丁的话可看作一个条件句。比喻推理的作用主要不是加深印象,而是说理。

比喻推理与形式逻辑的类比推理虽然都是推理,但它们也有不同点。类比推理要求两个对象在一系列属性上相同,从而推出某一属性也相同。比喻推理只要求一点相同。如炒熟的麦种没有生命力与死鸡失去生命力,只是一点相同。

当我们说纳斯尔丁的反驳运用了一个比喻推理时,我们是把"如果麦种炒熟了,不能下种"当作前提,而把"那么死鸡不会生蛋"当作结论。从这个前提为什么能推出结论呢?

这是因为前提和结论所反映的两组对象之间,有可能隐含着一个共同的一般性的原理,即"凡是失去了生命力的东西都不能繁衍后代"。这个一般性原理在推理中没有明确揭示出来,但只要承认这个一般性原理,就可能承认特殊结论的真实性。

马克·吐温喜欢向人家借书。他的邻居想出一个办法以期扭转他的习惯。当马克·吐温提出要借阅某一本书时,这位邻居说:"可以,可以。但是我定了一条规则:从我的图书室里借去的图书必须当场阅读。"

一星期后,这位邻居向马克·吐温借用割草机。马克·吐温说:"当然可以,毫无问题。不过我定了一条规定:从我家里借去的割草机只能在我的草地上使用。"

这是运用比喻推理来开玩笑。邻人的规定还是容易执行的,而马克·吐温的规定是无法做到的。这种玩笑有点过火了,也许他是想矫枉过正吧。

福尔摩斯推理"一秒钟"
——猜测与演绎推理

福尔摩斯是英国作家柯南道尔笔下的著名侦探。他以自己的神机妙算，出人意料地侦破形形色色的疑难案件，成为广大读者津津乐道的人物。在那著名的"一秒钟"推理中，似乎充分显示了他的敏锐的眼光和高超的智力。

当华生医生初次见到福尔摩斯时，福尔摩斯开口就说："我看得出，你到过阿富汗。"

华生医生对此非常惊异，后来他对福尔摩斯说："没问题，一定有人告诉过你。"

福尔摩斯解释说："没有那回事。我当时一看就知道你从阿富汗来的。由于长久以来的习惯，一系列的思索飞也似地掠过我的脑际，因此在我得出结论时，竟未察觉得出结论所经的步骤。但是，这中间是有一定的步骤的。在你这件事上，我的推理过程是这样的：'这一位先生具有医务工作者的风度，但却是一副军人气概。那么，显见他是个军医。他是刚从热带回来；因为他脸色黝黑，但是，从他手腕的皮肤黑白分明看来，这并不是他原来的肤色。他面容憔悴，这就清楚地说明他是久病初愈而又历尽了艰苦的人。他左臂受过伤，现在动作起来还有些僵硬不便。试问，一个英国的军医在热带地方历尽艰苦，并且臂部负过伤，这能在什么地方呢？自然只有在阿富汗了。'这一连串的思索，历时不到一秒钟，因此我便脱口说出你是从阿富汗来的，你当时还感到惊奇哩！"

诚然，作为一个职业侦探，由于长久以来的习惯，一系列的思索可以飞也似地掠过脑际。这是不奇怪的。常言道：熟能生巧，巧能生华。问题在于这飞也似的思索，是由一定的步骤组成的。这些步骤合乎逻辑吗？侦探小说的普通读者十有八九是不会去深究的。有人甚至依葫芦画瓢，完全照搬过来分析案情。这就不能不促使我们去过细地分析福尔摩斯的一定步骤。

步骤之一：

"这一位先生具有医务工作者的风度，但却是一副军人气概。那么，显见他是个军医。"

这一步就包括三个推理：

(1) 凡是具有医务工作者风度的是医生，
他具有医务工作者风度，
所以，他是医生。

(2) 凡是具有军人风度的是军人，
他具有军人风度，
所以，他是军人。

(3) 他是医生，又是军人，
所以，他是军医。

(1)和(2)是三段论，(3)是联言推理，形式都是正确的。由于两个三段论的大前提很成问题，因而结论的可靠性要大打折扣。

步骤之二：

"他是刚从热带回来；因为他脸色黝黑，但是，从他手腕的皮肤黑白分明看来，这并不是他原来肤色。"

步骤之二分为两个推理：

(4) 如果脸色黝黑是他原来的肤色，那么，他手腕的皮肤不会黑白分明，
他手腕的皮肤黑白分明，
所以，脸色黝黑不是他原来的肤色。

这是充分条件假言推理否定后件式，内容形式都对，结论应当是符合实际的。

(5) 他脸色黝黑，或者是刚从热带回来，或者是原来的肤色，
不是他原来的肤色，
所以，他刚从热带回来。

(5)是选言推理否定肯定式,形式正确,但前提选言支不穷尽,因为温带地区的人晒成黑炭团的也不乏其人。因此(5)的结论不是唯一的。

步骤之三:

"他面容憔悴,这就清楚地说明他是久病初愈而又历尽了艰苦的人。"

步骤之三只能算是一种猜测:

(6)他面容憔悴,
所以,他是久病初愈而又历尽了艰苦的人。

或许有人要把(6)改造成:

(7)如果是久病初愈而又历尽了艰苦,那么会面容憔悴,
他面容憔悴,
所以,他是久病初愈而又历尽了艰苦的人。

然而这是一个形式无效的推理。面容憔悴的人中,久病不愈的,或历尽艰辛而未生病的不是大有人在吗?

步骤之四:

"他左臂受过伤,现在动作起来还有些僵硬不便。"

步骤之四与步骤之三相同,左臂动作僵硬不便,既可是枪伤所致,也可以是摔伤的后遗症,抑或是严重的关节炎发作,等等。

步骤之五:

"一个英国的军医在热带地方历尽艰苦,并且臂部负过伤,这能在什么地方呢?自然只有在阿富汗了。"

步骤之五是建立在前四步之上的,倘若前四步很可靠,步骤之五与实际相符的可能性应当说较大。然而在一系列推理中,只有(4)的结论必定与实际相

符,其余都只能算是猜测。由此可见,步骤之五是沙上建塔,其可靠性就可想而知了。

福尔摩斯要是对华生医生说"你可能是到过阿富汗",或许更接近于实际。非常遗憾,他所使用的字眼如"显见""清楚地说明""自然只有"等,用在猜测活动中真是太不相宜了。

在《福尔摩斯探案》的作者柯南·道尔安排他笔下的主人公出场亮相的开篇《血字的研究》中,我们可以领略福尔摩斯的侦探哲学。他在杂志上发表的题为《生活宝鉴》的文章中声称,从一个人瞬息之间的表情,肌肉的每一牵动以及眼睛的每一转动,都可以推测出他内心深处的想法来。……对于一个在观察和分析上素有锻炼的人来说,"欺骗"是不可能的事。他所作出的结论真和欧几里得的定理一样的准确。

福尔摩斯还说:"一个逻辑学家不需要亲眼见到或者听说过大西洋或尼加拉瀑布,他能从一滴水上推测出它有可能存在。所以整个生活就是一条巨大的链条,只要见到其中的一环,整个链条的情况就可推想出来了。"

福尔摩斯的这番经验之谈,可以说精华与糟粕杂糅在一起。他强调了要锻炼观察能力和分析能力,这是难能可贵之处。但是他把自己的观察能力和分析能力吹得太玄了。

作家柯南·道尔以文学语言宣扬了一套错误的哲学观点——形而上学的机械决定论。我们想引述18世纪法国机械唯物主义者霍尔巴赫的观点,读者将上述福尔摩斯的言论加以对照,可以得出自己的结论。

霍尔巴赫认为,无论是由一阵狂风所卷起的尘土的旋涡中,或是由掀起巨浪的暴风雨中,在我们看起来是多么混乱,可是没有一粒沙、一粒水,甚至一个小小的分子是随便摆在那里的。它们都具有现在所处的地位的充足原因,它们都是严格地按照它们应当那样活动的方式而活动的。人类社会也是这样。"一个迷信者的胆汁内过多的辛烈,一个征服者的心中过于灼热的血液,一个专制君王的胃里的消化不良,在某个妇人的精神中闪过的一个幻想,都是一些充分的原因,足以酿成战争、足以驱使千百万人去从事屠杀、足以倾覆城池、足以使城市化为灰烬……"而"一次节食,一杯水,一次鼻出血,有时就足以挽救一些王国"。

稍加对照,就可以发现福尔摩斯的观点与霍尔巴赫的观点两者何其相似乃尔。共同的特点是认为自然界以及社会生活的一切细节都有着必然性。从这种观点出发,自然界中只有简单的直接必然性。某个豌豆荚中有5粒豌豆,而不是 4 粒或 6 粒,是必然的;某条狗尾巴是 5 寸长,不长一丝一毫,也不短一丝一毫,也是必然的。这种把必然性绝对化的观点,实际上是把必然性降低到了偶然性。

恩格斯说:"科学如果老从豌豆荚的因果连锁方面探索这一个别豌豆荚的情况,那就不再是什么科学,而只是纯粹的游戏而已。"侦探科学也不能例外。把一切细节,诸如一个人瞬息之间的表情、肌肉的每一牵动,以及眼睛的每一转动,等等,都说成是必然的,使人觉得它们得以产生的因果连锁早已在太阳系形成以前的星云中就确定了。果真如此,我们就不得不将福尔摩斯的侦探经同"天数""命运"决定一切的宿命论相提并论了。

话说回来,福尔摩斯是不是不折不扣地实践自己的侦探哲学呢?怕不见得。读者是否注意到,福尔摩斯不是说从一滴水上能推论出大西洋或尼加拉瀑布,而是说推测出它有可能存在。"有可能存在",只是一种猜测。既是一种猜测,又怎么断言其"结论真和欧几里得的定理一样准确"呢?

"该来的"和"不该走的"
——推理的综合应用之一

当代有则很有名的相声叫《某公请客》，素材源于一则《刘大请客》的笑话。从前，有个叫刘大的人，由于不善辞令，往往得罪人。那一次，他过50岁生日，特意邀请好友张三、李四、王五和赵六来家里喝酒。吃饭时间到了，赵六还没影子。刘大见了便焦急地说："该来的还不来。"张三心想："我们可能是不该来的。"于是拍拍屁股走了。刘大见张三莫名其妙地走了，就着急地说："哎呀！不该走的又走了。"李四一听，又想了："看来我们是应该走的。"他也不辞而别。刘大摊摊手对王五说："你看，我又不是讲他。"王五揣度："你不是讲他，那一定是说我了。"于是气呼呼拔腿就走。主人大惊失色："啊！怎么都走了？"

你看，他会说话吗？每说一句就气走一位客人，好心办了坏事，把一个好端端的生日宴给砸了锅。

主人说"该来的还不来"这句话从字面上看，说得很含糊，既可以理解为"那位该来的还没有来"，又可以理解为"所有该来的都还没有来"，说者无意，听者有心，第一位客人以为是说"所有该来的都是还没有来的"，于是直观地感觉到自己是不受欢迎的人，主人不过是在委婉地下逐客令。从"所有该来的都是还没有来的"确实可以推出"我是不该来的"。

其推理步骤：

所有该来的都是还没有来的，
所以，所有该来的都不是已来的。

这是换质法推理。

所有该来的都不是已来的，
所以，所有已来的都不是该来的。

这是换位法推理。

> 所有已来的都不是该来的，
> 我是已来的，
> 所以，我不是该来的。

这是三段论推理。

通常，我们在下判断时，总得带上量词，形成单称或特称或全称判断，以便准确地反映客观事物的范围。只有在判断所反映的一般情况和原理是众所周知、不言自明时，说话人为了简明，有时要省去全称量词"所有""凡""任何""一切"等。例如，我们往往说"金属导电""人总是要死的""事物是发展变化的"等等。在这些判断中，虽然省去了量词，人们一听便知道，断定的是某类事物的全部或一切事物。由于这个原因，人们在理解一个不带量词的判断时，也往往把它当作全称判断。为了避免误解，在请客吃饭这类容易引起误解的场合，说话人最好把话说得完全些，明确些。相声中的那位"大爷"所说的"该来的还不来"，在他自己来说，意思是明确的，就是指"那位该来的主客还没有来"。从这个前提出发，再根据客人一共四位这个论域，就可推出，就只差那一位，这是你知，我知，大家都知的。但由于在这种特定场合该用而没用单称判断，留下一个漏洞，使得过于敏感、过于多心的客人误以为它有弦外之音。

在张三被"赶"走以后，主人又犯了同样的毛病，他说"不该走的又走了"这句话又使多心的人直观地感到，自己是该走而未走的。的确，从"所有不该走的又走了"这个全称判断出发，是可以推出"我是该走的"结论的。李四的思考包含如下步骤：

> 所有不该走的是走了的，
> 所以，所有不该走的不是不走的。

这是换质法推理。

> 所有不该走的不是不走的，
> 所以，所有不走的不是不该走的。

这是换位法推理。再用这个推理结论换质得：

所有不走的不是不该走的，
　　所以，所有不走的是该走的。

再用该结论为大前提组成三段论得：

　　所有不走的是该走的，
　　我是不走的，
　　所以，我是该走的。

最后一位客人被气走的情况与上述不同。由于主人至此还不醒悟，不知道自己"不会说话净得罪人"的症结所在，于是又说了一句易被误解的话。在只有两人的情况下，不说他，自然是说我，王五推理如下：

　　或说他俩，或说我，
　　没说他俩，
　　所以，说我。

以上是就主人的三句话分开来考察的。实际上主人的这三句话不是孤立的，而是连贯、不矛盾的。如果说由于主人说不明确，第一位客人被气走还情有可原的话，那么，第二位第三位客人一走了之就不大应该了。因为，"该来的还不来"如果是一个全称判断的话，那么三位已来的客人就都是"不该来的"，但是第一位客人走后，主人说"不该走的走了"，从主人把第一位客人称为"不该走的人"来看，剩下的两位客人理应知道第一个客人过于敏感了。而他们自己也就不应重犯第一个客人的疑心病。

肩章上的冰雪与德军部署
——推理的综合应用之二

1944年4月6日夜间,苏军某前线司令部正在积极筹划进攻彼列科普。这时外面大雪纷飞,前沿阵地上覆盖着厚厚的积雪。

次日清晨,苏集团军炮兵司令员坐在暖和的掩蔽室中,注意到刚走进来的集团军参谋长肩章上所附一层冰雪的边缘部分已开始消融,水珠清晰地勾画出肩章的轮廓。他马上联想到,外面天气转暖,阵地掩体中的积雪将会很快融化。德军为了不使掩体中变得泥泞,将会清理其中的积雪,带雪的湿土将被一起抛出,这就必然会暴露其掩体的轮廓和兵力部署。

炮兵司令员随即命令前沿观察所加强观察,并进行航空照相侦察,果然侦察到德军第一道堑壕前的积雪一片洁白,一公里的正面上只有少量几处有湿土。第二、第三道堑壕前的积雪则被大量抛出的泥土覆盖而成褐色。他从而推断出,第一道堑壕内只有零星值班观察员;第二、第三道堑壕却布满了兵力。此外,还发现原先暴露出的许多目标是假的,因为它们周围无任何改变的迹象。

正确的联想和推断,使苏军迅速查明了正面德军的防御部署,为实施有效的炮火攻击提供了可靠的依据。

上面这个战例极好地说明了逻辑推理在军事上的作用。肩章上的冰雪消融与德军阵地掩体的轮廓和兵力部署,似乎是风马牛不相及的两码事,但是一个战争指挥家却从这两件相距很远的事中,通过一系列的逻辑推理,找出了二者之间的必然联系。虽然这位司令员没有将其逻辑推理的步骤一步一步、完完全全地写下来,我们所能知道的仅仅是一个个推理的结论,但其结论的可靠性却不能不使人信服。下面我们尝试将其思考的全过程整理出来,供读者参考。

第一步:

只有天气转暖,室外肩章上的雪才会消融,
室外肩章上的雪消融了,

所以,天气转暖。

这是一个必要条件假言推理肯定后件式。从内容到形式都是正确的,可知其结论是可靠的。

第二步:

在天气转暖,温度升高的情况下,凡雪皆融,这是常识,因此有推理:

凡雪皆融,
德军掩体的雪是雪,
所以,德军阵地掩体的雪也要融。

以上两步推理在日常生活中有过亿万次的重复,人们几乎不用按部就班地进行推理,在头脑里一瞬间就可完成,关键是在后面几步。

第三步:

肩章上的冰雪消融,其棱角部位的水珠勾画出肩章的轮廓,
阵地上的冰雪消融,其突出部位的水珠会勾画出阵地的轮廓。

这是将两件事加以类比。但是光有阵地的轮廓还远远不够,因此还必须寻找能够标志掩体位置和兵力部署的特征。根据日常的经验,该司令员又估计到德军会清理积雪。接着便有下面几个推理:

如果某处有湿土抛出,那么某处有掩体,
某处有湿土抛出,
所以,某处有掩体。

如果某处抛出的湿土多,那么该处兵力多,
某处抛出的湿土多,
所以,某处兵力多。

如果某处抛出湿土少,那么兵力少,
某处抛出湿土少,

所以某处兵力少。

如果某处有掩体,那么会有湿土抛出,
某处没有湿土抛出,
所以某处没有掩体。(说明原先暴露的目标是假的)

看到这里,也许有人会说,这些推理实在太简单了,没有什么复杂深奥之处。的确,上述推理一经整理出来,是很平常。这使我们想起哥伦布立鸡蛋的故事。哥伦布环球航行之后,许多人说:"这有什么了不起呢?"哥伦布一言不发,拿起一个鸡蛋,问有谁能把它立起来。试验者全都失败了。这时哥伦布把鸡蛋较小的一端往桌上一敲,鸡蛋就在桌上站立起来,人们才恍然大悟。

世界上的事情就是这样,当还没有人把它点穿时,它好像在幽山迷雾当中,难以捉摸。一经点穿,又会觉得这有什么了不起?须知真理与无知本来只有一步之遥。但是谁能发现真理呢?这要看谁善于观察,谁善于思索。

同是在第二次世界大战,德法对战,德国某参谋人员从望远镜里观察到法军阵地上每天八九点钟,总有只波斯猫出来晒太阳,经过一番思索,他断定法军前沿阵地有地下高级指挥所,于是集中火力一举加以摧毁。事后查明,这是法军一个旅的指挥所。

肩章上冰雪消融,阵地上出现猫,在前面《向动物请教》一篇中拿破仑的老师发现的蜘蛛吐丝结网,这都是些极平常的事。许多人都看得到,然而许多人却想不到从中能够获取重要的情报,当然更谈不上如何应用逻辑推理去建立由此及彼的桥梁了。

"地上也有天上的运动"
——推理的综合应用之三

下面这个故事取自刘宁写的人物评传《对创造的渴望：威廉·哈维》。

银色的解剖刀轻快地划了一下。解剖动物的实验，哈维做了不下千百次，但是这一次格外不同。一条活蛇被固定在木板上，半透明的肉在解剖刀下分开了。鲜红的管型心脏在有节奏地缓慢地跳动着。

根据血液循环的设想，只要扎住与心脏相连的静脉，血液不能流回心脏，心脏就应该变空变小；相反，如果扎住动脉，心脏就会因排不出血而胀大。

哈维用小镊子紧紧夹住静脉，蛇心迅即变小变白。一松开镊子，心脏又倏然充血。再用镊子夹住动脉，心脏就胀大变紫，似乎顷刻就要爆裂，蛇身不停抽搐着。哈维松开镊子，兴奋地抹去额头的汗珠。再也没有比这简单的实验更有力地证明血液循环运动的假设了。

心脏的血液是由静脉输送来的，心脏的血液又是由动脉输送出去的。这是两个假设。它们是根据血液循环的思想演绎出来的。验证这两个假设，则两次运用差异法推理于实验。夹住静脉，心脏变小变白；松开镊子，心脏又立即充血。夹住动脉，心脏就胀大变紫；松开动脉，又会回复原状。

动物体内的血液是循环的。这是人人皆知的常识。可是，血液循环思想的建立却来之不易。它表现了哈维批判旧思想的胆略，认识世界的卓识，精密的计算，准确的解剖和严密的推理。

在哈维提出血液循环学说之前，统治医学一千多年的是盖伦的心血潮流运动说。盖伦本来是古罗马时代的一位名医。据说，他父亲曾梦见神告诉他说，他的儿子长大后应贡献给医学。果然盖伦成为医学界的王子。在古代，盖伦所达到的成就是惊人的，他的解剖观察细致而又精密，他高超的医术被传为佳话。盖伦学说长期统治欧洲医学界，甚至被视为医学界的"圣经"。他认为，肝脏产生"自然之气"，肺产生"生命之气"，脑产生"智慧之气"。这三种灵气混入血液里，在血管内像潮汐涨落那样来回做直线运动，供养着各个器官。

盖伦的心血潮流运动说，使后人叹为观止，虔诚信奉。不幸的是，基督教使盖伦学说僵化了。基督教认为世界是"一分为三"的：上帝即是"圣父、圣子、圣灵三位一体"。人可以分为僧侣、贵族、平民。自然界亦可分为鱼、兽、鸟。盖伦用三种灵气来解释生命现象,正好符合宗教的需要。他的学说同托勒密的地心说一样,成为基督教解释自然和生命现象的理论基础。到哈维的时代,哥白尼的日心说已经引起了一场思想革命,而统治医学一千余年的盖伦学说,却并没有因为文艺复兴以来进步学者对它的批判而动摇。

最早对盖伦学说提出异议的是艺术大师达·芬奇。他一生解剖达70余具尸体,发现心脏有四个腔,而不像盖伦说的只有两个。比利时医生维萨里还在大学求学时,常常深夜溜出学校,偷取挂在绞架上的犯人尸体。他的解剖观察也与盖伦相左。可维萨里的老师却大骂他是疯子,认为凡是解剖观察与盖伦著作不相符之处,只能用人体在上一世纪里发生了变化来解释!后来他遭到整个社会的非难,横死荒岛。维萨里的同学塞尔维特提出血液由右心室流到左心室不是经过心膈上的孔,而是经过肺作"漫长而奇妙的迂回"。结果塞尔维特被教会判处火刑。

为什么无数解剖事实证明了盖伦的错误,盖伦学说依然处于正统地位呢?哈维想:盖伦学说的大厦为什么推不倒?如果我们不能告诉人们什么是对的,什么是真理,只是一味地指出盖伦的错误,那么我们能有立足之地吗?

在盖伦生活的公元2世纪,人们普遍认为完美的圆周运动只属于天界,地上只存在有起点和终点的直线运动。所以,盖伦关于血液产生于肝、消失于全身的理论,显得合情合理,天经地义。哈维认为,地上也有天上的运动,哥伦布、麦哲伦的环球航行不也是循环运动吗?

哈维说:"潮湿的土地被太阳晒热时水分就蒸发,水蒸气上升,下降为雨,再来润湿土地。一代代的生物就是这样产生的,暴风雨和流星也是这样由太阳的循环运动引起的。"

"地上也有天上的运动"这个看法是通过归纳得出来的。既然"地上也有天上的运动",那么人的身上也存在着和日月星辰一样伟大的运动就不是什么绝对不可能的事。

在循环思想的指导下,哈维测量到左心室的容血量为2英两。因心室有瓣,左心室收缩后排出的血不能倒流。而心脏每分钟大约要跳72次。这样,一小时内心脏的排血量为$2\times72\times60$,即8 640英两,差不多有540磅,几乎是一个肥胖成人体重的3倍!如果盖伦的心血潮汐运动说是对的,血液排出后就被各器官吸收,那么,肝脏在一小时内就必须造出3倍于体重的血,一天要造70倍于体重的血!哈维由此得出结论说:"其数量之大决不是消化的营养所能供给的"。

根据测量和计算的结果进行推论,势必得出与盖伦的心血潮汐运动说相对立的结论:血液排出后就被各器官吸收是不可能的。

这个推论是充分条件假言推理否定后件式的运用。假定你盖伦的学说是正确的,那么一个人一天必须造70倍于体重的血!而这显然是不可能的,因此你那潮汐运动说是错误的。这个推论如下式:

> 如果盖伦的学说是正确的,那么一个人一天必须造70倍于体重的血,
> 一个人一天造不出70倍于体重的血,
> 所以,盖伦的学说不是正确的。

上述关键性的计算和推论使哈维确信,血液犹如德谟克里特的原子一样,既不可能在一瞬间被创造出来,也不会在一瞬间消失——血液是循环的。尽管布鲁诺也提出过血液循环的设想,但没有加以验证的设想还不就是科学。而今,哈维把这一伟大的设想安放在实验基础之上。这就是本文开头所述解剖蛇的实验。

后来又经过多年的实验,哈维证实了由于心脏跳动、动脉搏动和静脉瓣结构,保证了血液在体内循环运动。但由于显微镜尚未发明,哈维当时也无法解决动脉血是如何流到静脉中的问题。他误以为血是通过肌肉中的细孔流过去的。可是,就连弗兰西斯·培根也认为这是无稽之谈。

哈维去世后,不过3年左右,1660年,与哈维同校的意大利人马尔比基用显微镜看到了青蛙肺里的毛细血管。1688年,荷兰科学家列文虎克用精制的显微镜观察蝌蚪的尾巴。他惊喜地写道:"最初看着,真使人欢喜之至,血液像小河流般循环流往各处","所谓动脉和静脉,实际上是连在一起的"。这就是毛细血管,科学仪器的进步,终于使人们亲眼看到了血液循环。

把女青年当气枪靶子的凶手是谁？

——推理的综合应用之四

据《新民晚报》1983年10月12日第四版载：女青年杭杭，做早班下班回家，途经枫林路斜土路转弯处，突然，她惨叫一声，双手捂住自己的右眼，鲜血从她的指缝中涌了出来……

摇摇欲倒的杭杭被过路人扶住了。"这是气枪打的！"顿时，几十双眼睛四下搜寻；可是环顾四周，不见异常。热心的群众把杭杭送往医院急救。经诊断：眼角内有两块金属块。……

这已是第6个受害者了。在杭杭之前，已有5名女青年在此被气枪射伤。

"天网恢恢，疏而不漏。"在公安人员的严格侦察下，一个以伤害他人为乐趣的流氓罪犯终于受到了法律的制裁。在破案过程中，逻辑推理起到了十分重要的作用。

现场侦察所得情况表明，从铅弹飞行的方向来看，作案方位应在斜土路1664弄的新工房一带；根据气枪的有效射程是50米来计算，应是靠近马路的那一幢；由于工房与马路间有一道2米高的围墙相隔，射击的位置应在三楼以上；射击的角度表明，铅弹极有可能是从本弄19号附近几户人家的窗口射出。以上是根据经验和数学计算而作出的估计。

接着，刑侦人员分析凶手有两种可能：一种是外来的打鸟者，另一种是1664弄内的居民。刑侦人员实际上是作出了一个穷尽了各种可能的正确的选言判断：

凶手或是外来的打鸟者，或是1664号弄内的居民。

这为破案提供了线索，划定了范围。在深入查访当中，群众反映，近期内没有看见有持气枪的打鸟者，这样就缩小了凶手的范围。这里应用了一个选言推理否定肯定式：

凶手或是外来的打鸟者，或是1664弄内的居民，
凶手不是外来的打鸟者，
所以，凶手是1664弄内的居民。

于是，公安人员便将注意力集中到1664弄。根据有关部门的气枪登记记录，本弄有3人持有气枪。侦查范围又进一步缩小。这是应用必要条件假言推理的结果：

只有持有气枪，才能作案，
某人持有气枪，
所以，某人能作案。

这是肯定前件式。由于不合推理规则，所以结论不可靠。这个结论虽然不可靠，但也有参考价值，至少这3人是嫌疑对象。

进一步的调查，排除了两个疑点，侦查目标缩小到了19号的黄有郎身上，这又是应用推理的结果：

或是甲，或是乙，或是丙，
不是甲，不是乙，
所以，是丙。

根据黄有郎有作案时间，又应用一个必要条件假言推理：

只有有作案时间，才能作案，
某人有作案时间，
所以，某人作案。

有作案时间只是作案的必要条件，而不是充分条件，所得结论是或然的。但由于女青年被害都是在星期四，而黄恰逢星期四休息。根据求同法推理，又可推出黄为凶手。作为判明现象因果联系的归纳推理之一的求同法推理，其结论仍为或然的。尽管是或然的，其可靠性程度应该说是较高的。

根据黄近来态度异常，有作案时间，有作案思想基础，有作案工具（案发后

不见了),可确定黄有重大嫌疑。于是采取措施,搜出了黄有郎窝藏的气枪,同时将其铅弹与被害人眼中取出的铅弹相对照,结果完全吻合。在确凿的证据面前,黄对自己所犯罪行不得不供认。这个以女青年为气枪靶子,以伤害别人为乐趣的流氓罪犯终于受到了从重处罚。

一星期"等于"几百万年
——论题

1960年5月,退役的英国陆军元帅蒙哥马利到中国访问。在古城洛阳偶然进入剧场,台上正上演豫剧《穆桂英挂帅》。事后,蒙哥马利评论说:"这出戏不好,怎么让女人当元帅?"我方陪同熊向辉解释说:"这是中国的民间传奇,群众很爱看。"

蒙马哥利站起来很认真地说:"爱看女人当元帅的男人不是真正的男人,爱看女人当元帅的女人不是真正的女人。"

熊向辉不动声色地说:"中国的红军有女战士,现在我们还有一位女少将。"

蒙马哥利越说越没谱:"我对你们红军、人民解放军一向很敬佩,但不知道还有女少将,这不好,这有损于解放军的声誉。"

熊向辉回答说:"你们英国的女王也是女的。按照你们的体制,女王是英国国家元首和全国武装部队总司令。"

退役元帅听后一怔,顿时无言以对。

这真是一场精彩的外交对话。平静之中,谦恭有礼之中,不失分寸之中,却隐藏着威力无比的反驳,体现出不可抗拒的逻辑力量。

只举出一个事实论据,便驳倒了对方的论题。其潜台词却丰富得很:既然"爱看女人当元帅的男人不是真正的男人",那么爱看女人当国家元首和全国武装部队总司令的男人就更不是好男人。这符合亚里士多德所研究过的称为"更多""更少"的程度推理。如果说解放军有女少将有损于解放军的声誉的话,那么同理,英国皇家军队以女王为总司令更有损英国军队的声誉。你当然不会承认这个假言判断的后件,否定后件就必定要否定前件,你说"解放军有女少将有损于解放军的声誉的话"也就不对了。这又可看作归谬反驳。

论证是综合运用概念、命题、判断和推理的思维形态,因而是富有创造性的思维活动。推理这种思维形式只管前提与结论有无必然联系,而不管前提内容是否真实。论证不但要管所包含的推理形式正确与否,还要管前提内容是否真实。简单的论证只包括一个推理,复杂的论证由多个推理组成。

只由演绎推理组成的论证叫证明。论证包括论述一个判断为真或为假两个方面。论述某判断为假，称作反驳。

在1958年"大跃进"时期，高校也受到"左"的思潮影响，时兴所谓插红旗、拔白旗。复旦大学中文系就批判过著名的中国文学史教授刘大杰。学生们说："刘大杰有什么了不起，他看了500本书，我们年级有100人，每人看6本就超过刘大杰了。"这当然很荒唐。刘大杰反驳说："一个美人，你只知道她半根眉毛，他只知道她半片嘴唇……加在一起，仍然不知道她美在哪里。"这是运用类比推理的反驳，颇具冷幽默。

一个论证有三个基本要素：论题、论据、论证方式。

论证首先要有论证的对象，即论题。论题也叫论点。所谓论题，是真实性需要加以论证的判断。它回答"论证什么"的问题。文章的标题和辩论的辩题不等于论题。论题必须是判断。《反对党八股》是标题，也是论题。"温饱是否是谈道德的必要条件"只能是辩题而不是论题。

常言道：无中不能生有。著名科学家巴斯德曾以他那个举世闻名的实验"证明"从无生命的东西中决不可能产生生命。

恩格斯指出，巴斯德的实验所真正证明了的东西，不过是在目前地球上的普通条件下在很短的时间内不可能从无生命的东西中产生而已。

恩格斯认为，最初的生命必然起源于无生命的东西。人类实践的历史发展越来越证明，在这个问题上真理属于恩格斯而不是巴斯德。

地球上出现生命是几十亿年前的事，并经历了漫长的演化过程，要完完全全重演生命发展的历史，岂非梦呓？

但是，以压缩饼干方式来重现生命演化的漫长过程却是一个大胆的设想。在这种大胆设想指导下诞生了一个令人惊奇的实验。

1952年，一位研究生米勒，做了一个实验。他用甲烷、氨、氢和水汽混合成一种与原始地球大气基本相似的气体，放入抽成真空的玻璃仪器中，通过连续进行火花放电，来模仿原始地球中大气层的闪电。经过一个星期，在这种混合体中得到五种构成蛋白质的重要氨基酸，这些都是活体组织中的主要组成成分。

米勒的实验使科学界震惊，实验室中一星期代替了自然界中的几百万年。这就为生命起源的研究开拓了一条新的途径。

"无中不能生有"与"无中能够生有"是关于生命起源的两种对立观点。巴斯德的实验所证明的并非"无中不能生有"，而只是在普通条件下在短时间内无中不能生有。巴斯德犯了证明过少的错误。

证明过少是这样一种逻辑谬误：在论证过程中，不论证原论题，而去论证某个比原论题断定的内容少的判断。

在科学史上，人们曾经用下面的论据来论证大地是球体：

一、在海岸上看船进港，总是先见桅杆，后见船身。
二、站得愈高，望得愈远。
三、环绕世界的旅行。

以上论据尽管是真的，并且论证方式也正确，但是仍不能证明大地是球体，只能论证大地是曲面的、没有边缘和密闭的罢了。

后来有人补充了下面两个论据：

四、在地球表面无论什么地方，地平线都是圆形，而且所见远近，各处都一样。

五、每一次月蚀时，投射在月球上的地球影子都是圆形。

以上五条论据令人信服地论证了大地是球体的设想。单凭前三条只是论证了大地是曲面的、密闭的和没有边缘的，因而犯了证明过少的错误。

争论问题，首先要注意论题必须清楚明确。论题含糊不清，争论双方背道而驰，打架打不到一块去，岂不白白浪费口舌笔墨？

论题不明确是这样一种谬误：论题的含义模模糊糊，或者可以有不同的解释。

两个猎人在打猎时看到一只松鼠，松鼠坐在树上盯着他们看。他们决定围绕着它走一圈，但随着他们按圆周运动时，松鼠也在移动，它一直用一个方向对着猎人们，并且盯着他们看，就这样一直继续到他们走回原来地方时为止。有人问：你们到底围绕松鼠走了一圈没有？其中一个猎人断定是走了一圈，因为他们环绕着松鼠画了一条封闭的线——圆周。另一个猎人不同意，他认为：假如他们是围绕松鼠走了一圈的话，那他们就应该看到松鼠的周身，而他们一直只是从一个方面看到它。他们争来争去，没有结果。

究竟谁是谁非呢？应该各打五十大板。他们两人都不可能说服对方。因为他们所讨论的问题中"绕对象走一圈"这个判断是太不确定了。"绕对象走一圈"通常联合有两个特征。一个是环绕对象画一条封闭的线,一个是从各方面绕过对象。在松鼠停留不动的情况下,这两个特征便合而为一,不会引起误解。但在松鼠跟着猎人转的情况下,画一条封闭的线并不等于从各方面看到了松鼠。在未确定根据哪一个特征来使用"绕对象走一圈"这个判断时,争论便不可能见分晓。

列宁曾经指出:"如果要进行论争,就要确切地阐明各个概念。"伏尔泰说,假使你愿意和我说话,请你先给所用的名词下个定义。在上例中,归根结底是对"绕过"这一概念有不同的理解。

看哈雷彗星怎样解答历史难题
——论据之一

被马克思称为"倒下去之后,全世界才发现他是一位英雄"的林肯,是美国的第十六任总统,著名的资产阶级政治家和革命家。

林肯在入主白宫的前几年,曾用大部分的时间和精力钻研法律,成了一位颇负盛名的律师。他出身贫贱,同情平民,尤其是黑人,经常帮助他们诉讼,有时甚至不收分文诉讼费用。

有一次,亡友的儿子小阿姆斯特朗被人诬告为谋财害命的凶手。控告人收买的证人一口咬定说,亲眼看到被告阿姆斯特朗行凶。

这个青年是无辜的。在假证面前,他无能为力,厄运马上要降临到他头上。林肯获悉此事后,主动为被告辩护。他以被告的辩护律师的资格,查阅了法院的全部案卷。

随后,他又来到现场作实地勘查。林肯在任律师之前,为了糊口曾做过测量员。测量是件技术性很强又必须十分细心的工作。在短时期内,他就成了熟练的行家。哪里出现地界纠纷,都要找他去解决。早年这一方面的训练,还真为他的律师工作帮了大忙。这次,一来到现场,他很快就掌握了重要的事实。他胸有成竹地要求开庭复审。

按照美国法庭的惯例,被告的辩护律师与原告的证人进行了对质。

林肯:"你发誓说认清了小阿姆斯特朗?"

福尔逊:"是的。"

林肯:"你在草堆后,小阿姆斯特朗在大树下,两处相距二三十米,能认清吗?"福尔逊:"看得很清楚,因为月光很亮。"

林肯:"你肯定不是从衣着方面认清的吗?"

福尔逊:"不是的,我肯定认清了他的脸蛋,因为月光正照在他脸上。"

林肯:"你能肯定时间在十一点吗?"

福尔逊:"充分肯定,因为我回屋看了时钟,那时正是十一点一刻。"

其实，福尔逊的答辩完全是在林肯预料中的，案卷中白纸黑字都写着。林肯为什么要一连串地明知故问？那是要让证人把证词敲死，免得到时不认账。就拿林肯的这一句问话"你肯定不是从衣着方面认清的吗"来说，绝不是可有可无的。福尔逊的回答完全排除了这种可能性，那好，我只要证明你不可能认清他的脸，你的证词就会失效。

林肯待证人一讲完，就转过身，开始了他的辩护演说："我不能不告诉大家，这个证人是个彻头彻尾的骗子。"

林肯说：证人发誓说他于10月18日晚11点钟在月光下认清了被告阿姆斯特朗的脸，但是那晚上是上弦，11点钟时月亮已经下山了，哪来的月光呢？退一步说，就算证人记不准时间，假定稍有提前，月亮还在西天，月光从西边照过来，被告如果脸朝大树，即向西，月光可以照到脸上，可是由于证人的位置在树的东面的草堆后面，那他就根本看不到被告的脸；如果被告脸朝草堆，即向东，那么即使有月光，也只能照着他的后脑勺，证人又哪能看到月光照在被告脸上呢？又怎么从二三十米的草堆处看清被告的脸呢？

林肯的辩驳分两步，第一步是运用必要条件假言推理的否定前件式：

只有有月亮，才能看清被告的脸，
月亮已下山，
所以，不可能看清被告的脸。

第二个前提是根据天文学的经验知识形成的，假言前提也是真实的，推理符合规则，因此这个结论是真实可靠的。

第二步是不容证人狡辩，先把他的嘴堵上，运用了一个二难推理构成式：

如果被告的脸朝大树，即向西，月光可以照到脸上，那么证人根本看不到被告的脸；如果被告脸朝草堆，即向东，那么证人也不能看到月光照在被告的脸上；

或者被告脸朝大树，或者被告脸朝草堆；

所以，或者证人根本看不到被告的脸，或者证人不能看到月光照在被告脸上。

这个二难推理的第一个假言前提其前后件之间确实有充分条件联系，因为林肯指出了证人在树的东面的草堆后面,可见,这个假言前提是有根据的,是真实的;这个二难推理的第二个假言前提前件之间也确实有充分条件联系,林肯指出了脸朝草堆,月光只能照到被告的后脑勺上,因而这个假言前提也是真实的;前提中的选言判断是穷尽的,因而该选言前提也是真实的。这个二难推理从形式上来看也是正确的。从真实的前提出发,应用正确的推理形式,所得结论必定与实际相符。

林肯排炮般的发言,驳得证人张口结舌,无可辩驳。审判大厅先是一片寂静,突然,听众们醒悟过来,掌声和欢呼声响彻大厅。福尔逊只好承认是被控告人收买来提供假证的。于是,阿姆斯特朗被判无罪释放。林肯这一成功的辩护,使他从此声名大振,名扬全美。

在反驳当中,驳对方论据是一种间接的反驳方式。驳斥了对方的论据,即指出对方论据不真实,或不充分,或与论题不相干,则对方的论题未得到证明。列宁说:"诡辩家抓住了'论据'之中的一个,而黑格尔早就正确地说过,人们完全可以替世上的一切找出'论据'。"因此说小偷也有小偷的理由,但是,随便找来的理由,那不过是儿戏。在论证中,论据是支持论题的理由,一个正确的论证必须有真实、充分的理由。下面要说的是找哈雷彗星做证人的趣事。

中国古代史上有很多久悬不结的疑案,历代史家关于"武王伐纣"的年代众说纷纭就是其中之一。现代著名历史学家郭沫若和范文澜也各执一词,前者说公元1027年,后者说公元1066年。

紫金山天文台的科研人员于20世纪80年代推算出哈雷彗星曾于公元前1057年回归。张钰哲、张培瑜在《人文杂志》1985年第5期撰文认为,天象是确定年代的最可信的依据。对文献所载殷周之际的几种天象记录作初步分析,《淮南子》中有武王伐纣途中出现哈雷彗星的记载。

张钰哲早在1978年6月就在论文中指出,中国有关哈雷彗星的最早一次记录见于《淮南子·兵略训》:"武王伐纣东面而迎岁,至汜而水,至共头而坠。彗星出而授殷人其柄。"意思是,武王伐纣时,向东面迎木星进军,到汜这个地方下了雨,到共头的地方发生了山崩。这时有彗星出现,像以扫帚之柄给与殷人(纣王),以扫除西方前来的军队。张钰哲更指出,它的出现不但把中国有关哈雷彗星最早记录的年代大大推进,还为中国历史上的"年代学"提供了一套新的印证方法,从而改写一些悬而未决的年代问题。过去只知武王伐纣建立西周,在300年的历史中,有13个帝王当政的准确年份则是一笔糊涂账。现在借用哈雷彗星的"现身说法",不但可以确定武王伐纣的年代,还可以把13

个帝王的当政年代逐渐厘清。

这就是天文学家与考古、历史学相互印证的最佳实例。

在法庭辩论中,证据的真假决定着辩论的成败。第二次世界大战后,德军元帅、空军总司令戈林受审讯时气焰非常嚣张。戈林凭借广博的知识和对被缴获文件的精通,作出一系列伪证,搞得美方起诉人"晕头转向","几乎要哭了"。戈林反而"用洪亮的声音表示愿意帮助他","昂首阔步地回到被告席上,仿佛依然是第三帝国的元帅"。

可是戈林在英方起诉人面前,却连连吃瘪。在作证时,戈林坚持说,当50名英国皇家空军的战俘军官被枪杀时,他正在休假。英方起诉人像盘问窃贼一样严密地盘问他,并出示了文件,证明他参与了枪杀事件。戈林狼狈地一再辩解,最后变得又惊又恐,失去自制,叫喊着不知什么是"暴行"。这有什么用? 绞架正向他招手呢!

中国古代有口供乃证据之王的说法,其实不妥当。轻信口供往往造成冤案,或者使真正罪犯逃离法网。在中国古代,屈打成招的事举不胜举。可是在印度7世纪时,却不靠棍棒的威力来逼人招供,如果觉得有疑问时,有一套奇特的方法来鉴别。

根据玄奘法师的《大唐西域记》介绍,在公元7世纪时,采用四种方法:水、火、称、毒。水,就是把被告与石头各放入一皮囊中,把两皮囊连在一起,沉入深水中。如果人沉石浮,就证明犯了罪;人浮石沉就证明他没有隐瞒。火,就是烧一块铁,让被告蹲在上面,用脚踩,用手摸,用舌头舔,无罪就不会有损伤,有罪会被烫伤。柔弱的人就换一种方法,让他们手捧没有开的花,撒在火焰上,无罪花就开,有罪花就焦。称,就是将人与石头并称,无罪则人低石高,有罪则石重人轻。毒,就是把一只黑羊的右腿割下,在分给被告人的那一份搀上毒药,有罪就会中毒身亡,无罪就会毒灭而苏醒。据说用这四种方法可以防止万一的误解。

这四种方法,据说是古印度的所谓"神判",在印度流行了很长时间。当着诉讼双方都拿不出确实的证据,无法断定是非时,就用这些玄妙的方法来断定。真是闻所未闻,这究竟有什么奥妙,书中没有介绍,我看只有天晓得。

在论证中,论据是论题的支柱,论据不真实,论题就是跛脚的,没有得到证明。因此,论据真实是正确论证的基本要求。

李昌钰颠覆"世纪大审判"

——论据之二

本篇的故事综合了网上的几篇报道。"华人神探"李昌钰的警世之作是颠覆被美国人称为"世纪大审判"的"辛普森杀妻案"。"辛普森杀妻案"之所以被称作世纪大审判,那是因为历史上从来没有任何一个案子让全体美国人这么关注过。事后,新闻界报道说,1995年10月3日,在宣判前后的十分钟里,全美国的人几乎停止了一切活动,不工作,不上课,不打电话,不上厕所,连白宫、国会和联邦各部门,都推迟或取消了原本的安排。克林顿总统推开了军机国务;前国务卿贝克推迟了演讲;华尔街股市交易清淡;长途电话线路寂静无声。数千名警察全副武装,遍布洛杉矶市街头巷尾。有统计数字表明,大约有1亿4千万美国人收看或收听了"世纪大审判"的最后裁决。

1994年6月12日深夜,在洛杉矶西部高级住宅区发生了一桩谋杀案,一男一女被凶杀。女死者是美国橄榄球明星辛普森的前妻妮可,身中8刀。男死者是餐馆年轻的侍应生郎·高曼,身中27刀。

辛普森与妮可分居后,作为前夫的他一直希望破镜重圆,与前妻屡有冲突并记录在案。案发后凌晨,四名警探来到辛普森住所,在门外发现其白色的福特野马型号汽车染有血迹,车道上也发现血迹。按铃无人回应,侦探爬墙而入,其中一个侦探福尔曼在后园树丛里拣到一只浸血的皮手套,和现场留下的那只刚好成一对。从他卧室的地毯上,拣到有血迹的袜子,血迹的DNA测试与被害者相同。

案发后凌晨,辛普森在芝加哥酒店接到警方通知前妻死讯,清早赶回加州。当时警察发现辛普森受伤。他解释说,接到前妻死讯过于激动不慎打破了镜子而受伤。

警察经过几天调查后,决定将辛普森锁定为疑凶,并且很快认定他为唯一嫌犯。再加上他参加葬礼后没有及时去投案,时限一过,警方便把他宣布为重大通缉犯。

当红体育明星涉嫌谋杀,立即引起全美民众乃至世界媒体的关注。6月17日,在高速公路上发现了辛普森的白色福特车,他的朋友为他驾车。警车追上去，他们不肯停车，但似乎也无意逃跑，只是不紧不慢地开着。天上是直升飞机，几十辆警车在洛杉矶公路上展开追逐，全美国都在电视上跟踪追看。不过几个小时，他回到家便束手就擒，并未上演媒体期待的追捕大戏。

辛普森本人说自己是无辜的。他花重金聘请了全美最知名的律师为自己辩护。很快，包括全美最优秀的几十名高级律师在内的"梦幻律师团"就迅速组建起来。

深夜，正在家里替一本刑事期刊审阅文章的李昌钰，突然接到律师团打来的电话。他十分惊诧，因为通常来说，只有州警政厅的同仁才会在深夜打电话给他。原来这个明星律师团在第一时间向李昌钰发出了邀请。

同时，一个检方律师团也组建起来。这两个律师团，一个代表被告，一个代表原告，是完全平等对抗的两个梯队。根据美国的法律，不论嫌疑犯被控的罪行有多么严重，不论检方手中掌握的证据看上去是多么的有力，在他被宣判有罪之前，都必须假设他是无罪的。"无罪假定"在美国的司法制度中是极为重要的一条，决定了检方和辩方从道义上的平等地位。如果没有这一条，被告律师一出场就矮三分，根本谈不上"公平"二字，被告也就很有可能轻易沦为"待宰的羔羊"。

检方的责任是陈列证据，证明控告成立。作为辩方，是要质疑甚至推翻检方的证据，恢复被告的清白。因此，在道义上，双方地位平等。如果检察官宣称自己是伸张正义，而暗示辩护律师是为罪犯开脱等等，就是违反"公平游戏"的严重犯规行为。

最终到底是谁在掌握被告的生杀大权呢？是最最普通的美国平头大百姓组成的陪审团。从表面上来看，似乎只要是案发地法院的管区之内，年满十八岁以上的美国公民，都可以当陪审员。但是，实际上远不是那么简单。

此案的检方显得信心十足，声称他们掌握了辛普森涉嫌杀人的铁证。在美国的司法体制中，证据的可信度是打赢官司的关键性因素之一。但是，李昌钰接案后发现，检方提供的证据没有任何目击证人或任何直接证据，是一个典型的旁证案件。

在美国的司法体制中，仅仅依赖间接证据就把被告定罪判刑绝非易事。这是因为，仅凭个别的间接证据通常不能准确无误地推断被告人有罪，必须要有一系列间接证据相互证明，构成严密的逻辑体系，排除被告不可能涉嫌犯罪的一切可能，才能准确地证实案情。

此外，间接证据的搜集以及间接证据和案情事实之间的关系应当合情合理、协调一致，如果出现矛盾或漏洞，则表明间接证据不够可靠，不能作为定罪的确凿根据。例如，就在本案中，检方呈庭的间接证据之一是在杀人现场发现了被告人的血迹，刑事专家一致同意检方呈庭的血迹化验和 DNA 检验结果。血迹化验和 DNA 检验的结果是不会撒谎的，但是，如果血迹受到污染、不当处理、草率采集或有人故意栽赃，那么它的可信度则大打折扣。在辛普森案中，这些毛病全都存在。更令人难以置信的是，得到辛普森的血样后瓦纳特警长并未将它立即送交一步之遥的警署刑事化验室，反而携带血样回到了 32 公里以外的凶杀案现场。说出来可能没人敢信，天下竟然有如此荒唐的刑警，瓦纳特警长那天手持血样在血迹遍地的凶杀现场逗留了三个小时之后，才磨磨蹭蹭地将血样交给正在现场取样勘查的刑事检验员。

由于检方的间接证据在辩方律师的严格鉴别和审核下破绽百出，难以自圆其说，使辩方能够以比较充足的证据向陪审团证明辛普森未必就是杀人凶手。

李昌钰以超凡的观察力，发现了重重疑点：第一，现场有干、湿两滴血。虽然经过化验 DNA，证实是辛普森的，但是血不是当天杀人留下的，里面含有储存血液用的防腐剂，而人体正常血液是不可能有的。同时警察从辛普森身上提取的 7 毫升血样，莫名其妙少了 1.5 毫升。第二，现场的手套也比辛普森的手小。现场有两种不同的鞋印，一种是意大利名牌布诺玛利的鞋印，另一种是纹路呈并行线的鞋印，这意味着现场有两名凶手。第三，凶杀案发生时间是十点半，当天 11 点钟，辛普森便坐出租车到了洛杉矶的飞机场。时间与距离极不相配。按照警方的推断，辛普森要在 30 分钟之内，刺人 35 刀，连杀两人，再跑回家脱了衣服洗澡，然后出门上车去机场。依照常理，这几乎是不可能的。

李昌钰在出庭为辛普森作证时，拿出的是专业的鉴定和形象的模拟分析。他在法庭上示范血迹喷溅形态。他将一瓶红墨水倒在白纸上，然后手掌猛拍纸上的红墨水。接着又将红墨水从不同的高度滴到地面的白纸上，来解释血迹喷溅的形态。他用这些示范结果与现场所搜集到的血迹形状进行比对。李昌钰认为，从现场这些血迹形状来看，男死者曾与一名或两名杀手展开过一番长时间的血战，而检方却称他经过极短时间的打斗即被杀死。

李昌钰缜密的现场分析和严谨的技术鉴定，用确凿的证据使洛杉矶警方提供的 100 多项铁证变得疑窦丛生、漏洞百出。

首先，袜子上的血迹非常奇怪。这只袜子两边的血迹竟然完全相同。根据常识,假如袜子当时被穿在脚上,那么袜子左边外侧的血迹绝不可能先穿过脚踝再浸透到右边内侧。只有当血迹从袜子左边直接浸透到右边时,两边的血迹才会一模一样。换言之,血迹很有可能是被人涂抹上去的。在庭审时,检方出示了几张发现血袜子的现场照片,可是照片上的时间顺序却自相矛盾。案发之日下午4点13分拍照的现场照片上没有这只血袜子,可是4点35分拍的照片却出现了血袜子。那么,血袜子究竟是原来就在地毯上,还是后来被警方移放到地毯上?对此问题,警方的答复颠三倒四,前后矛盾。另外,辩方专家在检验袜子上的血迹时发现其中含有浓度很高的防腐剂。辩方律师提醒陪审团,案发之日,警方在抽取辛普森的血样之后在血样中添加了这种防腐剂。

其次,从现场勘查报告看,身高体壮的郎·高曼曾与凶犯展开了一场血战,他的随身物品——一串钥匙、一个信封、一张纸片以及一个呼叫机——都散落在不同的地方,这说明打斗的范围很大,搏斗很激烈。戈德曼的牛仔裤上有血迹向下流的形状,说明他不是在极短时间内死亡,而是在负伤之后仍然挺身而斗,拼死抵抗。他被刺中了30余刀,最后因颈部静脉断裂和胸腹腔大出血致死。据此推断,凶犯浑身上下肯定也沾满了血迹。可是,为什么在白色野马车上只发现了微量血迹?更令人疑惑的是,为什么凶手下车后,却在围墙前门车道和从前门通往住宅大门的小道上留下了很多明显血迹?还有,假设辛普森穿着血衣血鞋沿前门小道进入住宅大门,又穿着血袜子走上二楼卧室,为什么在门把、灯光开关和整个住宅内的白色地毯上没发现任何血迹?

再次,根据血迹检验报告,在现场两处地方发现了辛普森的血迹。一处在从被害人尸体通向公寓后院的小道上,警方发现了五滴被告血迹,大小均匀,外形完整。但辩方认为,假设辛普森在搏斗中被刺伤,按常理,应该在起初大量流血,过一会儿血量才会逐渐减少,所以,血滴绝对不可能大小均匀。另外,血滴应是在搏斗或走动中被甩落,以撞击状态落地,因此,血滴的外形不可能完整。另一处,是在公寓后院围墙的门上警方发现了三道血痕。可是,检方专家在检验这些血痕时再次发现了浓度很高的防腐剂。

最后,辩方专家指控,洛杉矶市警署刑事实验室设备简陋,管理混乱,检验人员缺乏训练,没有按照正常程序采集现场血迹。由于证据样本处理不当,所以检验结果令人生疑。比如,按照正常程序,在采集血迹样本进行DNA分析时应当先用棉花沾起血迹样本,待自然风干之后才能放入证据袋中,可是,警方检验人员在血迹尚未风干时就已将样本放入证据袋。据此,辩方律师舍克毫不客气地表示：警署的刑事化验室简直就是个"污染的粪坑"。

检方呈庭的重要证据之二，是福尔曼在辛普森住宅客房后面搜获的黑色血手套。可是，这只血手套同样疑云密布。

首先，根据福尔曼的证词，当他发现血手套时其外表的血迹是湿的。辩方专家认为这是绝对不可能的。凶案大约发生在1994年6月12日深夜10点半左右，而福尔曼发现手套的时间是1994年6月13日早晨6点10分，时间跨度在7个小时以上。辩方用模拟实验向陪审团演示，在案发之夜那种晴转多云和室外温度为20摄氏度的气象条件下，事隔7小时后手套上沾染的血迹肯定已经干了。那么，福尔曼为何一口咬定是湿的呢？辩方提供的解释是：只有一种可能性，那就是福尔曼来到凶杀案现场后，悄悄地把血迹未干的手套放入了随身携带的警用证据保护袋之中，然后，他千方百计寻找机会进入辛普森住宅，趁人不备伪造证据，这样，尽管时间跨度很长，但血迹仍然是湿的。

其次，假设辛普森是杀人凶犯，当他满身血迹、惊惶失措地从杀人现场逃窜回家，把凶器和血衣藏匿得无影无踪之后，根本没必要多此一举，单独溜到客房后面藏匿血手套。另外，辛普森对自己住宅的旁门后院、地形道路了如指掌，按常理，他不太可能撞在空调上发出一声惊天动地的巨响，并且在遗失血手套之后不闻不问。从各方面情况分析，撞在空调上并丢失手套的凶犯显然是一个对住宅内地形和道路不太熟悉的人。另外，如果凶犯在黑暗中慌不择路，瞎摸乱撞，丢三落四，为什么在血手套现场没发现其他血迹以及可疑的脚印和痕迹？

再次，虽然警方在凶案现场和辛普森住宅搜获了一左一右两只手套，并且在手套上发现了两位被害人和辛普森的血迹，但是，这两只手套的外表没有任何破裂或刀痕，在手套里面也没发现辛普森的血迹。这说明，辛普森手上的伤口与血手套和凶杀案很可能没有直接关系。

最后，为了证实辛普森是凶手，检方决定让他在陪审团面前试戴那只沾有血迹的手套。在法庭上，辛普森先带上了为预防污损而准备的超薄型橡胶手套，然后试图戴上血手套。可是，众目睽睽之下，辛普森折腾了很久却很难将手套戴上。辩方立刻指出这只手套太小，根本不可能属于辛普森。检方请出手套专家作证，声称手套沾到血迹后可能会收缩一些。但辩方专家认为这是一种经过预缩处理的高级皮手套，沾血后不会收缩。控辩双方各执一词，争论不休，但是，在一些陪审员眼中这只血手套的确有点儿太小了。

据此，李昌钰提出了办案警察作伪证的报告。

在经过马拉松式的审理之后，1995年10月3日，陪审团宣布：辛普森无罪。当判决宣布的时候，李昌钰照常在康州警政厅刑事化验室上班，并不太关注判决的结果。李昌钰也因此成为美国家喻户晓的明星人物。从此，在美国有这样一种说法：李昌钰为谁作证，谁就一定能赢。

据说，警方因为屈服于舆论压力，又为了邀功，便在辛普森案的证据上做过手脚。此案让美国民众对司法界大失所望。随后警界发生地震，有40多个警探被抓，有400多个案件被退回，还有3 000多件案件要重新审理。此前，刑事鉴识科学不被重视，只是充当警方办案的辅助角色。"辛普森杀妻案"的被颠覆，使得刑事鉴识科学一跃而升至调查办案的主导地位。李昌钰被称作"现场重建之王""当代福尔摩斯"。这一案例马上成为全美刑事司法界的鲜活教材，洛杉矶市议会马上通过法案，增加警察局刑事化验室的经费及设备，加强训练刑事鉴识人员。

至于辛普森本人虽然"有钱能使鬼推磨"，高额的诉讼费用最终让他倾家荡产。案件沉寂近二十年后，2012年11月21日，美国调查探索频道(Investigation Discovery)播出的一部纪录片再次轰动全美。纪录片通过缜密的调查指出，50岁的连环杀手罗杰斯很有可能是谋杀辛普森前妻妮可·布朗及其友人郎·高曼的真正凶手。罗杰斯曾私下暴露辛普森要他去入室偷盗。因此，凶杀案起因与辛普森不无瓜葛。

回过头来再说"现场重建之王"李昌钰非同一般的证据收集方法。早年，李昌钰在台湾做警员时，台湾也盛行刑讯逼供而不重视刑事鉴识科学。李昌钰说："在美国，我经常被请去演讲。美国警察问：'Dr. Lee，那么多的案子，您是怎么找到证据的？'我说：'我归纳了7种简单方法——站着看、弯腰看、腰弯深一点看、蹲着看、跪着看、坐着看、各种方法综合起来看。就是一定要勤奋多专研，都说海外的华人智商高，我想还是华人更努力。我知道不能因为自己的肤色，而被人排拒在美国的主流刑事鉴识界外。我暗地下决心，一定要更努力，花更多的精力做出些成绩来，让别人对我这位黄皮肤的中国人另眼相看。"

一平方厘米面积上的戏法

——丐词

法国大作家福楼拜曾对莫泊桑说：对你所表现的东西，要长时间很注意地观察它，以便发现别人没有发现过和写过的特点。任何事物里，都有未被发现的东西，因为人们看事物的时候，只习惯回忆前人对它的想法。在细微事物里也会有一星半点未被认识过的东西让我们去发掘它。

观察是智慧的第一道城门。

如果说小说家要反映好生活，得长时间集中注意力去观察生活的话，那么魔术家的成功秘诀则在于千方百计地把观众的注意力引导到无关紧要的细节中去。

大家知道，我们对某一事物越是集中注意力，就越能发现其中的一些细节，这些细节往往会在大而化之的观察中被忽略过去。

人们在鉴别正确思想与不正确思想时，也有类似的情形，要鉴别某一思想是否正确，不仅取决于注意力集中的程度，而且取决于注意力倾向哪里。

在中学数学里，经常用到一种推导方法——组成相等。两个面积相等的平面图形 A 和 B，如果用一定方式把 A 分割成有限个部分后，再拼成图形 B，那么，就称 A 和 B 组成相等。

据说毕达哥拉斯定理的古典证明，就是利用两个小正方形和另一个大正方形的剪剪拼拼、分分合合来完成的。为了庆祝这一发现，毕达哥拉斯宰了整整 100 头牛。

有人通过剪剪拼拼、分分合合方法来证明：其边为 21 的正方形与其边各为 34（= 21 + 13）和 13 的长方形具有相同的面积。

如图：

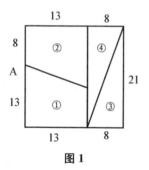

图1

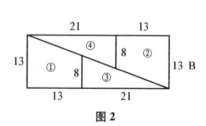

图2

上述证明合乎逻辑吗？让我们来考察一下。

正方形 A 分为两个长方形，其长宽各为 13×21 和 8×21。第一个长方形分为两个相同的直角梯形，梯形的底边各为 13 和 8，第二个长方形分为两个相同的直角三角形，其直角边各为 8 和 21。如图 2 所示，把被分割正方形所得四个部分拼成长方形 B。

也就是说，把直角三角形 3 拼在直角梯形 1 上面，让有共同的边 8 所组成的两个直角相接，这样，就组成了正边为 13 和 34（=13+21）的直角三角形，同样，由 2 和 4 也组成正边为 13 和 34 的直角三角形。最后，再将这两个直角三角形拼成长、宽各为 13 和 34 的长方形。

这个长方形的面积是：

$$13 \times 34 = 442 (平方厘米)$$

可是所"组成相同"的正方形的面积却是：

$$21 \times 21 = 441 (平方厘米)$$

看起来，整个拼接的过程是严格而一贯的，因而引出下述结论：正方形和刚获得的长方形的面积是相等的。可是计算的结果是：长方形的面积比正方形的大一平方厘米。这多余的一平方厘米的面积是从哪里变出来的呢？换句话说，

$$441 = 442$$

这个错误是怎样产生的呢？

对于几何学家来说，这不是个难题。但对于普通人来说，要查明这一平方厘米的来历，还真得动番脑筋呢！

在剪剪拼拼的过程中，读者的注意力往往只放在图 3 的边 8 与图 4 的边 8 长度相等以及两个直角相接之上，而忽略了拼接起来的那条"斜边"是否衔接得起来。

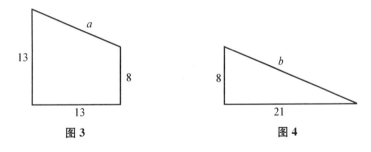

图 3　　　　　　　　　图 4

其实，图5中 a 与 b 的衔接是没有根据的。$\angle COD$ 不是一个平角，而是小于180度的钝角。根据习题所得出的尺寸，把图3和4拼接在一起所形成的图形，不是一个三角形，而是一个四边形（如图5所示）。按实际尺寸来画，这个四角形（图5）与三角形（图6）几乎很难区别开，因为总共只有一平方厘米的差别。

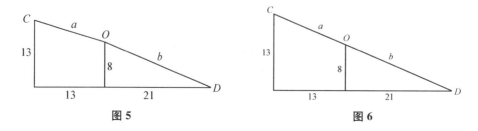

可见，整个证明过程所依赖的论据是未经检验其真实性的，是一个丐词。

从虚假的前提中可以做出严格的合乎逻辑的结论，但不可以用虚假的前提来做出证明。前提的错误就意味着证明的不合逻辑。推理与证明这两种思维形式的区别也就在这里。

毕达哥拉斯证明勾股定理的成功经验与上面这个反例启示我们：数学作为一门精确科学，讲究严格论证，而反对任意推广和想当然；掌握个别的数学原理是重要的，而更重要的是掌握这些原理的根据和证明。

在各门科学当中，要数数学给予逻辑思维的发展以最深刻的影响。它判断准确，推理严密，使人受到严格的逻辑思维训练。因此，有的数学家认为，掌握数学的演绎思维方法，有时甚至比学习某些数学知识更重要。

"有胡子就算学识渊博"吗?
——归谬法

你见过显微镜下的微生物吗?那些在肉眼下视而不见的小生命,在显微镜下居然"无"中生有,了了分明。据说列文虎克在显微镜下头发现一个以滑稽状态滚动着的细菌时,惊叫了起来。显微镜真不愧为敲开微观世界大门的金钥匙啊!

摄影师把感光胶片或相纸投入显影药水中,顷刻之间,影像便还原出来。

撒一把明矾到混浊的水中,不要多久,便清澈见底。

说起反驳当中的归谬法,常使人联想起上述一类情形。归谬法仿佛有种神奇的力量,它能把隐藏在幽山迷雾中的妖魔鬼怪一下子逮到光天化日之下,使人大吃一惊。

归谬法是这样的一种方法,它从对方的论题出发,引出一个荒谬的结论,从而证明对方的论题虚假。

下面是一则外国幽默小品文:

> 药剂师走进邻居一个书商的铺子里,从书架上拿下一本书来问道:"这本书有趣吗?"
> "不知道,没读过。"
> "你怎么能卖你自己未读过的书呢?"
> "难道你能把你药房里的药都尝一遍吗?"

这一反问,问得药剂师哑口无言。书商采用的是归谬反驳。假定你说的是对的,一个书商不能出卖连自己都没读过的书,那么同理,一个药剂师也不能出卖连自己都没有尝过的药,这岂不荒谬?

使用归谬法的步骤是,先把所要反驳的虚假论断当作充分条件假言判断的前件,引出荒谬的后件。由于后件的荒谬是一目了然、毋庸置疑的,并且又是从前件合乎逻辑地推导出来的,这就使得前件原论题中不大明显的谬误充分暴露出来,从而被驳斥。

熊蕾在《有趣的老爹熊向晖》中转述了他父亲耳闻目睹的一则笑话：故事大约发生在1958至1959年。那是一个"人有多大胆，地有多大产"的"大跃进"年代。河北遵化县和全国许多地方一样，争相"放卫星"。各公社领导开会报产量，产量越报越高。放出最高"卫星"的一个公社书记居然把白薯的产量报到亩产百万斤。会上只有全国劳动模范王国藩不动声色。会后，王国藩叫住那位"百万"书记，问："你体重有多少斤呐？"那人一愣，说："100多斤吧，怎么啦？"王国藩说："就你这么大个儿的白薯，一亩地能堆到一万个吗？"说罢扬长而去。这样的反驳令人拍案叫绝！

有位资本家请画家为他画一幅肖像，但事后却拒绝付议定的5 000元报酬。他的理由是："画的根本不是我。"

对付这赖账的理由，画家自有妙法。他把这幅肖像公开展览，题名为《贼》。

资本家万分恼怒，打电话向画家提出抗议。画家平静地回答说："这事与你无关，那幅画画的根本不是你。"

资本家不得不买下这幅画，改名为《慈善家》。

在这则小幽默中，画家借助了归谬法的威力。假定你说得对（"画的根本不是我"），那么你无权过问这幅画（我可以随便取名为贼、流氓或其他），你觉得很荒谬不能接受，你就得否定"画的根本不是我"。

在许多名人的论辩著作或谈话中，我们可以看到，归谬法简直是他们得心应手的高倍数的显微镜。

杜林说："谁要是只能通过语言来思维，那他就永远不懂得什么是抽象的和纯正的思维。"恩格斯对此驳斥道："这样说来，动物是最抽象的和最纯正的思维者，因为它们的思维从来不会被语言的强制性的干涉弄得模糊不清。"

美国著名小说家、幽默大师马克·吐温收到一个初学写作的青年的来信。信中说：听说鱼骨头里面含有大量的磷质，而磷质有补于脑子。那么，要想成为一个作家，就必须吃很多很多的鱼才行吧？不知道这种说法是不是事实。他问马克·吐温："您是否吃了很多很多的鱼？吃的是哪种鱼呢？"

马克·吐温在回信中告诉他："看来你要吃一对鲸鱼才行。"

幽默大师运用归谬反驳的方法来批评那位青年的可笑的想法。你想通过多吃鱼来成为专家，最好是吃一对鲸鱼，这显然做不到，说明你通过吃鱼来成为作家的想法是不科学的。

朱熹说："天不生仲尼，万古长如夜。"李贽便在《赞刘谐》这篇短文中引用了刘谐的话:"怪不得羲皇以上圣人尽是燃纸烛而行也!"

有人赞美警策句语简言奇而含意精切动人,如同蜜蜂,形体短小而有刺有蜜,文中有了它,往往气势就此一振。我们不妨把对警策句的溢美之词移赠与归谬反驳。

有很多针砭谬误的谚语,是采用归谬形式出现的,例如:

> 如果叫喊能帮助建成一座房子,那么驴子就能建成一条街。
> 如果有胡子就算学识渊博,那么山羊也可以上讲台。

看了这样两句谚语,不觉哑然一笑,在一笑之中领会了"叫喊能帮助建成一座房子""有胡子就算学识渊博"的虚假性。

当然,严格说来,这两条谚语是不合逻辑的。因为人呼与驴唤、人的胡子与山羊胡子毕竟不是一回事,但谚语故意偷换概念,把它们扯在一起,用来揶揄错误观点,想来也不会有人去追究的吧。

莎士比亚和苏东坡都很喜欢使用"博喻"法,"取以为喻,不一而足",用一连串五花八门的形象来描摹一种声色状态,像车轮战法一样,直弄得它应接不暇。倘若喻的是事理,往往又成为叠句式的喻证或归谬反驳。

在苏东坡的笔记文《志林·记与欧公语》篇中,苏东坡与他的老师欧阳修的对话非常精彩,特翻译如下,以飨读者:

> 欧阳文忠公曾经说过:有一病人,医生问他得病原因,回答说:"乘船时遇上刮大风,受惊吓而得病。"医生就取来多年的舵把子,上面浸透了舵工的手心汗,刮下细木屑,加上丹砂、茯神等药,为他治病,喝下去就好了。现今的《本草·别药性论》上说:"止汗用麻黄根节,以及旧的竹扇子刮末入药。"文忠因此说:中医以意用药多类似这样做法;初看很像儿戏,然而有时也很灵验,恐怕也不容易问出个所以然来。我(指苏东坡)便对先生说:照这样说来,用笔墨烧灰给读书人喝下去,不是可以治昏愦病了吗?推此而广之,那么喝一口伯夷(孤竹君之子,与其弟互相推让王位)的洗手水,就可以治疗贪心病了;吃一口比干(商纣王淫乱,比干谏而死)的残羹剩汁,就可以治好拍马屁的毛病;舔一舔刘邦的勇将樊哙的盾牌,可以治疗胆怯;闻一闻古代美女西施的耳环,可以除掉严重的皮肤病。公听了便哈哈大笑。

一个人因惊风而得病,医生便根据他得病的原因,用被汗水浸透了的舵把子刮下的木屑入药,据说治好了病。中医理论所谓医者,意也,即意会的意思,"医以意用药多此比",的确有时很灵验,而科学发展至今日,还说不出个所以然来。苏东坡认为,如果这样用药对头的话,那就会推导出一系列的荒唐结论来,欧阳修"大笑",他是否赞同苏东坡,没有交代。

苏东坡的一系列推断是否从"医以意用药多此比"中必然引申出来的,这个问题值得讨论,不过这已不是本文力所能及的了。

归谬法除了上面讲的从被反驳的判断中引申出荒谬结论即假判断,从而推出该被反驳判断虚假这一种形式外,还有另外一种形式,即从被反驳的判断中推出一个与其相矛盾的判断。

如果有人说"一切判断都是真的",我们可以这样来反驳他,假定你说的是对的,即"一切判断都是真的"这个判断是真的,但是"有的判断不是真的"也是判断,因此"有的判断不是真的"这个判断也是真的。"有的判断不是真的"既然是以"一切判断都是真的"为前提推出来的,而两者又构成了矛盾判断,可见"一切判断都是真的"这句话是假的。

在王梓坤的《科学发现纵横谈》第二章第十四篇中,有下面一个例子:

任何一个正整数,除了可以被1与它自己除尽外,如果不能被其他整数除尽,即不能分解因子,就称为素数。例如:2、3、5、7、11、13等都是素数,而4、6、8等则不是(因为它们至少都可被2除尽)。

问题:一共有多少个素数?

欧几里得回答说:有无穷多个。他的证明很简单:如果说只有有限多个,那么,就可以把它们统统写出来,记为 $P_1, P_2, \cdots\cdots P_n$,此外,再也没有更大的素数了。然而

$$P_1 \times P_2 \times \cdots \times P_{n+1}$$

或者是一个素数,它显然比一切 $P_1, P_2, \cdots P_n$ 都大;或者它包含比它们都大的素数因子。不论哪种情况,总有更大的素数存在。这样便发生了矛盾。因此,只有有限多个素数的假设是错误的。

这个证明再简单也没有了,在数学中叫作构造性证明,在逻辑上则称为归谬法证明。

男孩还是女孩
——反证法之一

据说,克罗特地区有一个奇怪的风俗:男人和男孩都说真话;而女人和女孩从不连续地说真话或假话,即:如果前句是真话,那么她下句便要说假话,反之亦然。

有一天,旅行者遇到一对带着孩子的夫妇。旅行者问那个孩子:"你是男孩吗?"孩子用克罗特语回答,可旅行者听不懂孩子的话。好在孩子的父母都会说旅行者的语言。

"孩子说'我是男孩'。"他们当中的一个说道。

"孩子是女孩,孩子说谎了。"另一个说道。

读者能不能根据孩子父母的话,判断出这个孩子是男孩还是女孩?是父亲先说话还是母亲先说话?

纵使没有学过逻辑的读者,要解答本题,也不是一件很难的事,但要知其然并且知其所以然,却不是每人都做得到的。

由于谜底是唯一的,我们要揭出谜底可以从假设开始。作出假设后,进行推导,如果导出了矛盾,则这假设是错的,利用反证法,即得正确谜底;如果未导出矛盾,则这假设是正确的。

可以先从假设孩子是男或是女做起,也可以从先假设父母亲哪一个先说做起。

让我们先从假设孩子是男的来开始。

在这个前提之下,第一个说话的要么是父亲,要么是母亲。

如果这两种情况都会导致矛盾,那就要推翻前提,即孩子不是男的。

我们接着来假设第一个说话的是母亲,那么母亲说的"孩子说'我是男孩'"这句话是真的。

而第二个说话的是父亲,共有两句话,"孩子是女孩,孩子说谎了"这两句都是假的,而题意告诉我们,男人是不说假话的,所以与题意矛盾。因此,在假设孩子是男孩这个前提下,第一个说话的是母亲,第二个说话的是父亲不成立。

再来看第一个说话的是父亲而第二个说话的是母亲行不行？

第一个说话的是父亲，他无疑说了真话。第二个说话的是母亲，她的第一句话显然是假的，而她第二句话"孩子说谎了"，根据女人不连续说假话的题意应为真话，但是根据题意，男孩又是不说谎的，因此，又导致了矛盾。

在假定孩子是男孩的前提下，无论第一个说话的是父亲还是母亲，都会导致矛盾，因此由之出发的假定前提是假的，即反证了孩子是女孩。

以上推理的逻辑依据在哪里呢？

对于任何演绎推理（其中包括三段论）来说，如果推理形式正确而前提假，结论却不必然是假的。

但是，如果推理形式正确而结论假，那么，前提之中一定至少有一个是假的。

这个假前提是不是我们最初的假定"孩子是男的"呢？倘若这个假定是真的，那么一定会有一种情况（要么父亲第一个说话，要么母亲第一个说话）不产生矛盾，但是，现在两种情况都产生了矛盾，因此，最初的假定"孩子是男的"不成立。这里运用了假言易位推理，而具体的推理如下：

　　如果孩子是男的，那么有一种情况不会导致矛盾，
　　所以，如果没有一种情况不会导致矛盾，那么孩子不是男的。

这样，我们得到谜底之一：孩子是女的。

从这个真的前提出发，如果第一个说话的是父亲，则第二个说话的是母亲。她的第一句话"孩子是女孩"显然为真，而她的第二句话据题意应为假话，"孩子说谎了"为假，即意味着孩子说了真话。孩子说真话，应为"我是女孩"。但是这句话又与第一个说话的父亲所说"孩子说'我是男孩'"相矛盾，据题意，父亲是不会说谎的。因此，第一个说话的不是父亲，而是母亲。至此，解答完毕。

结论是：孩子是女的，第一个说话的是母亲，第二个说话的是父亲。

有人觉得，以上的推导过程，步骤太多了，本题有捷径可走。持这种看法的人，提出了一种方案，即找所谓特征语句。他们找到了本题的特征语句："孩子是女孩，孩子说谎了"，认为只要找到了这种特征语句，推理步骤就可以大大简化。

这种想法，主观愿望是好的。诚然，对于一个证明来说，这可以说是逻辑

的一个"美学原则"。只有简短的证明在数学家看来才是美的,漂亮的。

  但是,要知道,大凡智力测验题,题意上的每一个已知条件都是解题的必要条件,缺一不可。要说有什么特征语句的话,凡是反映这些已知条件的语句都是特征语句,想跳越一些必要的推理步骤,实际上是抛弃了某些已知条件。倘若这样做,真的能够得到必然的结论的话,那么智力测验题的题意本身就已经不符合"美学原则"了。

谁是说谎者？
——反证法之二

某海岛上有两个土著部落,一个部落的人总说谎话,另一个部落的人总说真话。

有一位旅行者遇到了一高一矮两个土著居民,他俩分属两个部落。旅行者问那个高个子:"你是说真话的人吗?"

高个子回答:"奥匹甫。"

旅行者知道,"奥匹甫"的意思是"对"或是"不对"两者之一,但忘了到底是"对"还是"不对"。

幸好矮个子与旅行者语言相通,于是旅行者问他:"你的同伴说什么?"

矮个子说:"他说'对',但他是个说谎者。"

矮个子刚说完,旅行者立即就断定高个子是说谎者,而矮个子则是说真话的。

旅行者是这样来推论的:

假定矮个子说的是真话,看看能不能推出矛盾,如果能推出矛盾,则反证出矮个子说假话。既然假定矮个子说真话,那么高个子就说假话了。矮个子说奥匹甫是"对",又说"他是个说谎者",这两句话都应是真话,因为高个子作为说谎者是不会承认自己是个说谎者的,他只能回答旅行者"对"。这样看来,假定矮个子说真话,不会导致矛盾。这个假定可能成立。但还不能说得到了证明。

我们再来假设矮个子说假话,则高个子说真话。既然矮个子说假话,那么他说"对",得其反是"不对",他说高个子是说谎话,得其反高个子是讲真话的人。而这两个结果"讲真话的人"与"不对"是矛盾的。因为讲真话的人回答旅行者只会如实回答"对",而不会谎称"不对"。由于这个假定导致矛盾,因此该假定不成立,从而又反证了其矛盾命题"矮个子是说真话的"是成立的。

本来,我们的解答是应该到此结束了,但是思维严密的人会提出这样一个问题:从第二个假定出发,一定会导致矛盾吗? 不一定吧! 理由是题意上的"总说谎话"有歧义。

这个问题提得好。矮个子一共讲了两句话，一句是"他说'对'"，另一句是"但他是个说谎者"。这两句话，从语法上来分析，是一个转折复句，而从逻辑上来分析，则是一个联言判断。

一个联言判断的真假是由其联言支的真假来决定的。当所有的联言支真时，这个联言判断为真；当其中有一支为假而不必所有各支为假时，该联言判断亦为假。于是，假定矮个子讲假话，其联言支的真假就有三种情况。我们用 P 表示"对"，用 q 表示"他是个说谎者"，则有：

（一）非 P∧非 q 即：P 假且 q 假
（二）非 P∧q 即：P 假且 q 真
（三）P∧非 q 即：P 真且 q 假

前面的推理是根据（一）为前提的，我们不再重复。

我们再来看看以（二）为前提会不会导致矛盾。由于（二）中 P 是假的，即"对"是假的，则"不对"是真的；又由于 q 是真的，即高个子是个说谎者，把这两句话合起来就成为"说谎者说'不对'"，即说谎者承认自己是说谎者，这是矛盾的。因此以（二）为前提，不能成立。矮个子说谎不能成立，得其反，矮个子是说真话的。

以第三种情况为前提进行推理，会不会导致矛盾呢？由于在（三）中，P 真，即"对"是真的，而 q 是假的，即"高个子是说谎者"为假，则高个子是说真话的，说真话的人回答"对"，这合乎逻辑。因此，根据（三）就不能否定矮个子说谎的假定，也就达不到反证矮个子说真话的目的。

根据以上的考察，对"总说谎话"，有两种理解，一种是理解成通篇说谎话，就是句句说谎话（每一简单句所表达的简单判断都是假的），在这种情况下，运用反证法，能推出矮个子讲真话，而高个子是说谎者；还有一种理解是，对于由简单句组成的假的联言判断，其中有的支判断为真，有的支判断为假，则无法判定。

比较"总说谎话"的两种意义，我们觉得，在日常生活中一般理解为前者，较为保险。如果理解为后者，则加上必要的说明为好。

为什么一个看起来不易解答的问题，旅行者简简单单地问了两句，就马上可以搞得明明白白？有人觉得玄乎，有人虽然也能推一推，但是知其然，而不知其所以然。

其实，旅行者问高个子"你是讲真话的人吗"，对于这个问题的回答构成一个永真命题，就是说，这个回答是唯一的，不管是讲真话的人还是讲假话的人，总是回答"对"，而不可能是"不对"。当然得补充说明，回答者须针对问题，而不能答非所问，违反同一律。既然答话是一个永真命题，就可以拿它来判别其他人的话是真是假，相符的为真，不符的为假。旅行者中只要听到矮个子说一句"他说'对'"，马上就可推断。

阿 Q 和东郭先生的逻辑
——不相干论证

"凡尼姑,一定与和尚私通;一个女人在外面走,一定想引诱野男人;一男一女在那里讲话,一定要有勾当了。"这是鲁迅小说中的人物阿 Q 的"名言"。阿 Q 愚昧无知,在辩论中却常常"大获全胜"。他有两个制胜法宝:一是精神胜利法,二是特殊的逻辑。

阿 Q 逻辑的显著特点是乱点鸳鸯谱,将两件本来没有必然联系的事情,硬贴上一定这样那样的标签。

有时,他会仗着奇怪逻辑的力量,干出荒唐事来。当他去调戏静修庵的老尼姑时,口吐脏水说:"和尚动得,为何我动不得?"

还有一次,他到静修庵的菜园去偷萝卜,被老尼姑发现了。阿 Q 理直气壮地说:"这是你的?你能叫得他答应你吗?你……"

面对这样高妙的反问,有点理智的人都会哑口无言的。

阿 Q 的逻辑用三个字来概括叫"推不出",就是从前提不能必然推出结论。"推不出"的谬误在论证中又称为不相干论证。不相干论证是这样一种谬误:在论证中,所用论据不能论证论题,或者说论据与论题之间没有必然联系。

东郭先生的故事,家喻户晓,尽人皆知。但人们往往忽略了这个善良的迂腐的书呆子,是用什么方法骗过赵简子的。

据明人马中锡的《中山狼传》载,赵简子追不着狼,盛怒之下,"拔剑斩辕端",威胁东郭先生:"敢讳狼方向者,有如此辕!"吓得东郭先生跪在地上。但这个儒者到底喝过许多墨水,能够讲出一番道理来蒙混,他说:"鄙人不慧,将有志于世。奔走遐方,自迷正途,又安能发狼踪以指示夫子之鹰犬也?"于是,"简子默然",查也不查一下,就往别处追去了。

研究一下东郭先生的遁词是有意思的。遁词者,理屈词穷或不愿以真意告人时,用以支吾搪塞之语也。孟子说:"遁词知其所穷。"东郭先生穷于应急的搪塞之辞,包含着严重的逻辑错误:用作论据的"奔走遐方,自迷正途"(远途奔波,迷失道路),与"安能发狼踪"(不能看见狼的踪迹)这二者之间,没有必然联系。

提出一个论题来,要说明它是正确的,就必须有真实的论据来支持它,做到言之有理,持之有故,而确定论据与论题之间的逻辑联系,这就是论证。论证是推理的运用。论证要合乎逻辑,必须遵守推理的规则。如果论据是真实的,而论据与论题之间又有必然的联系,那么论题就得到证明。

东郭先生的"自迷正途"纵使是真实的,拿来做论据也还是推不出"安能发狼踪"。因为不迷途的人也好,迷途的人也好,都是有可能"发狼踪"的。其谬也甚矣,可惜豪放而又粗疏的赵简子不懂这道理,上了东郭先生的老当。

《吕氏春秋·察今》中有一则寓言故事说,有一人过河,看见一个人牵着小孩正要把他扔下河去,小孩哭了起来。过河的人便问那人什么道理。回答说:"此其父善游。"父亲很会游泳,难道儿子一定从小会游泳吗?这里也是"推不出"。论题没有得到论证。

鲁迅在《作文秘诀》中说:"作文却好像偏偏并无秘诀,假使有,每个作家是一定传给子孙的了。然而祖传的作家很少见。"他在《运命》中又说:"……汉高祖的父亲并非皇帝,李白的儿子也不是诗人……"总之,父亲是父亲,儿子是儿子,他们在这种那种技能上并没有像血缘那样的必然联系。以父亲的善游、善写来论证儿子的善游、善写,岂非如上述寓言所说那样,要戕害人吗?

既然论证是推理的运用,那我们要知道某论证是否合乎逻辑,就要检查一下该论证用的是何种推理形式,是否符合推理规则。

倘若用的是演绎推理,由于其结论是必然的,假使论据真实,推理合乎规则,可以确定那论题被证实。

有一幅题为《今日阿Q——我不死证明烟无害》的漫画,寥寥几笔勾勒出一个人头,嘴上叼个烟斗,像个"Q"字,配上新奇的题目,题图相映成趣,耐人寻味。用"我不死"来"证明""烟无害"显然牵强附会,却又往往使"今日阿Q"步入迷津:

> 如果抽烟有害,那么我会早死,
> 我不死,
> 所以烟无害。

这俨然像个充分条件假言推理的否定式,通过否定后件来否定前件。明眼人一看就知,这个充分条件假言推理的形式结构是成问题的。由于烟对人体的危害是一个缓慢的过程,抽烟无异慢性自杀,会缩短人的相对寿命。"我不死"不是对"我会早死"的真正否定,所以,上述论证过程是"阿Q"式的证明,只能授人笑柄。

倘若论证用的是归纳推理,那么要看看是不完全归纳,还是完全归纳。若是不完全归纳还要看是否是科学归纳。不完全归纳推理,其结论是或然的。要把哥德巴赫猜想由假设变为定理,纵使用电子计算机算上三天三夜,列举出一系列大得难以计数的素数来,那还是不完全归纳,猜想仍然是猜想,不能说得到证明。科学归纳法与完全归纳法的结论则是必然的。

倘若论证用的是类比推理,那要防止机械类比和类比不当的错误。

有人用"龙生龙,凤生凤,老鼠生儿打地洞"来类推"老子英雄儿好汉,老子反动儿混蛋",真是大谬不然。龙不会生出蛇来,凤凰不会孵出乌鸦,老鼠生儿也不会成为飞行物,人的后代当然也是人,这样类推是无可非议的。但一牵涉"英雄""好汉""反动""混蛋"这样的社会属性就没有什么必然性可言了。就说臭名昭著的卖国贼秦桧吧,他的曾孙就是一位垂青史册的民族英雄。类比证明的启发性较强,但它只是一种辅助性的证明,在三种推理形式中,要以演绎的证明力为最强。

论据与论题的关系可以是逻辑理由与推断的关系,例如"水银柱上升"是"温度升高"的逻辑理由,也可以是原因与结果之间的关系。

在确定原因与结果之间的关系时,常见的一种错误是认为"在此之后,即由此之故",即前后相随的两件事,前者总是原因,后者总是由这个原因造成的结果。

某人眼皮跳后,遭了大难;某家听到喜鹊叫后,喜事临门;某处乌鸦聒噪一阵之后,火灾频发……于是乎有人振振有词地论证说"喜鹊叫,喜事到""乌鸦叫,天火烧""眼皮跳,祸难逃",是自古以来的真理。其实是犯了"在此之后,即由此之故"的错误。

就拿乌鸦"报丧"来说,虽然多少有点联系,但是没有必然联系。乌鸦是农业的益鸟,会捕食蝗虫、棉铃虫和蚜虫等。由于其貌不扬,羽毛又黑,歌喉又哑,还偏好啄食腐尸烂肉,令人讨嫌。它的灵敏的嗅觉功能能闻到远处尸体的腐臭,同样也能闻到危重病人身上的微弱臭气。因此说,乌鸦上门呱呱叫,偶尔确有丧事到,但并非一定如此。

1811年,拿破仑入侵俄国前夕,北半球上空的一个直径为一百多万公里的大彗星飞过俄罗斯上空,天空为之变赤。不久拿破仑大军的铁蹄就踩躏了俄国大地。许多俄罗斯人从此更加深信:血红色的天空是战火劫难的征兆。

显然，这一切都是迷信。它证明了"在此之后，即由此之故"的虚假性。尽管原因必定在结果之前，却万不能误以先后为因果，去重复迷信的人们的老调。

《新民晚报》的《蔷薇花下》专栏里有过一篇题为《"鬼话"连篇》的短文。文章说上海某弄堂两个阳台上发生了争吵。原因是一户人家在房顶上放了一只骨灰箱，箱后竖着一面镜子，照得对面闪闪发光。对面阳台上的一个小伙子大叫："怪不得前几天丢了皮夹子，破了财，原来是他们在触我霉头。"

一位老太也凑热闹说："我一向身体蛮好，前几天却生起病来了。没想到是这家人家在'阴损'我。"两人一起瞎嚷嚷要求对方赔偿经济损失。

放骨灰箱的人家自觉"理亏"。不敢多还嘴，但他们不同意承担对方的损失，理由是骨灰箱是昨晚才放到屋顶上的，因此"不搭界"。

短文的结尾有一句精到的评论："双方闹了半天，彼此说的都是'鬼话'。"

鸦片烟的催眠力量
——循环论证

中世纪经院哲学的集大成者托马斯·阿奎那(约 1225—1274)能轻而易举地解释世界上任何现象的原因。他凭借的万应药方是所谓"隐蔽的质"的学说。

铁为什么能压延呢？他认为那是由于铁具有压延的"隐秘的质"。

铁为什么能在高温下熔化呢？是因为铁具有一种在高温下能够使铁熔化的"隐蔽的质",而这种"质"是什么呢？他认为就是在高温下能够使铁熔化。

依此类推,对于任何一种事物来说,它之所以具有某种属性,只要同义反复地说某物中有某种"隐蔽的质"就可以了,不必深入研究事物的根本原因和内部结构。托马斯这一"隐蔽的质"的学说实在可以称为懒汉哲学。这种解释、论证方法在逻辑上称为循环论证。

循环论证是这样一种谬误:直接或间接地从论题中推出论据,再以这样的论据来论证论题。即是说,或者论据与论题是同义的,若有不同,也仅是表达有所不同;或者论据就是论题的直接逻辑结论。循环论证等于没有证明。

在法兰西作家莫里哀的喜剧《假病人》中,有人问一位医生,鸦片烟为什么能够催眠,这位医生回答说:"鸦片烟之所以能催眠,是因为它有催眠的力量。"显然,这是用论题本身来论证论题,是无济于事的空洞的废话。如果说鸦片烟是取罂粟未成熟的果实的汁液制成,其中含有吗啡、尼古丁等生物碱,性毒,具有麻醉作用,那么,便完满地回答了该问题。

在另一喜剧《屈打成招》中,有个父亲想知道为什么他的女孩是哑的。医生解释说:"没有什么比这更简单了,这就是由于她丧失了说话的能力。"并且说:"我们所有的优秀医书都会告诉你,这是由于她不能说话。"

在印度 7 世纪中期以前,无论哪个宗派和个人参与辩论,都不允许循环论证。这是当时约定俗成的一个辩论规则,是辩论中的题中应有之义。印度中世纪逻辑之父、佛教大论师陈那还特别指出一种称为"不共不定"的循环论证错误。例如,古代属于婆罗门教的声论派为了论证"凡声音都是常住的",便以"凡所闻的都是常住的"作为理由。谁都知道,世上除了声音再没什么是可以听得见的。说"凡所闻的都是常住的"就等于说"凡声音都是常住的"。

经院哲学家反对哥白尼关于地球与太阳系其他行星围绕太阳运行的学说,他们妄图证明宇宙是有止境的,是有限的。他们在证明宇宙有限时说:宇宙在一昼夜之间绕一个不动的中心运行一周,这个中心就是地球的中心。可是当他们证明这个根据本身的真实性时,所依据的却又是宇宙的有限性,因为如果宇宙是无限的话,就不能够理解何以无限的宇宙竟能在一昼夜之间绕自己的中心运行一周。这就是说,论题"宇宙有限"是用论据"宇宙昼夜绕中心运转"证明的,而这个论据本身又要借助于被证明的论题"宇宙有限"来证明。

欧洲中世纪的"最后一个教父和第一个经院哲学家"安瑟伦(1033—1109)曾为上帝的存在作出许多论证,其中最出名的数他那个"本体论证明"。

安瑟伦武断地提出,每个人的心中都具有上帝的观念,就连愚人心里说的"没有上帝"这一思想本身,也就是证明上帝是存在的。因为在他看来,"上帝"这个观念本身就意味着"绝对完备者",不能设想有比它更伟大的实体存在。既然我们确定无疑地认为,上帝是最完善者,那它就绝不可能仅仅存在于心中。因为假定它仅仅存在于人的心中,就能够设想现实中的存在物可能比它更完善。即是说,假如上帝仅仅存在于人心中而不具有现实的存在,那它就不是最完善的实体了。但是我们早已确信没有任何东西比上帝更完善,"因此毫无疑问……它既存在于心中,也存在于现实中"。

安瑟伦的手法并不高明,他为了论证上帝是存在的这一论题,预先把上帝解释成最完善的实体,这种最完善的实体是无所不包的,既然上帝是无所不包的,当然它存在于现实之中这种性质也就包括在内。简而言之,这等于是在说,为什么上帝是存在的,因为它是存在的。马克思一语破的,指出这种证明不过是一种空洞的"同义反复"。同义反复,是直接的循环论证。

由于安瑟伦的论证方法拙劣,就连主张上帝存在的一些同时代的经院哲学家都起来反驳他。都兰的僧侣高尼罗写了《为愚人辩护》一文,主张把实在的东西和思想中的东西区别开来。他说人们可以想象大海的某处有一座珍藏各种无价之宝的岛,这个岛比其他一切国度都更优越,但是不能由此推出这个岛的真实存在。

17世纪唯心主义的唯理论者勒内·笛卡儿论证上帝存在的方法,实际上是中世纪经院哲学家安瑟伦"关于上帝存在的本体论的证明"的翻版。笛卡儿从他"我思故我在"这一唯心主义命题出发,根据"概念的明白和清楚"的真理标准,推论了上帝的存在。他说,当我在怀疑的时候,我就不是完美的存在,因为怀疑总是表明认识的不足,不完美。可是,在我的心里是十分"明白、清楚"地意识到有一个无限完美的上帝观念,这个完美的观念绝不可能是不完美的我产生出来的。因此,它必然是由一个无限完美的实体把这个观念放到我心里来的,它只能是上帝。上帝既然是无限完美的,就必然包括存在这个属性,所以,上帝是存在的。

在经院哲学家看来,落体垂直下降这常见的自然现象,是地球静止说的无可辩驳的证据。他们说:如果地球转动,石子就不会落在塔底,而应当落到与塔底有一段距离的地方,石子的运动也不会是直线运动,应当是斜线运动。然而,我们看到的是石子垂直落到塔底。因此,地球是不动的。

其实这只是事物的表面现象。伽利略敏锐地指出,经院哲学家的错误是把需要加以证明的命题,当作已知的正确前提。

事实上,地球本身的运动,对地球居民来说,必然觉察不出,好像根本不存在一样。这同我们在船舱里常常觉察不出船是在运动还是静止不动一样。因为运动只是相对没有这种运动的物体才存在,在所有具有相等运动的物体之间,运动仿佛不存在。

在石子自塔顶垂直下落这个事例上,由于地球、塔、石子和我们观察者都是做周日运动,因此,我们感觉不出这种运动。唯一可以观察到的,是我们没有参与的运动,即石子自塔顶落下的运动。事实上,石子自塔顶落下时,并不是像经院哲学家主观臆想的那样,在脱离静止状态,而是在脱离和地球一样的运动状态,这种运动和向下运动相结合,就形成一种斜线运动。只是由于塔、石子和我们都具有地球的周日运动,所以我们观察到的是石子自塔顶垂直落下的直线运动。

国父排行第五与计划生育
——诉诸权威

古罗马的盖伦(公元130—200)是解剖学的权威。他根据自己对猴子的解剖,断言人的大腿骨也是弯的。后世的许多医家、学者往往照本宣科。他们不屑于操刀解剖,自己高坐讲坛,而让助手在台下执棒指点,由仆人执刀,学生们则环绕旁观。当解剖发现大腿骨是直的时,这些医家、学者对盖伦不敢提出一丝一毫的怀疑。那么,人的大腿骨为什么是直的呢?他们认为是长期穿紧身裤造成的。真是荒唐的解释。

诉诸权威是这样一种谬误:仅仅引用有权威性的人或有权威性的书上的话作为论据,以此论证某论题。

人们在说话写文章时,特别是在论证某一论题时,往往引用权威人士的言论。既然某某权威认为某观点是对的,那么这一观点便是对的。人们在论证时,为什么往往搬出权威来为自己的观点服务呢?这是因为权威的言行比普通人的更具有说服力。权威是在社会发展过程中产生的最有威望(或最有强制力)、最有支配作用的力量。在一个论证中,适当引用权威的言行,会大大增加论证的说服力,从而达到宣传的目的。

常常有这样的情况,尽管对某种思想观点作了完全合乎逻辑的论证(论据是真实的,论证方式是有效的),但仍不能保证宣传的成功。从心理学的角度来看,权威的言行极大地影响着宣传效果。下面的一次有名的心理学实验是美国某大学心理学系所做的。

上课前,教授向学生们介绍了一位德国来宾,名叫冈斯·施米特博士,是一个"世界闻名的化学家","这次是被特别邀请到美国来研究某些物质的物理化学特性的"。

课堂上,这位博士操着德国人特有的腔调向学生们解释说,他正在研究他所发现的几种物质的特性。这些物质的扩散作用极快,人们能够马上闻到它们的气味。他说,由于大家都是研究感觉问题的,所以他就同大家一起来做实验。

他从皮包中拿出一个装有液体的玻璃瓶对大家说:"现在我就拔出瓶塞,

这种物质马上就会从瓶子里挥发出来。这种物质是完全无害的,不过有那么一点气味,就跟我们在厨房里闻到的那种气味差不多。这个瓶子里装的是样品,气味很强烈,大家很容易闻到。不过,我有个要求,你们一闻到这种气味,就请立刻把手举起来。"说完,这位化学家拿出秒表,上紧发条,没多久,学生们从第一排到最后一排依次举起了手。"施米特博士"向学生们表示感谢,并带着满意的神情离开了教室。

其实,哪里有什么德国来宾呢?学生们集体受骗了。心理学教授自拆骗局。这位"施米特博士"不过是德语教研室的一位老师化装的,而带有强烈气味的物质,原来是蒸馏水。

上面这一实验清楚地说明,权威的言行能起到特别的宣传效果。

黑格尔说得好:"正像同一句格言,从年轻人(即使他对这句格言理解得完全正确)的口中说出来时,总是没有那种在饱经风霜的成年人的智慧中所具有的意义和广袤性,后者能够表达出这句格言的所含的内容的全部力量。"因此,同样一句格言,出于一位饱经风霜的老人之口,其宣传效果往往胜过年轻人之口。

但说服力并不等于证明力。从根本上来说,正确的论证是有说服力的,但是绝不能倒过来说,凡有说服力的都是正确的论证。在一个论证中,适当地引用革命权威和学术权威的论断尽管很有必要,但不能以此代替论证。

名人权威,一言九鼎,田夫野老,人微言轻。然而名人权威并非句句是真理,许多至理之言倒出自田夫野老之口。所谓"智者千虑,必有一失;愚者千虑,必有一得"者是也。某一领域里的权威,即使是他在这一领域里的思想观点,也不能与真理划等号。

伽利略有句名言:"真理是时间的孩子,不是权威的奴仆。"400年以前,正是他本人论证了自亚里士多德以来关于重物比轻物下落速度快的概念是错误的。传说他在比萨斜塔顶层做过实验,两个大小不同的铁球同时下落,结果同时到达地面,伽利略作为自由落体运动的可靠权威,是毋庸置疑的。然而,400年以后的今天,令人震惊的证据——一种以前不为人知的,能在短距离内微弱地抵消重力的基本力——已被一批科学家发现。这种特殊力能使羽毛在没有空气阻力的情况下,向地面下落的速度比金属还快。现代科学家称其为超负载力,它与世所公认的重力、电磁力和叫作强力、弱力的两种次原子力并列为第五种力。

达尔文算得上生物学的可靠权威吧,但他的进化论却有三个不可忽视的错误。

国际著名地质学家、瑞士籍华裔学者许靖华于1986年在上海作学术报告时指出，达尔文的第一个错误是，把地质历史上生物的大规模灭绝当作地质记录不完善的表现，误认为生物进化是一个均匀、缓慢的过程。现在已经查明，物种灭绝实际上是在相当短暂的时间里一下子发生的。

第二个错误是把人类社会的现象用到生物物种的进化上去，设想物种的发展与人口一样，也是随时间按几何级数增长的。但是，化石记录表明，物种增长实际上表现为对数图形。达尔文用生物进化来说明人口增长规律，实际上犯了循环论证的逻辑错误。

第三是把生存竞争当作物种灭绝的原因。现在已经查明，物种灭绝是由于自然环境的突变。生物进化不是"适应者生存"，而是"幸运者生存"。说适应者生存，是同义反复。

诉诸权威的谬误的突出表现是滥用权威。

一般说来，某一权威人物只是某一个或几个领域里的权威，如果认为一个人在某一领域中是权威，而在其不熟悉的领域里也是权威，并用他的话作论据，去论证他不熟悉的领域里的某论题，那么便是滥用权威。

在古典力学领域里，牛顿称得上无与伦比的权威，但是为了证明上帝存在，而引牛顿"上帝是存在的"话以为论据，就属于滥用权威。如果有人引他关于"黄金不是元素，而是化合物"的观点，以论证"黄金是化合物"的论题，也是滥用了权威。

俗话说，"隔行如隔山"。这是说行行都有自己的特殊性。鲁迅认为"专门家的话多悖"，他们的悖，"是悖在倚专家之名，来论他所专门以外的事，社会上崇敬名人，于是以为名人的话就是名言，却忘了他之所以得名是哪一种学问或事业。名人被崇奉所诱惑，也忘记了自己之所以得名是哪一种学问或事业，渐以为无不胜人，无所不谈，于是乎就悖起来了"。

鲁迅曾举过两个滥用权威的典型例子。一个是德国的细胞病理学家维尔晓。他是医学界的泰斗，举国皆知的名人，然而他不相信进化论。教徒便请他来作了几次反对进化论的演讲，一口归功于上帝，造成了极坏的影响。再一个是法国昆虫学专家法布尔。他用人类道德于昆虫界，定昆虫为善虫或坏虫，却是多此一举。

诉诸权威的又一种突出表现是以宗教教条为据。这在欧洲的中世纪社会里司空见惯。在那时，"教会教条同时就是政治信条，'圣经'词句在各法庭中都有法律的效力"。任何一个人的言行,如果与基督教教义或别的权威性言论相违,都要受到法庭的严厉制裁。西班牙医生塞尔维特由于批判了盖伦的某些学说,触犯了宗教神学的权威,在被火刑处死前还被活活地烤了两个小时。

如果说滥用权威,以宗教教条为权威的谬误比比皆是的话,那么以权威其人本身的存在来证明某观点正确的事例却是很鲜见的。著名艺术家黄佐临先生撰文回忆了自己亲自参加的一场通过"强词夺理"而取胜的辩论。

1934年,北京和天津的青年会青联社进行了一场辩论对抗比赛。辩论的问题是:计划生育好不好?经过协商,北京队赞成计划生育,天津队则持反对观点。

辩论会在北京饭店郑重举行,两队队员都穿上夜礼服,气氛很严肃,清华大学优生学专家潘光旦教授等人任裁判员。当北京队占上风时,天津队忽然想出一个理由:我们的国父孙中山先生排行第五,如果实行了计划生育,国父何在?革命权威一出场,天津队立刻反败为胜。优生学家虽然不赞成天津队的歪理,但当时正是三民主义盛行之时,无可奈何,反驳不得。于是天津队荣归故里。

李鬼求饶
——诉诸怜悯

香港《明报》有一篇文章谈到，1986年上海遣送站收容的数以万计的乞丐中，骗者高达97%。这些乞丐绝大多数不是无人照顾的老弱病残，也不是农村中生活无着的贫苦农民，而是好吃懒做的二流子。在乞丐中流传着"讨到票子，盖了房子，娶了娘子"的说法。他们把大城市当作"淘金"之地，有人奔广州、深圳是为了乞讨出万元户，有人托钵上海滩竟是为了准备棺木。这说明，乞丐在当今社会的出现，已经不是社会的贫穷病，而是逐步演变为社会的富贵病。

有人说得好："美好的愿望以及愿望的实施有时并不能取得相应的效果。你的善良和无私，或许就是乞讨者好吃懒做恶习的土壤；你为对方做了本应他自己做的事，无形中正淡化了对方的责任感。"

许多乞丐被民政部门收容、遣返回乡，甚至都安排了固定职业，但是他们本性难改，总是千方百计逃离农村，回到城市乞讨发财。他们的乞讨生涯有着"长期性、职业性、欺骗性"三个特点。有的人长期租借民房。也有的每次进得城来，先钻到公厕里换上乞丐服，再到大庭广众之中装出可怜相。四个年龄12至78岁的乞丐，均会用英、日语讨钱。"告地状"是乞讨的一种突出手法，大都是说亲属患癌症、脑炎等绝症。有对夫妇携二女一子，每天6点即要6岁女儿出门，"状纸"上写着"妈妈生脑炎，快要死了，住某院病房某床"，一月所得除供全家吃、穿、用外，尚余几百元。

一度乔装打扮，深入乞丐王国中去的贾鲁生在报告文学《奇特的乞丐》中说过两句很有哲理的话：

    一百个乞丐有一百种乞讨方式。
    成功的乞丐都是半个心理学家。

他还为广大读者真实地描绘了一场乞丐大竞赛：

你看大师兄,他忽然变成了残废人。那双强壮有力的腿像碎了膝盖似的,裹着厚厚的皮革,跪在地上爬行。不知抹了什么东西,脸色蜡黄,病恹恹的。那平时抹得油光光的长发,弄成像一团乱蓬蓬的茅草。他端着大白缸子,嘴里念念有词:"可怜可怜残废人吧……"

二师兄西装革履,衣冠楚楚,面部表情像丢失了什么贵重的东西,眉头紧锁,额角滚着汗珠。他来到一位军人面前,彬彬有礼地叫了声"解放军同志",递过一张名片,"我是出差的,钱包被人偷了,你能借我几块钱,买张车票,到家我就寄还"。军人掏出十元钱:"够不够?"

抱孩子的女乞丐,专找抱孩子的妇女,拧得孩子哇哇直哭,代替了她的乞讨声,能取得双倍的成效;那位十八九岁的姑娘,描眉画眼,香气扑鼻。谁要多看她一眼,她立刻就靠上了,娇滴滴的乞讨声,好像约你逛公园;还有一个小伙子满脸横肉,一言不发,先鞠三个躬,然后伸出手,怒目而视,等着对方施舍,简直是强盗!

依笔者愚见,诉诸威力的乞讨究竟少见,而诉诸怜悯却往往成为乞丐们敲开施舍者钱袋的有效武器。乞丐们很懂得,可怜相是很能打动人们的菩萨心肠的。

《水浒传》里的李鬼可谓深通此道的艺术典型。不过他不是乞讨钱财,而是乞讨活命。他假冒李逵剪径不成,谎言:"小人本不敢剪径,家中因有个九十岁的老母,无人养赡,因此小人单题爷爷大名唬吓人,夺些单身的包裹,养赡老母;其实并不曾敢害一个人。如今爷爷杀了小人,家中老母,必是饿杀。"这一番话说得归家迎母的李逵心动。黑旋风非但不杀李鬼,反而倒贴他一锭大银令其改恶从善,真是上了大当。

诉诸怜悯是这样的一种谬误,不是正面论证论题,而是用种种方法引起人们的怜悯,从而使别人接受其论题。

李鬼是该吃板斧的,可他懂得诉诸怜悯的妙用,因而苟延了性命。

从前,有一个瞎子和一个小贩同住一家旅馆里。第二天早晨,小贩同瞎子吵了起来。小贩说瞎子偷了他五千文钱。告到官府里,县令问小贩,钱上有无可供识别的记号。小贩说:"这是日常使用的东西,进进出出,哪里有什么记号!"县令又问瞎子,瞎子回答说:"我有记号,我的钱是字对字,背对背穿成的。"一检查,果然是这样。可是小贩仍不服。于是,县令要瞎子伸出手来,但见他两只手掌呈青色,摸铜钱的痕迹看得清清楚楚。毫无疑问,瞎子是在夜里用手摸索着把钱穿成那样的。于是县令责罚了瞎子,让小贩把钱领走了。

瞎子利用人们同情弱者的心理来诬告别人,故事中的县令能细心考察,不为其所惑,难能可贵。

清朝时,一个瞎子走进一家卖肉的铺子,叫唤了一声,无人答应,就从装肉的竹笼里偷了钱走了。卖肉的追上了他,他捶胸顿足地大叫道:"天呀!他欺我眼瞎,抢我的钱啊!"案子送到赵廷臣那里。赵叫人把钱投进一盆水中,看见有油浮到水面上来,于是判定把钱还给卖肉的人。

哑巴卖刀是日常生活中常见的现象。我不敢说哑巴卖的刀都是假货,也不敢说卖刀的哑巴都是装的。但是有人根据亲眼所见在上海某报上写了一篇《假哑巴卖刀》文:

一天中午,我在南京路看到一个"哑巴"在卖菜刀,边上一张广告写道:"丁家伙,八代祖传,吹毛断发,削铁如泥"云云,只见他拿着一把刀,把一根筷子般粗的铁丝剁得一段段四处飞溅,围观的群众有几个动了心,一下子售出了许多把。

旁边一个青年见状随意拿起一把新刀,对准哑巴使用的那把刀砍了下去。结果被砍的那把刀丝毫无损,而这把新刀刀锋却翻了一个大口。这下"哑巴"气坏了,狠狠地瞪了那青年人一眼,脱口而出:"你他妈的……"大家都木然地望着那会说话的"哑巴","哑巴"也自知说漏了嘴,赶紧胡乱地收拾摊子,慌慌张张地溜之大吉了。

林肯的雄辩有逻辑力量吗？
——诉诸感情

齐桓公之所以能成为春秋五霸的第一霸主，重要原因之一是有一个善于治理国家的好相国——管仲。齐桓公之用管仲，经历了感情上的痛苦变化。

在公元前 687 年暮春的一天，在齐鲁边境上，齐国使者公孙隰朋带兵押着囚车匆匆赶路。刚刚踏上齐地，只见后面大批鲁兵追赶而来要劫回囚犯，危急之中，正好齐国鲍叔牙带兵前来接应。鲁国官兵只好望而却步。鲍叔牙亲自开笼放出了囚犯管仲。

这管仲是齐桓公恨不得食肉寝皮的要犯。齐桓公登王位前叫小白，他与公子纠之间发生过一场王位争夺战。管仲辅佐公子纠，险些射死小白。鲍叔牙帮助小白夺取了王位。公子纠和管仲逃至鲁国。

齐桓公把管仲从鲁国要回来准备处以极刑。哪知鲍叔牙却来祝贺，说什么"管仲是天下奇才，今天我已把他请来了。祝贺大王得到一个贤明的相才"。齐桓公怒火三丈，他说："好一个管仲，当年差点把我射死，我还留着那支箭呢！别提当相国了，我要对他食肉寝皮。"鲍叔牙说："当大臣的各为其主，你不能为这事责怪他，再说你如果能用这样的仇人，那天下的贤能之士知道后不是要闻风而至吗？"齐王怒气顿消，但仍不放心地说："我相信你，就让他在你手下做事吧。"鲍叔牙说："大王不应感情用事，要量才用人。我只是一个小心谨慎的人，不是一个治理国家的能臣……如果你要建立霸业，就一定要重用管仲。"

经过反复劝说，齐王终于把管仲迎进王宫，畅谈三天三夜，有相见恨晚之感。从此齐王拜管仲为相国，称仲父。

齐桓公起初囿于感情要杀管仲，犯了诉诸感情的错误。

在 1937 年 10 月 5 日黄昏，在延安河畔的沙滩上，一位少女被枪杀。凶手是抗日军政大学第六队队长黄克功。他 26 岁，少年时参加红军，叱咤风云，劳苦功高。被害者叫刘茜，16 岁，陕北公学学员。黄克功认为"失恋是人生莫大的耻辱"，在逼婚不成时犯下了不可饶恕的罪行。

对黄克功的处理，当时有两种主要的意见。一种意见认为黄克功触犯边区刑律，应处极刑，以平民愤。另一种意见认为黄克功功劳大，当此民族危亡紧要关头,他杀了刘茜,已损失了一份革命力量,我们不能再杀黄克功,又失一份革命力量,叫他戴罪杀敌,将功赎罪。

的确,杀黄克功,对许多人来说,感情上难于接受,但是感情不能代替政策,不杀黄克功,不足以平民愤。

5天后,边区政府及高等法院根据党中央指示,在陕北公学大操场上召开了几千人审判大会,宣判死刑,并当着黄克功的面,向广大群众宣读了毛主席的复信。信中说:"黄克功过去斗争历史是光荣的,今天处以极刑,我及党中央的同志都是为之惋惜的。但他犯了不容赦免的大罪。"

诉诸感情是这样一种逻辑错误,在论证中,从感情出发或以感情为理由来论证论题。

在论证当中,诉诸感情有时能增强说服力,但究竟不是正当的理由,不能起到证明的作用。

诉诸感情是一种常见的错误。1920年11月26日,毛泽东给新民学会会员罗学瓒写信,谈论四种常见的"论理的错误",包括以感情论事,时间上以偏概全,空间上以偏概全,以主观概客观。他说:"我自信我于后三者的错误尚少,惟感情一项颇不能免。"

戴高乐的人事政策往往难于了解。他曾解释过:"基本上我只喜欢敢反驳我的人,可是我与这些人很难相处。"

有一篇文章,极力称赞律师林肯的"一次雄辩"。笔者认为这一雄辩尽管相当精彩,很能打动人心,但没有什么逻辑力量。

一位老态龙钟的妇人来找林肯,哭诉自己被欺侮的事。这位老妇人是独立战争时一位烈士的遗孀,每月就靠抚恤金维持风烛残年,前不久,出纳员竟要她交付一笔手续费才准领钱,而这笔手续费却等于抚恤金的一半。这分明是勒索。素有修养的林肯听后怒不可遏,答应帮助打这个没有凭据的官司,因为那个狡猾的出纳员是口头进行勒索的。

法庭开庭了。原告因为证据不足,被告矢口否认,情况显然不妙。轮到林肯发言了。上百双眼睛紧盯着他,看他有无法子扭转形势。

林肯用抑扬婉转的嗓音,首先把听众引入对美国独立战争的回忆。他两眼闪着泪花,用真挚的感情述说革命前美国人民所受的苦难,述说爱国志士是怎样揭竿而起,又是怎样忍饥挨饿地在冰天雪地里战斗,为浇灌"自由之树"而洒尽最后一滴鲜血。突然间,他的情绪激动了,言词犹如夹枪带剑,锋芒直指那位企图勒索烈士遗孀的出纳员。最后,他以巧妙的设问,作出令人听之怦然心动的结论:"现在事实已成了陈迹。1776年的英雄,早已长眠地下,可是他们那衰老而可怜的遗孀,还在我们面前,要求代她申诉。不消说,这位老妇人从前也是位美丽的少女,曾经有过幸福愉快的家庭生活,不过,她已牺牲了一切,变得贫穷无依,不得不向享受着革命先烈争取得来的自由的我们请求援助和保护。试问,我们能熟视无睹吗?"

发言到此戛然而止。听众的情绪早被感动了,有的捶胸顿足,扑过去要撕扯被告;有的眼圈泛红,为老妇洒一掬同情之泪;还有的当场解囊捐款。在听众的一致要求下,法庭通过了保护烈士遗孀不受勒索的判决。

以上是原文的照引。林肯唯一的论据是诉诸感情。但是"同情之泪"究竟证明不了出纳员事实上进行过勒索。"雄辩"究竟还代替不了事实。

"世界上为时最久的笑话"
——诉诸私心

在世界科技发展史上，有许多发现和发明几乎同时为两个人（或两人以上）独立完成。著名的有：

相对论：爱因斯坦和彭加勒；
非欧几何：罗巴切夫斯基、高斯、波约；
海王星的发现：勒维烈和亚当斯；
进化论：达尔文、华莱士；
……

真是不胜枚举。其中，达尔文与华莱士两位谦谦君子的谦让精神成为科技史上的佳话。

在1858年6月，也就是乘"贝格尔号"周游列国回到英伦之后，达尔文收到一位素不相识的英国人华莱士的远方来信。此人正在印度尼西亚马鲁古群岛从事考察。华莱士在信中附来一篇论文，拜托达尔文代为发表。论文竟然和达尔文正在著述的进化论思想如出一辙。达尔文左右为难。如果单独发表对方的论文，自己20年的劳绩将黯然失色，如果自己抢先发表，又辜负了对方的信任和嘱托。达尔文一度想只发表华氏论文。最后，他把华氏论文和自己《物种起源》提纲同时公之于世。华莱士提议把两人的进化论称作"达尔文理论"，达尔文则报以宽厚的一笑："你过分谦虚了。"

在科技史上，也有人为争发明权而留下黯淡的篇章。

据说，在17世纪中叶，莱布尼茨和牛顿各自都在研究微积分，在通讯中，莱氏得知牛顿发明了微积分，就捷足先登，抢先发表了只有6页稿纸的论文。牛顿后来适当地承认了莱布尼茨在这个领域的成就。在《原理》第一版（1687）中，他插上了一段话。"十年前在我和最杰出的几何学家G·W·莱布尼兹的通信中，我表明我已知道确定极大值和极小值的方法，作切线的方法以及类似的方法，但我在交换的信件中隐瞒了这方法……这位最卓越的人在回信中写道,他也发现了一种同样的方法。他并诉述了他的方法,它与我的方法几乎没有什么不同,除了他的措辞和符号而外。"这段话在1713年的《原理》第二版中还保留着,但在1726年的第三版中(莱氏逝世十年后)却被删去了。此后,人们一直以为这两个人独立地发明了各自的系统。然而,早在1699年,瑞士数学家在给皇家学院的论文中断言,莱布尼茨的思想获自牛顿。牛顿并未参与争论。几年后莱氏暗示牛顿对莱的思想进行了改制。为争发明权,英、德两国纷纷参战,解说、争辩,甚至含有敌意。

事实上是牛顿先于莱布尼茨大体完成微积分,而莱氏则率先发表了成果。就学术水平而言,两人同样光彩。但是他们都忘了"千层高台,始于垒土"这一真理。微积分思想并不是由他们从零开始提出来的。微积分研究本身经历了一个长过程。

值得一提的是,在莱氏众多的同胞中,有一个人没有偏袒莱氏,而是持一种全新的见解。他认为:远在1635年,意大利人卡瓦利的《不可分连续量的几何学》一书才是微积分的发端,1637年,法国人判定笛卡儿制定解析几何,1638年,法国人费尔玛用微分法求极大值和极小值都是微积分的先导。所以他说,微积分"是由牛顿和莱布尼茨大体上完成的,但不是由他们发明的"。这个德国人就是恩格斯。

在这场关于微积分发明权归属的风波中,可以说争论的双方以及各自的许多同胞为争一己之利或本国之荣誉,而无视前人和同代人的成果,犯了诉诸私心的错误。

诉诸私心这种谬误包括两个方面:一是在没有举出充足理由或根本不作正面论证的情况下,出于私心对某论题作出论证;二是不正面论证对方论题虚假,或在没有充分论证的情况下,便通过猜测,描述对方之所以要提出这个论题,是因为他有私心,以此论证这个论题虚假。

四大发明是中华民族的骄傲。除此以外,还有许许多多大大小小的发明创造使得中华民族在世界民族之林中领先。正确地判定,积极地宣传,无疑会提高民族自尊心,增强民族自信心。然而诉诸私心的错误也时有发生。《大自然杂志》有篇文章说:关于到底中国是否已在多少年前就发明了某事物,科技史界正在探讨、争论之中,而一些外行的同志(令人遗憾的是,其中有时还包括著名学者)就轻率地援引有利于表明我们祖先伟大的一面之词,当作定论,加以宣传,而不理会另一方面的证据和理由,结果闹出笑话。

《新民晚报》有篇文章说:"不知从什么时候起,学术界就有人把类书和百科全书混为一谈,并且由此得出中国的两个'世界第一'的结论:一个说三国魏文帝时编撰的《皇览》是世界上最早的百科全书,一个说明朝初年官修的《永乐大典》,是世界上最大的百科全书。"作者认为类书不同于百科全书,首先,它不是著作,只是各种资料的汇编或者摘抄,其次类书的分类很不合理,查检资料也十分困难。

有的同志过分热衷于考证中国古代的各种"世界第一""世界之最";如果某项发明有时间上先后之争,则会尽力证明中国发明在先;如果在研究中发现中国在某方面落后于外国,也就不敢理直气壮地说出来了;甚至还硬把落后拔高或粉饰成先进。这些都是诉诸私心的表现。

西方有一本《健力士纪录大全》收入一则"世界上为时最久的笑话",这则笑话说:1920年的某一天,9岁的英国小女孩法兰西丝带着她的盒式照相机来到一家洗印公司,取出胶卷,要求冲洗放大照片。

照片洗出来后,立刻引起轰动。因为在照片上除了一位名叫爱丝的小女孩外,还有一些身穿白衣,背上长有翅膀的小天使。法兰西丝对人们说,她经常看到这样的小天使,这是她拍下的照片之一。

后来照片在各家刊物上登出,引起争论。辩之者说有,攻之者说无。

人们访问了法兰西丝,还特别询问了照片上的小姑娘爱丝,她们均一口咬定小天使是真的出现了。

一位替法兰西丝做了5年"超自然实验"的学者杜尔证实说:"这位小女孩不会撒谎,她确实看到一些使平常人惊异的东西。"

到了1983年,老态龙钟的爱丝对报界说,照片上的小天使是她和表妹法兰西丝用硬纸和大头针做出来的,"这个玩笑本来以为两小时便可拆穿,没想到维持了一生"。

爱丝的话使法兰西丝非常愤怒,她坚持说当时就是看到了小天使。她还在自传中详细描述见到小天使的情景。直到前不久,她78岁临终前,仍坚持那张照片是真的。

爱丝临终吐真言,关于小天使的一幕本来是闹着玩的,但是法兰西丝大概为了自传的传奇色彩,为了维护自己的声誉,出于私心,从一而终,真是可悲又可笑。

不去认真研究对方提出的论题是真是假,就说别人出于私心,因而不可取,这是诉诸私心的常见情形。无根据地指责别人有私心,就不免被人目为"以小人之心度君子之腹"。

《说岳全传》里有个故事说：南宋朝廷选拔武状元，身为考官的东京留守宗泽收到两封推荐信。一封是毛遂自荐，出于柴世宗嫡派子孙，人称"小梁王"的柴桂。另一封是节度使刘光世推荐岳飞为候选人。

宗泽虽然不知小梁王垂涎状元桂冠，目的是为拥兵自重，反叛朝廷，但他深知这个纨绔子弟不过酒囊饭袋，无甚本事。宗泽看准了其他三位考官出于私心阿谀权贵、贪财枉法，当即便把小梁王的书信和重金退了。

这岳飞又是何等样人呢？刘节度说他是人间少有、盖世无双的文武全才，真乃国家之栋梁，必要他宗泽提拔。宗考官不由得日日思量："他不知果是真才实学；也不知道是个大财主，刘节度得了他的贿赂，徇情嘱托？"

待到岳飞来投书，宗泽拆开看了，把案一拍，喝声："岳飞，你这封书札，出了多少财帛买来？从实讲上来便是，若有半句虚词，看夹棍伺候！"

上来就是一句复杂问语，回答竟令他宗泽大喜过望。

岳飞自小贫寒，以周侗为师，学得本事。眼见他使一张三百斤神臂弓，二百余步，一连九箭，箭箭中的。又耍得一杆银枪，三十六翻身，七十二变化，神出鬼没，再问行兵布阵之法，见解比自己还高一筹。宗留守不禁叹曰："真乃国家栋梁，刘节度可谓识人！"

如果有确凿的证据证明，某人提出某论题是与他的私心有直接联系，那么这当然可以作为反驳某人论题的一个论据，但是，仅仅用这样的论据往往是不够的，还需要对那个论题本身作出进一步论证。宗泽正是这样做的，对柴桂那个"酒囊饭袋"，他可谓深知其人。

有句名言说："几何定理要是触犯了人们的利益，也要被人推翻。"毕达哥拉斯学派把发现$\sqrt{2}$的人扔到海里去，这件事可说是对这名言的最好注解。

宗教裁判所的烈焰
——诉诸威力

一个国家,没有威力,便不能自立于世界民族之林;

一支军队,没有威力,难于克敌制胜;

一个运动员没有威力,既不能壮自己的胆,也不能从心理上震慑对手。

花和尚鲁智深倘若不在相国寺里倒拔垂杨柳,略显英雄之威力,恐怕众泼皮有朝一日还会请他下茅坑。

曹操挟天子以令诸侯,可谓威风凛凛。据说他自以为形貌丑陋不足以威慑远国,在召见匈奴使者时,竟让崔琰替代自己,而自己却捉刀立床头,作侍卫状。

多年前,一曲《军港之夜》响彻大江南北。歌星苏小明的名字家喻户晓。据说,她的"盛名"是从鼓槌之下敲出来的呢。

首都体育馆里,正举行音乐会,观众席上的热烈掌声给肃静的后台增添了紧张的气氛。突然,从化妆室一角传出抽泣声——她,海政歌舞团的合唱队演员。第一次登台独唱,竟在上场前怯场哭起来了。"不!我不唱了……"领导的宽慰,同志们的劝说,无济于事,台上的演员已经谢幕,下一个该她出场,怎么办?一位乐队司鼓老演员急中生智,猛地挥起手中的鼓槌,在姑娘眼前晃了晃,轻声而严厉地吼道:"不许哭!再哭、再哭——我揍你了!"这一手,还真灵,哭声止住了,上场了。演出获得意外成功。

有人就此事发表"观察家"评论说:鼓槌敲出了大歌星,可见"棍棒下出好人",什么领导的宽慰,同志们的劝说都是多此一举。当领导的说服人靠的是威力。

笔者佩服老鼓手的急中生智,他用的是高明的心理战法,但是,这仅仅是特殊场合的特殊运用,是不能当作万应灵药普遍使用的。道理很简单,压服不等于说服。

在论证当中特别是在学术讨论中,诉诸威力则完全是一种不正当的手段,它丝毫无助于对论题的论证。

所谓诉诸威力,就是指在论证中,凭借自己的权势、武力来威胁、恫吓对方，迫使对方接受自己观点的谬误。

成语故事"指鹿为马"便是诉诸威力谬误的典型事例。秦时丞相赵高专权，他混淆是非，颠倒黑白。在他的高压下，他指鹿为马，别人便不敢指鹿为鹿，否则就要掉脑袋。

哥白尼的《天体运行论》否定上帝是宇宙的主宰，动摇了教会对人世的统治。意大利的一位教职人员布鲁诺读了哥白尼的《天体运行论》后，相信行星环绕太阳运行的说法是符合事实的，但是感到不满足，他要像哥白尼一样继续探索。他认为在太阳系这个小宇宙外面，还应该有无数个像太阳系一样的小宇宙。在这样广漠无边的宇宙里，哪里还会有上帝的位置呢？布鲁诺深知他这些离经叛道的思想为教会不容。他脱下道袍，逃出了教堂。他在欧洲到处逃亡，到处宣传所谓异端邪说，最后，受了朋友的骗，回到意大利，落进了教会的圈套。

手中没有真理的教会只能乞灵于威力。教会把布鲁诺拘捕起来严刑拷打，逼他承认自己说的全是无知妄说。但是，布鲁诺经受长达6年的折磨，始终不肯屈服。1600年2月17日，教会在罗马的鲜花广场上把布鲁诺活活地烧死。烈火吞噬了布鲁诺，却无法烧毁他的铮铮誓言："我认为胜利是可以得到的，而且勇敢地为它奋斗。我的后代将会说：'他不知道死的恐惧，比任何人都刚毅，认为为真理而斗争是人生最大的乐趣。'"

当1632年伽利略发表了轰动整个学术界的《两大世界体系的对话》时，他也大难临头。书被查禁，他本人被传唤到罗马，并被监禁。后来在法庭上遭到刑讯逼供。于是，伽利略宣布放弃信仰，宗教法庭遂感到满意而判处监禁。法庭命令他在3年里每星期都要背诵《诗篇》中的7首忏悔诗。

伽利略被迫公开宣布放弃信仰。"我跪在尊敬的西班牙宗教法庭庭长面前，我抚着《福音书》保证，我相信并将始终相信教会所承认的和教导的东西都是真理。我奉神圣的宗教法庭之令，不再相信也不再传授地球运动而太阳静止的虚妄理论，因为这违反《圣经》。然而，我曾写过并发表了一本书，在书中我阐发了这种理论，并且提出了支持这种理论的有力根据。因而我已被宣布为涉嫌信奉邪说。现在，为了消除每个天主教徒对我的应有的怀疑，我发誓放弃并诅咒已指控的谬见和邪说、一切其他谬见和任何违背教会教导的见解。我还发誓，将来永远不再用书面或口头发表任何可能使我再次受到怀疑的言论。我不管在什么地方发现任何邪说，或者觉得有这种可疑，都将立即向神圣的法庭报告。"

相传伽利略在被迫公开认错之后,曾喃喃自语道:"可是,地球是在运动。"

乌云遮天难持久,1882年红衣主教终于不得不宣布允许在天主教国家讲授哥白尼和伽利略的著作。到了20世纪80年代,教皇约翰·保罗二世在梵蒂冈终于宣布1633年6月21日罗马宗教法庭对意大利天体学家伽利略关于地球环绕太阳运转之说的谴责是错误的。这位教皇说,当时的神学家们错误地从《圣经》的字面意义出发,照本宣科地解释物质世界。

事实证明,诉诸威力可以猖獗一时,最终不能持久。

从臭鸡蛋说到《吕氏春秋》
——诉诸个人（以个人品质为据）

黑格尔在《谁在抽象地思维》中说到一个很厉害的女商贩。一位德国的女顾客在挑拣了一阵以后，对卖鸡蛋的女商贩说："你卖的鸡蛋是臭的呀！"这句大实话可捅了马蜂窝，女商贩立刻回敬道：

> 什么？我的蛋是臭的？你自己才臭呢！你怎么敢这样说我的鸡蛋？你？你爸爸吃了虱子，你妈妈跟法国人相好吧！你奶奶死在养老院里了吧？瞧，你把整幅被单都当成了自己的头巾啦！你的帽子和漂亮的衣裳大概也是床单做的吧！除了军官们的情人，是不会像你这样靠着打扮来出风头的！规规矩矩的女人多半在家里照料家务的，像你这样的女人，只配坐监牢！你回家去补补你袜子的窟窿去吧！

这一阵倾盆大雨，这一顿狂轰滥炸，直弄得女顾客哑口无言，女商贩的鸡蛋也因而"不臭"了。除了无中生有的人身攻击，女商贩别无所据。退一步讲，即使你骂得有根有据，也还是犯了诉诸个人（以个人品质为据）的错误。

诉诸个人（以个人品质为据）是这样一种逻辑谬误：当要论证某一论题的真或假，或要论证某人的事业、行为有无价值时，只引证他个人的品质。

人身攻击是完全错误的。谩骂是辩者无理与虚弱的表现。如果有道理，尽可以以理服人，何必骂人呢？法国格言说："骂人是无理者的道理。"这种证明方法在文化人中间是不能容忍的。一个人到了泼妇骂街的田地，那表明其手中已无真理可言了。

有一位竭力反对弗朗西斯·培根哲学的人说过如下的话："弗朗西斯·培根无情无义、行同走兽。他父亲死后，他官场失意、亲朋疏远、困苦不堪、孤立无比，且又债台高筑，因无力还债而几度入狱。不久，他转而依附艾塞克斯伯爵。艾塞克斯年少显贵，为女王宠信之臣，显赫一时。他与培根建立了诚挚的友情，多次推荐培根任政府的检察长等职，推荐次数之多以致女王对他的宠臣生厌。艾塞克斯推荐不成，竟以自己在特肯汉的房地产，价值2千英镑，送给培根。2千英镑在16世纪是一笔巨额款项。后来，艾塞克斯失宠，并犯有严重罪行，被执下狱。他被审两次，培根非但不缄口沉默，更未为他作辩护，反而历数他的种种罪状，其中有很多过实之处，并坚请立斩其首。结果，艾塞克斯在7天后被送上断头台。培根就是这样一个人，他的所谓哲学、人品有什么可值得称道的呢？"

这一番话概而言之就是用培根的无情无义、行同走兽来证明他的学说不值得称道。这就包含了诉诸个人的谬误。从培根的人品有问题，推不出他的学说也有问题。因为二者之间并无必然的联系。

诉诸个人是政治论证中常见的错误。列宁说过："把目标转移到'个人'身上，实际上就是诡辩家的遁词和手腕。"又说："政治上的谩骂往往掩盖着谩骂者的毫无思想原则，束手无策——软弱无力、恼人的软弱无力。"鲁迅也说得十分精辟："辱骂和恐吓决不是战斗。"在政治争论当中，特别要注意"形式要文雅有礼，内容要充实有力"。难怪俗话说："提高嗓门哇哇叫，论据的力量反而小。"

据前人考证，署名苏洵的《辩奸论》乃伪作，实际是南宋初年道学家邵伯温为攻击北宋宰相王安石变法，而假托苏洵之名写作的。文章为把北宋末年的社会动乱和亡国之祸归罪于王安石，对王安石进行了人身攻击。

文章说：现在有个人，嘴上讲的是孔子、孟子的话，亲身实践的是伯夷、叔齐的行为，收罗了一些沽名钓誉的士人和一些不得志的人，他们在一起制造舆论，自我标榜，自以为是颜渊、孟轲再生于世。可是内心却阴险狠毒，志趣和一般人大不一样。这真是合王衍、卢杞于一身了。王衍是晋惠帝时终日清谈、不理国事的宰相，卢杞是唐德宗时陷害忠良，搜刮百姓的宰相。他所造成的灾难，难道可以用语言形容吗？他穿的是奴仆的衣服，吃的是猪狗的食物，头发蓬乱，像囚犯一样，满面尘垢像居丧者一般，可是却大谈诗书，这难道合乎情理吗？凡是做事不近人情的人，很少不是大奸贼的，齐桓公时的竖刁、易牙、开方就是这类人。以盖世的名望来助成他潜在的祸患，这样，虽然有想要励精图治的君主，以及喜爱贤才的宰相，也还是要提拔重用他的。那么，这种给天下带来祸患，那种必然而无疑的情况，就不是王衍、卢杞所能比拟的了。

邵伯温在文中没有拿出哪怕一点儿证据，去论证王安石"祸人家国"，而完全靠含沙射影，诬蔑咒骂，用人身攻击来取代对论题的论证。

以人废言以至以人废书的事是常有发生的。历史上最著名的例子恐怕要算《吕氏春秋》了。《吕氏春秋》成书不久，便束之高阁，长期受到冷遇。其中一个重要原因就是历代文人鄙夷吕不韦的为人。其人诚可鄙,其书不可贬。宋人黄震说:"《吕氏春秋》言天地万物之故,其书最为近古,今独无传焉,岂不以吕不韦而废其书邪……今其书不得与诸子抗衡者,徒以不韦病也。"

中国书法字体历代都是以书法创始人的姓名命名,唯有宋体字是以朝代命名的。这是什么原因呢?据说,宋体字的创始人是宋朝秦桧。秦桧是状元出身,他博学多才,书法造诣亦很高。宋体字就是他总结前人书法之长而创立的。他早年为官,名声尚好,但到后来为相时,迎合高宗偏安政策,以莫须有罪名在风波亭害死岳飞父子,天怒人怨。由于他创立的字体委实是好,后人并没有以人废字,又由于他的名声实在太臭,他的字体就只好被称为"宋体"字了。

在十年动乱时期,著名作家巴金的名著横遭批判,他本人也被剥夺了写作的权利,封笔 10 年无一作品问世。政治上的打倒造成了文学作品以及创作的厄运。令人惊奇的是,巴金竟有一封短简"出笼"。

那是 1976 年,巴金订了一份南京师院编印的《文教资料简报》,当他看到第 46 期上一篇文章的引文出处有误,便写了一封短简寄去。该刊的实际负责人姚北桦同志接到信后,并没有因巴金正背着"大黑帮"的罪名而不刊出,在第 49 期"读者来信"栏内,刊登如下:

> 《文教资料简报》第 46 期 68 页上,引了两段鲁迅先生对内山完造的谈话,说是"内山引用曹聚仁在香港《星岛晚报》上发表的《书林新语》的第六节谈到内山书店的部分"。这个说法似与事实不符。这两段话的原文,见于内山完造的悼念文章《忆鲁迅先生》,最初发表在 1936 年 11 月 15 日上海出版的《作家》月刊二卷二期上,后收在鲁迅先生纪念委员会编印的《鲁迅先生纪念集》中。当时《星岛晚报》还没有创刊……
>
> 一个读者

"十年一简"终于以"一个读者"的具名问世。这应当是对"四人帮"践踏文坛的讽刺。

在口头辩论当中,当一方理屈词穷时,便转而指责对方口音不准、姿势难看、语气太硬、衣衫不整等等,也都属于诉诸个人的错误,在争论当中都是要加以避免的。

河中石兽何处求？
——以感觉经验为据

刻舟求剑的寓言故事读者都很熟悉。"舟已行矣，而剑不行"，如此求剑，也真算得上糊涂！

在实际生活中，我们要是有什么物品掉到河中，或是在落水处捞，或是顺流而下打捞，不外这样两种方案。大概不会有哪个人异想天开地溯江而上打捞吧。倘真有这样的人，那他与刻舟求剑的楚人何异？

世界上的事情也真怪，偏偏有过这么一件事：

还是清朝时候，沧州南面，有座寺庙傍河而立，寺门毁坏了，两个石兽也一并沉入河中。10多年过去了，僧人募捐重新修整寺庙，便在落水处打捞石兽，居然无踪无影。众人都以为被水冲到下游去了，于是驾了几条小船，拖了铁耙，找了十几里，仍无踪迹。

一位讲学家正在寺中讲学，听说这事便嘲笑道："你们这般人好不通事理，偌大两个石兽又不是木头，怎么可能被暴涨的河水卷走呢？石头又硬又重，而沙性松散，石兽淹没于沙中，越沉越深。你们顺流而下打捞，岂不荒唐可笑？"此学究高论一出，众人佩服得五体投地。

然而此论虽高，毕竟是个猜测，河沙深处挖出石兽来才见得分晓。结果如何呢？这件事的记载见之于清人纪昀的《阅微草堂笔记》卷十六。笔记文字极省俭，它没有多费笔墨直截了当去叙述打捞结果是一场空，而是接着写道：

> 一老河兵闻之，又笑曰："凡河中失石，当求之于上流。盖石性坚重，沙性松浮，水不能冲石，其反激之力，必于石下迎水处啮沙为坎穴，渐激渐深，至石之半，石必倒掷坎穴中。如是再啮，石又再转，再转不已，遂反溯流逆上矣。求之下流，固颠；求之地中，不更颠乎？"如其言，果得于数里外。然则天下之事，但知其一，不知其二者多矣，可据理臆断欤？

这位有着丰富实际经验的老河工语出惊人，"凡河中失石，当求之于上流"。这虽然是"常识"所不能接受的，但是有它合理的依据。

石兽很重，河沙却很松浮，水不但卷不走石兽，其反冲力反而将石兽上游一面的沙子冲走了，越冲越深，出现一个深坑，石兽就会翻倒在坎穴当中。如此循环往复，石兽便不断向上游翻转。所以，到下游打捞石兽，固然是颠倒错乱，而到河沙深处发掘，岂不是更加颠倒错乱？

按照这一设想，溯江而上，果然在几里以外找到了石兽。纪昀评论说，天下的事情，只知其一而不知其二的多着呢，怎么能想当然呢？

如果说众人在落水处打捞和在下游打捞都是囿于感觉经验不足为训的话，那么老学究关于重物仍沉没在落水处的高论也是一种想当然。把这些狭隘的经验和想当然推而广之，用到寻找落水时间长的大型石兽上便大谬不然了。老河兵的经验则不然，他找到了重物在河水中的运动规律，作出了与"常识"大相径庭的论断。

世界上有很多出人意料的现象是相映成趣的。

有人提出一个有趣的问题：从飞机上扔下来的未引爆的炸弹，经过几十年后它埋在上海滩泥土中的姿态是怎样的呢？

"当然是弹头朝下，弹尾朝上。"许多人不假思索地这样回答。这是因为炸弹从飞机上扔下来时，尾部翼片起着掌舵的作用，总是令弹头先着地。

这一回答不无道理，未爆炸弹刚着地时它一定是倒立的，问题是经过几十年时间的考验它还能保持落地雄姿而不变吗？

许多上海建筑工人在工地上常常发现，那样的高论，尽管貌似有"理"，究其实仍不过出自肤浅的感觉经验。他们的失足，在逻辑论证方面来说，犯了"以感觉经验为据"的错误。

以感觉经验为据是这样一种谬误，以为感觉经验一类的东西是可靠的，可以无条件地用它作为论据来论证论题。

"经验"这个词有两种含义，一是指感觉经验，二是指在特定条件下通过实践得来的技能和知识。

人们的经验知识基本上属于感性认识。感性认识是认识过程的起点，我们既要看到它的重要性，又要看到它的局限性。感觉经验是对事物的表面的、片面的和外部联系的认识，有待进一步发展和提高，才能达到事物的本质和规律性。

众人和讲学家的经验是狭隘的感觉经验，它或者适合于小物体（被水流冲至下游），或者适合于静止的水中（沉于落水处）。弹头向下的猜想则适合于短时间。可是几十年前落在上海滩上的未爆炸弹在数米深的土层中却惊人地昂首肃立。事实又给普通的人们开了一个玩笑，以感觉经验为据是靠不住的。

要解开这个谜得从上海地质构造的道理说起。《新民晚报》有篇文章说："上海滩"顾名思义为泥沙堆积而成，上海地区的第四纪松散沉积土层厚达300米。在表土层下是流沙层。炸弹在入土过程中，把弹头部分的土压得非常坚实，也把炸弹周围的土层振动液化得松软起来。待入土炸弹稳定后，周围的泥土开始收缩平衡，逐渐向弹坑流动，因而造成弹身倾斜靠壁。未受炸弹所靠的另一边坑壁土，向弹坑流动的速度相对快一些，流动的量也大些。这种土体不平衡的应力传递，久而久之潜移默化地使倒立的弹身逐渐翻了一个跟斗，尔后弹尾三只翼片犹如三条腿稳稳地鼎立在数米深的土层中。倘若不受周围施工环境或地壳运动影响，便将一直昂首肃立下去。

孔夫子是一位博学的圣人，可是有一次他却被两个小孩子所争论的问题难倒了。

一个小孩说：太阳刚出来时离人最近，中午离人最远，因为早晨的太阳像车盖一样大，中午太阳如盘子一样小，而离我们远的东西看上去就小，离我们近的东西看上去就大。

另一个小孩说：太阳刚出来时离人最远，中午离人最近，因为太阳刚出的时候，天还不很热，到中午，天就非常热了，而太阳离我们近，我们就感到热，远就感到不热。

这两个小孩对于太阳远近的争论，各自的论题都似乎有十分可信的感觉经验支撑着。两个小孩要孔夫子当裁判，他竟然发表不出意见。

问题在于这些小范围的感觉经验能否推广到宏观宇宙中去。

现代科学告诉我们，由于地球自转，引起了昼夜的交替，又由于地球围绕太阳公转，便发生四季的变化。在地球自转运动中，太阳与地球的距离在一天之中是有变化。早晚太阳斜射地球，距离远，因而不热；中午太阳直射地球，距离近，因而热。至于早晚太阳看起来大而中午的太阳看起来小，是由于视觉上的误差，早晚的太阳在地平线上有参照物，看上去显得大，中午的太阳当空无参照物，看上去显得小。

两个小孩的看法同样是以感觉经验为据，以今日的眼光来裁决，就有真假对错之别了。

"犯众者为非，顺众者为是"
——以多数人的观点为据

阿芙乐尔巡洋舰一声炮响，宣告了人类历史新纪元的开始。但是，新生苏维埃政权处于世界反动势力的包围之中。列宁主张立即退出尚未结束的第一次世界大战。在要不要与德、奥和谈的问题上，布尔什维克党中央内部爆发了一场激烈的争论。多数人反对签订和约，在红色政权生死存亡的危急关头，列宁表现出了异乎寻常的态度。如果中央通过反对签订布列斯特和约的决议，他就要辞去人民委员会主席和中央委员的职务。

事情的经过是这样：1917年11月8日，苏维埃政府向各交战国提议进行和平谈判，但遭到协约国各国政府的拒绝。苏维埃政府便决定同德国及其盟国单独进行谈判。12月15日，双方签订了为期28天的停战协定。22日，双方开始签订和约的谈判，当时任外交人民委员的托洛茨基担任了苏俄代表团团长。苏方提出以和平法令阐明的不割地、不赔款作为谈判基础，而德方提出割地15万平方公里的苛刻条件。

以列宁为首的主和派主张立即签订和约；以布哈林·拉狄克为首的"左派共产主义者"反对和约，在当时还没有正规军的情况下，坚持要同德国作战；以托洛茨基为首的不战不和派，主张"宣布结束战争状态，让士兵复员回家，但不签订和约"。

20日，列宁在党中央委员会和党的干部会议上，提出了"关于立即缔结单独的割地和约问题的提纲"。但是，列宁是少数，中央委员会以9票对7票通过了托洛茨基"不战不和"提案。鉴于德奥革命形势的发展，列宁向出席谈判的托洛茨基约定尽量拖延谈判，如果德国正式提出最后通牒，应立即签订和约。托洛茨基却不顾列宁的正确意见，擅自对强敌宣布不进行战争，复员军队，但不签订和约。德军立即发动全线进攻。

在列宁的坚决要求下，经过一整天辩论，党中央全会才通过了立即向德国政府提出签订和约建议的决议。这时强盗德国提出了更为苛刻的最后通牒。在党中央会议上，列宁建议立即接受德国的条件，又经过一整天的辩论，列宁以辞职相威胁。当事情发展到要坚决进行表决时，一部分反对和谈的人弃权了,最后才以 7 票赞成,4 票反对,4 票弃权通过了列宁的提案。

少数服从多数,是共产党的组织原则。组织原则并不是理论是非的标准。多数不等于真理。真理往往是在少数人手中。

为了争取喘息时间,医治战争创伤,恢复经济,巩固政权,和谈是完全必要的。列宁尽管是少数,然而历史证明他代表了真理。列宁对托洛茨基和布哈林进行坚决斗争和严厉批评,但后来列宁依然与他们亲密共事。布哈林对列宁的批评是心悦诚服的。他在 20 世纪 20 年代初写的《自传》中有这样一段话:"在我的政治生活的最主要阶段中,我认为有必要指出布列斯特时期,那时我领导了'左派共产主义者',犯了极大的政治错误。以后的整个时期是列宁对我的影响越来越大的时期。我对他的感激之情是超过任何别人的。"在以后的年代里,布哈林一再承认自己的这一错误。

以多数人的观点为据是这样一种谬误:在论证过程中,仅以多数人的观点为论据论证一个论题。

在有的情况下,多数人的观点是正确的,但是把"多数人的观点"绝对化,以为一概比少数人的正确,便是错误的。

自然科学方面许多新的理论的提出,一开始都是只有少数人赞成。例如,哥白尼的日心说,达尔文的进化论,当时有些人反驳的论据就是"多数人反对"。

著名科学家、诺贝尔物理学奖获得者丁肇中先生在中国内地度过童年生活。当他在台湾接受正规教育时,已经 12 岁。1997 年 6 月,他访问北京时说:"要想走上成功之路,最主要的是坚持不懈地努力,不要以为别人反对你,你就不做了。自然科学的研究有着自身的规律。它的进展不是靠投票来决定的,常常是多数服从少数,而不是少数服从多数。科学的道路上只有第一名,没有第二名,第二名就等于最后一名。没有人知道谁是第二个发现相对论的,也没有人知道谁是第二个发现牛顿三大定理的。因此,科学研究是一件很有乐趣而又很艰苦的事。"

20 世纪 50 年代,马寅初先生提出人口理论,当时只有个别人支持,而遭到多数人的反对。有人公开责问他:你到群众中去调查一下,有几个同意你的所谓新人口论?这个人的责问包含了"以多数人的观点为据"的谬误。

1956 年,《新建设》二月号上发表了周谷城教授的《形式逻辑与辩证法》一文,提出了形式逻辑只管形式,不管内容等一系列新观点。当时参加讨论的文章绝大部分都是与周谷城先生商榷的。有的逻辑工作者就错误地认为,既然多数人的观点反对周谷城，因此，周谷城的观点是错误的。当时，毛泽东主席鼓励周谷城先生不要怕，积极写文章，继续辩论。实际上，当时赞成他的主要逻辑观点的逻辑学专家是大有人在的，不过他们没有参加这场讨论。

以多数人的观点为据的谬误有其深刻的认识论根源。西欧中世纪的大主教贝克莱说过：多数人承认的是真实的，多数人不承认的是错觉。事实上，是非的标准是实践，而不在人数的多少。

在古代，由于真理标准问题没有解答得好，人们自然而然地习惯于以众人的是非为是非。例如，《尹文子·大道上》说："己是而举世非之，则不知己之是；己非而举世是之，亦不知己所非。然则是非，随众贾而为正，非己所独了。则犯众者为非，顺众者为是。"大意是说，自己明明是对的，但举世皆说不对，就不知其为对；自己明明是错的，但举世都说对，就不知其为错。孰是孰非以多数人的评判为标准。因此违犯众意则为非，随顺众意则为是。作为一种处世哲学，此处可以不加讨论。就是非标准而言，则这最后两句话错误地肯定了"以多数人的观点为据"。

《墨经》的观点值得提倡："诽之可否，不以众寡，说在可诽。"作者解释说，判定一个批评之正确与否，在于有理或无理，而不在批评之人多与少。

印度佛教逻辑在谬误论中，列有一种过失，称为"世间相违"。所谓世间相违，是说辩论时所立论题不能违反世间常识。按规矩，凡有辩论，都要分出胜负。所立主旨要是违反了世间常识，马上要被公正人判负。把世间相违作为过失，无异于提倡以"多数人的观点为据"。但是，印度佛教逻辑也有一种称为"简别"的补救办法。立论人如果要标新立异，冲决世俗罗网，可以用特定术语表明自己立的是"胜义"，即高深的道理。有此简别，则无过失。辩论可以继续。

人有亡斧者
——被错觉迷惑

中国古代有一个寓言故事：有个人丢失了斧子，就怀疑是他邻居偷的，于是他就仔细观察他邻居的言行举止，发现他的脸色有异常，像个偷斧子的人，看他邻居走路的样子也像一个偷斧子的人，后来发现他邻居的所有行为无不像一个偷斧子的人。有一天，这个丢失斧子的人找到了他的斧子，又发现邻居的言行举止与当初一样，一点都不像一个偷斧子的人。

在实际上，这位邻居的言行举止前后没有什么不同，而这个丢失斧子的却认为他有些不正常。考其过失，乃错觉所致也。

德国有则《锤子的故事》说：有个人想挂一张画。他有钉子，但没有锤子。就在这时候他起了疑心：要是邻居不愿意把锤子借我，那怎么办？昨天他对我只是漫不经心地打招呼，也许他匆匆忙忙。也许这种匆忙是他装出来的，其实是他对我不满。什么事不满呢？我又没有做对不起他的事，是他自己在多心罢了。要是有人向我借工具，我立即就借给他。而他为什么会不借呢？怎么能拒绝帮别人这么点忙呢？而他还自以为我依赖他，仅仅因为他有一个锤子！我受够了。——于是他迅速跑过去，按了门铃，邻居打开门，还没来得及说声"早安"，这个人就冲他喊道："留着你的锤子给自己用吧，你这个恶棍！"

"借锤人"同样犯了被错觉迷惑的错误。"亡斧者"由错觉而生怀疑，仅此而已；"借锤人"走得更远，错觉、怀疑、武断以至上门讨伐。这就可笑又可恶了。

被错觉迷惑是这样一种谬误：在观察中，把自己关于对象的错觉当作是关于对象的真实的情况，并由此推出一个错误的结论。

错觉是指与客观对象不相符合的知觉。把一根直的棍子插在水里，看上去这根棍子变"弯"了；从地球上看太阳，似乎太阳是绕着地球旋转的，而不是倒过来。这就是亚里士多德——托勒密地心说体系能长期被认为是真理的原因之一，因为这种观点由"直观"就可被"证实"。

古希腊的希罗多德记载过一条溪水温度的反常变化：

> 这条溪水清晨是温和的,当市场热闹起来时凉了许多,到中午已经很冷了。因此人们此时浇花灌水。下午日头偏西,溪水的温度又有回升,到太阳落山时,溪水又变得温和起来。

实际上,溪水的温度变化极小,人们觉得溪水温度变化很大,是因为气温变化很大,由此形成水和空气的温差变化,从而产生错觉。

被错觉迷惑,往往使一些科学家造成失误,导致终身遗憾。发现铌和铍两种元素的德国化学家维勒,1830年在研究墨西哥产的褐色铌矿石时,发现了一种呈红色的金属化合物,当时他错把这些化合物当作铬的化合物,因为铬的化合物一般也是红色的。可是瑞典的化学家肖夫斯特姆不久也看到了这种金属化合物,他没有被表面现象所迷惑,经过一番实验后,从中发现了新的元素钒。维勒与钒失之交臂,除了其他原因外,还有错觉把他引上了迷津。

在霍梅尼政权治理下的伊朗妇女必须穿黑洁布服,连下巴也要遮上,只要有一缕头发露在外面,就是不可容忍的挑逗。男女用的门、楼梯和工作室全部分开,妇女从后门进入,走到楼上办公室;男人从前门进入,乘电梯上楼。有个女人涂了唇膏上街,警卫队的机动巡逻队发现后竟用刀把她的嘴唇割掉,作为对其他女人的警戒。女人和丈夫一起走路也不安全。警卫可以把他们截停,查阅他们的结婚证书。在德黑兰有一对夫妇没有随身带证明文件,警卫把妻子扣留,命令丈夫回家去取。他回来时,碰上交通事故,待他从医院出来,他的妻子因为没有结婚证书,已被当娼妓处死了。这固然是一种错觉,但造成这一悲剧的根本原因却是错觉所无法代替的。

有篇文章题目叫《逃掉的疯子》,讲的是发生在西方社会的一则恶作剧。故事内容概述如下:

> 斯科特太太正在做晚饭时,突然电话铃响了。
> "我是诺斯菲尔兹精神病院",对方说,"我们的一个病人逃掉了。有人听到他说,他要去杀你。我们觉得最好预先通知你一声。"
> "啊……是的……谢谢你。"斯科特太太大吃一惊,连忙问病人的名字。
> 对方停顿了一下,好像有人正在仔细查阅名单。过了一会,对方回答说:"他叫乔治·希契科克。他是个矮个子,黑头发,非常危险。"
> 当斯科特太太再问为什么要杀她时,电话一下子断了。她突然想到,

人们在袭击一幢房子以前,总要先把电话线切断。

她手里还抓着听筒,就听到前门砰的一声响,便撂下话筒,快步向门口走去。当斯科特太太把门锁好时,看到一个男人就站在屋外信箱前面。她接着又奔向后门,半路上撞翻了一张桌子,把桌子上的花瓶摔得粉碎。水弄滑了地板,她滑倒在椅子上,又撞翻了椅子。……

与此同时,电话接线员发现她没有挂断电话,又听到那些哐啷啷的撞击声和砰砰的关门声,以为斯科特太太家中正在进行一场搏斗,便电话通知了警察局。几分钟后,有人敲斯科特太太的门。

"你们抓住那个疯子没有?"她问其中一个警察。

"什么疯子?"警察问道,显然给弄糊涂了。

"咦,就是砰砰敲我门的那个人啊。他从精神病院逃了出来,名叫希契科克,乔治·希契科克。"

"乔治·希契科克?"警察说,"这是精神病院院长的名字啊。"

"刚才是我敲你的门。"邮差说。

一个高个子警察说:"太太,一定是什么人跟你开玩笑,而且是个无聊透顶的玩笑。"

一个错觉就这样引来一场虚惊。

指羊为狗，谎言成"真"
——重复谎言

在《波斯趣闻》中有一则《指羊为狗》的故事：

有个脑子简单的人来到伊斯法罕，买了一头绵羊。他牵着羊，走在街上。几个骗子看见了，其中的一个对他说：

"你牵着这条狗干什么？"

"别开玩笑，这是一头绵羊！"

他牵着没走几步，迎面又过来一个骗子。

"你为什么牵着狗哇？你要这狗干吗？"

"这是绵羊！"这人冒火了。

不过，他心里升起了疑团，会不会真是一条狗呢？又走了几步。他听见有人在喊：

"喂！小心些！别让这条狗咬一口！"

"天啊，我真糊涂！"脑子简单的人终于大叫起来："我怎么会把它当绵羊买来的！"

他信了骗子们的话，把绵羊扔在大街上了。那几个骗子捉住绵羊，吃了一顿烤羊肉。

"谎言重复千遍成真理"，这是骗子们的信条。

重复谎言是这样的一种谬误，认为一种主张（观点、事件）在一定的限度上不断重复，它就会变为真理的。

对于头脑简单、没有主见，对某一主张缺乏坚定信念的人来说，谎言的重复往往具有撼动人心的力量。

古人有言："众口铄金，三人成虎，不可不察也。"比喻人多嘴杂，能混淆是非。众口一词的威力足以使金子熔化。

在我国古代，有不少为重复的谎言所误的事例。成语"三人成虎"的典故出自《韩非子·内储说上》：战国时，魏国大臣庞恭与太子即将去赵国都城邯郸做人质。庞恭对魏王说:"要是有人说大街上有只老虎,大王相信吗?"魏王答:"不信。"庞恭又说:"第二个人说大街上有老虎,您信吗?"魏王答:"不信。"庞恭又接着说:"第三个人说大街上有老虎,大王相信吗?"魏王答:"我相信了。"庞恭说道:"谁都知道,大街上不可能有老虎,可是三个人都这么说,大王就相信了。现在邯郸离魏国比这儿离大街要远得多,在大王面前说我坏话的又何止三人,我走后,请大王明断是非。"等到庞恭从赵国回来后,魏王就再也不愿召见他了。

在《战国策》里也有个类似的故事,叫"曾母逾墙"。孔子的弟子曾参住在鲁国费城,有个与曾参同名同姓的人杀了人,前后有两人告诉曾母,说"曾参在外杀了人",曾母都不相信,第三个人来说"曾参杀了人"时,曾母便害怕起来,慌忙翻墙逃走了。

希特勒为实现充当"地球主人"的野心,提出必须使用三种方法:宣传、外交和武力。纳粹党最有效的宣传手段便是"必须玩耍手法,学会说谎"。希特勒的名言是"把天堂说成地狱,把地狱说成天堂","谎言越大,人们越是相信"。他还在《我的奋斗》里说:"信号一发,只要看来是最危险的敌人,它就对之发动谎言和诽谤的真正的总攻击,一直到被攻击者的精神不能支持时为止……这种策略所根据的是对一切人性弱点的精确估计,其结果必然导致胜利。"第三帝国的宣传部长戈培尔也一再狂热鼓吹"谎言重复多次,就会变为真理"。

然而,"乌云遮天难持久"。谎言尽管能蒙骗一时,终究要被事实击得粉碎。

捕获尼斯湖怪兽可谓举世闻名的谎言。有的报纸发消息说,一个由英、德、法、日专家组成的研究组用一只钨钢做成的金属网捕捉到了水怪。这头水怪从鼻子到尾部全长60英尺,且有80吨重,研究组捕到水怪后,给它带上了一个电子装置后将它放生。

这则消息说得有鼻有眼的,具有很高的可信度。其实呢,经《光明日报》记者向英国有关研究机构查询,此消息纯属杜撰。

据悉,这则消息源于英国一家无足轻重、善于杜撰耸人听闻消息的小报,北京有的报纸据此作了报道。《光明日报》记者接到报社编辑部的查询要求后,即与英国最有权威的尼斯湖研究机构联系,询问最近是否有人抓到了湖怪或类似湖怪的动物。这家权威机构断然否认这则消息,并说他们根本没有听说过有这等事,最近也无人看到过"湖怪"。

又据1994年3月报载,所谓尼斯湖有怪兽一说,不过是50年前几个人蓄意制造的一个国际玩笑，一个天大的谎言。真相是有人精心伪装了一个模型，并对之拍照。几十年来，人们以讹传讹，搞得沸沸扬扬，煞有介事，欺骗了天下人之视听。正是：假作真时真亦假，无为有处有还无。

据报载，世界上不少地方有"长寿地"或"长寿村"的美誉。然而，一系列的调查证明，这些美誉是谎言赢得的。

据访问日本的格鲁吉亚共和国某医学研究所副所长证实，在该共和国内没有一名年龄超过110岁的老人，即使在自称90岁以上的人中，有一半人的年龄是虚报的。格鲁吉亚所谓世界罕见的"长寿地区"的美誉是要大打折扣的。

美国的学者在1974年和1978年两度前往厄瓜多尔的比卢卡甘巴"长寿村"作详细调查，结果发现该村所有90岁以上老人的年龄都是伪造的。自称百岁以上老人的年龄，实际都在75岁至96岁之间。有人虚报的年龄竟比生身母亲年长5岁。

日本东京都老人综合研究所疫学部长松崎俊介在对国内100岁以上长寿老人进行多年的追踪调查研究后也发现，日本有名的"长寿村"，主要是因为该村的年轻人大量流入城市，结果导致全村人口中70岁以上老人的比率大大上升的缘故。

谎言短寿，古今中外，多为如此。

真正的"巴黎公社墙"在哪儿？
——以传说为据

流传的,哪怕是盛传的,也要认真地思考:是那么回事吗?下面的故事引自《读者文摘》。

在巴黎拉雪兹神甫墓地,"巴黎公社墙"有两座。一座是人们在画片上常看到的精心雕琢的那堵浮雕墙:一个少女张开双臂保护着后面的人群,右墙有一块大理石,上半部写着作者的名字"保罗-莫罗·沃蒂埃"。拨开大理石下半部的泥土,可以发现题字:"我们企求所希冀于未来的,是公正,而不是复仇……"

另一座位于拉雪兹墓地东北角。这是一堵旧墙,没有装饰,却遍布弹痕。当年,反革命对公社战士的最后一次大屠杀,就是在这堵墙近旁进行的。

在许多国家,甚至在法国,许多人都把浮雕墙视作社员墙,浮雕墙画面也曾经出现在讲述国际共运史的著作和其他报刊中。

然而,这一流传的,并且是盛传的,却不是真正的。马克思说过:"工人的巴黎及其公社将永远为社会的光辉先驱受人敬仰。它的英烈们已永远铭记在工人阶级的伟大心坎里。那些杀害它的刽子手们已经被历史永远钉在耻辱柱上,不论他们的教士们怎样祷告也不能把他们解脱。"教士们有声而无形的语言所不能做到的,无声而却有形的浮雕也无能为力。一些熟悉公社历史的信仰者从来不承认浮雕墙,尽管具体的原因随着斗转星移越来越模糊了。他们对另一堵弹痕累累的旧墙充满了敬意。

从1978年10月到1982年4月,北京外语学院教师沈大力对浮雕墙的传说作了一番历史的考证,搞清了它的背景。

当沈大力看到浮雕墙题字中有希冀"公正""而不是复仇"的字眼时,他想起了公社委员费烈牺牲前的话:"我相信未来会怀念我,为我复仇!"他还想起了一位公社成员牺牲前写给母亲的信:"为死者伸张正义,为我复仇……"他还发现,那少女张开的双手的护卫的群像中,有的穿着凡尔赛军队的衣帽。他不由得疑窦丛生。

沈大力查到,参加过公社的沃蒂埃是雕塑墙作者的父亲,早在1893年就逝世了，而雕塑墙作者是 1871 年出生的。经过确凿考证，他是个狂热的沙文主义者。小沃蒂埃的许多作品都是为反动人物树碑立传的。此墙直到 1909 年才雕成。

沈大力还查到，这座雕塑墙曾被题为"献给革命的牺牲者"。他从一位巴黎公社社员的后裔处听说，所谓"革命的牺牲者"其实是"革命的受害者"。沈大力又从档案中发现"革命"这个法语单词用的是复数。在 1909 年的巴黎市议会辩论记录中，有一项决定题目就是"关于在甘必大花园树立纪念历次革命受害者塑像的决定"，这充分说明受害者同公社毫无关系。作为雕塑墙的艺术主题，"她"所保护的是公社的敌人。"她"是调解人，"她"反对复仇！

在第一次世界大战前夕，法国国内阶级矛盾日益尖锐，统治阶级为调和矛盾，建造了这堵墙，鼓吹和解。而东北角的那堵旧墙是在 1893 年，由被大赦回来的公社战士集钱买了地皮，保护下来的真正的纪念碑。由于统治阶级的掩盖和欺骗，以讹传讹，浮雕墙长期地迷乱着人们的视线。

这一事例生动地说明，以传说为据是不足为训的。

以传说为据是这样一种谬误：把传说中的东西当作事实，并以之为据，来论证论题。

诚然，有的传说并非始于编造，而是真实的，但是以为所有传说都是可信的，并以为据进行论证，那就可能导致谬误。

《吕氏春秋·察传》中写道：

> 夫得言不可以不察。数传而白为黑，黑为白，故狗似玃（jué），玃似母猴，母猴似人，人之与狗则远矣。此愚者之所以大过也。闻而审，则为福矣；闻而不审不若不闻矣。……凡闻言必熟论，其于人必验之以理。鲁哀公问于孔子曰："乐正夔一足，信乎？"孔子曰："昔者舜欲以乐传教于天下，乃令重黎举夔于草莽之中而进之，舜以为乐正。夔于是正六律，和五声，以通八风，而天下大服。"重黎又欲益求人，舜曰："夫乐天地之精也，得失之节也，故唯圣人为能和乐之本也。夔能和之，以平天下，若夔者一而足矣。故曰'夔一足'，非'一足'也。"

这段话先讲了有的事情数传以后，便会传中出讹，并以讹传讹，颠倒黑白。后面谈了对于传说应持有的态度，最后举了"夔一足"的例子，就是说，当时传说名叫夔的人只有一条腿，孔子纠正了这种误解。

王充认为,人的骨相不同,所体现的富贵贫贱、寿命长短、操行好坏也不同。在《论衡·骨相篇》中他用如下一些传说中的事情来论证这个论题:黄帝的脸像龙的脸;颛顼的前额宽阔,像顶着一块盾牌;帝喾的牙齿连成一片;尧的眉毛有八种颜色;舜的每只眼睛都有两个重叠的瞳仁;禹的耳朵上各有三个窟窿;汤的每只胳膊上都有两个肘;周文王有四个乳头;周武王的双眼长得特高,不抬就能看到天空;周公是驼背;皋陶的嘴像马嘴一样;孔子的头顶中间凹下去就像倒过来的屋顶。这十二个人的骨相与众不同,所以,他们都是古代圣人。另外,仓颉有四只眼睛,晋公子重耳的肋骨长成一片,等等,也是骨相与人不同,因而成为非凡之人。王充所要论证的论题是否包含有合理的因素,这是需要由人体科学来回答的,不是本文的任务。笔者想指出的是,王充引以为据的都是一些无法验证的、多半是荒诞不经的传说中讲的事,从逻辑上看,他犯了以传说为据的错误。

传说中一般都含有一些虚构成分,尤其是口耳相传的材料,更是如此。因为传说一般都经过许多人之口,每个人在复述传说时都有可能掺进一些原来没有的东西,或者根据自己的好恶,把某些细节加以夸大,或者误解了原话的意思,这样就会以讹传讹而面目全非,这就是"数传而白为黑,黑为白"的原因。所以,论证时不能以未经验证的传说为据。

众所周知,中国的近代史是被西方列强侵略、瓜分的屈辱的历史。要论证西方殖民主义者肆意污辱中国人这样一个论题,最形象、最触目惊心的论据莫过于"东亚病夫"和"华人与狗,不得入内"的说法了。"华人与狗,不得入内"的故事在世上广为流传,举国皆知。但是,1994年出版的《世纪》杂志第二期的一篇文章宣布,这一广为流传的故事不过是经人精心炮制的一出历史玩笑。一石激起千层浪。千万人关注着这一传说的真实性。

20世纪50年代,上海仿苏联体制建立了一个上海市历史与建设博物馆,为配合形势教育而搞过多次介绍上海历史的展览会,制作过中英文对照的"华人与狗,不得入内"的牌子,确实如制作者所预计的那样,起到了举国轰动、妇孺皆知的宣传效应。

但是,后来却有人认为这个传说故事是挖空心思、无中生有地炮制出来的,根本没有事实依据。许多人认为编造一个史实来哗众取宠不是史学工作者的应有态度,更何况人为地编造一个被人侮辱的故事。到了80年代,有人要对当初制作这块牌子作反省时,有些老人却极力反驳,他们反驳的理由是亲眼见过这种牌子。

1983年在原博物馆基础上又成立了上海市历史文物陈列馆。"华人与狗，不得入内"的中英文对照的牌子又被重新制作。可惜当时大多数人"尊重"史实，取消了它的陈列权利，把它扔到了它不应该去的废物堆里。尽管有人竭力反对，说把如此重要的历史文物仿制品扔掉了，却没有得到支持。

1994年4月18日《报刊文摘》刊登读者史群的来信。来信说，方志敏在《可爱的中国》一书中就提到自己的亲眼所见，方志敏曾想游上海的法国公园，可是"一走到公园门口就看到一块刺目的牌子，牌子上写着'华人与狗，不准进园'几个字"。

此后，许多报刊又陆续发表了不少文章，列举各种事实和历史文字材料，终于确认了这一传说的历史真实性。

对于传说，一概排斥和以为一定如此都不是正确的态度，重要的是考证。

"苦痛中的小玩意儿"
——望文生义

梁启超有一篇文章，录有他自己作的集词联句约50副，该文题为《苦痛中的小玩意儿》。

有一本谈对联艺术的书批评梁启超轻视对联艺术，说梁启超"竟把对联称作是'苦痛中的小玩意儿'"。

香港作家梁羽生写了篇《梁启超的集词联句》为梁任公辩"冤"。梁羽生解释说，梁启超为什么要用"苦痛中的小玩意儿"作题目呢？因为那一年，即1923年，梁启超夫人卧病半年，终于不治去世。那一年的中国政局是开始造成南北分裂的局面，孙中山在广州组织革命政府与北方军阀对抗，而北方军阀又在内讧。任公既遭丧妻之痛，又伤国事之"变乱如麻"，于公于私，都确实是说得上"在苦痛中"的。《苦痛中的小玩意儿》说的是当时的写作背景，"小玩意儿"不过为自谦之语，并无"轻视"之意在内。

梁羽生指出，王国维有论词名句，"雕虫技，千古亦才难"，"雕虫技"即与"小玩意儿"相类，况且梁任公在该文中也曾说过"好的对联给人以无限美感"的赞语，"轻视"云云，岂不是射箭没有对准靶子？这位香港著名作家客气地批评说，谈对联艺术一书的编者"似乎犯了'读书不求甚解'的毛病"。

望文生义是"读书不求甚解"的一种很常见的现象。

望文生义的谬误是指阅读时，不推求真正的意义所在，只据字面意义，作出附会的解释。这属于非形式的谬误。

有位病人问："大夫，我的病会好吗？"大夫答："大概会好的，你这种病在医书上说是'九死一生'，我以前治过的九个都死了，你正好是第十个。"这是则笑话。大夫望文生义，反道出自己的无能。

在1923年，任北洋政府教育总长的章士钊，有一篇《评新文化运动》的文章，刊登在上海的《新闻报》上。这位教育总长为弘扬文言文之"美"，举例说："二桃杀三士，谱之于诗，节奏甚美。今曰此于白话无当也，必曰两个桃子杀了三个读书人。是亦不可以已乎！"没想到这个例子竟是个"反例"，留下了笑柄，受到鲁迅先生的嘲笑。"二桃杀三士"中的"士"是指读书人吗？非也。

"二桃杀三士"有个典故,出自《晏子春秋》。这个故事是讲晏子设计除掉三个武士的。春秋时齐景公下面有公孙接、田开疆、古冶子三个勇士,他们居功自傲,对相国晏婴甚是不恭。晏子视为齐之大患。但是这三人都英勇了得,无人能敌。晏子便与齐景公密议,赏赐两个桃子给三位勇士,命令他们自己论功受赏。公孙接和田开疆先给自己评功,两人把桃子瓜分了。功劳最大的古冶子要他们交出来。两个抢桃子的壮士觉得羞愧难容,便自刎身亡。古冶子觉得自己对不起他们,也抹了脖子。

　　"士"是一个单音节的多义词,既可指文士,也可指武士、勇士、壮士,但是在"二桃杀三士"这个特定语句中,它只能指武士,而不是指读书人。

　　"二桃杀三士"出自古乐府歌词《梁甫吟》,节奏不可谓不美,但是其中的一个单音节多义词,却使得学问之博如教育总长章士钊也产生误解,贻笑大方。章总长以此为例来证明文言文的优越,可谓弄巧成拙。

　　王伯熙写的一篇题为《"勇士"误成"读书人"》评论说:"白话文以双音节词和多音节词为主,大大减少了容易产生歧义的单音节多义词。就这一点讲,写、读白话文作品,是可以减少闹'读书人'这类笑话的。……当使用成语典故和阅读文言文作品时,一定要记取章士钊先生的教训,切忌自以为是,望文生义,也不要图省力,怕麻烦。只有这样,才能避免出洋相。"

　　在"文化大革命"中,我们见过不少望文生义的现象,这里略举几例。

　　鲁迅有一首诗,题目是《答客诮》,全诗共四句:

无情未必真豪杰,怜子如何不丈夫?
知否兴风狂啸者,回眸时看小於菟?

这首诗在"文革"中被频频引用,复旦大学的一些"红卫兵"解释后两句说:"你看那兴风狂啸的老虎,似乎很威风,回过头来一看,不过是小东西。"他们把这两句诗解释成纸老虎外强中干,以此来形容所谓的走资派和资产阶级学术权威。

　　这是想当然,望文生义,完全曲解鲁迅诗的原意。《答客诮》作于1931年冬。鲁迅很爱自己的孩子,有人就同他开玩笑,他便作此诗答复客人的讥讽。后两句采用了赋、比、兴中的比的手法,意思是:你知道吗?那兴风狂啸何等威风的老虎也充满怜子之情,不时地回眸热切地关注着自己的小老虎,更何况我们作为万物之灵的人,因此,爱子之人怎么就算不得大丈夫呢?

著名杂文家徐震因为使用"公今度"的笔名在"史无前例"的十年中,被戴上了"蓄意反党"的帽子。有人根据"谐意影射法"或"鸭蛋寻骨法",一口判定"公今度"就是"攻击今天社会主义制度"的缩写和密写。其实呢,这笔名竟是通过抓阄抓来的。杂文家告诉我们,张天翼先生的名著《两林故事》里,就教导有"指字为名"之法。如果替兄弟俩取名字,不妨拿一本字典,一查查到一个"菜"字,叫"大菜""小菜",这不太好,重来;再一查,查到了"便"字,叫"大便""小便",更不好,谁听说过哥哥叫"大便",弟弟叫"小便"的?第三次才查到了"林"——"大林""小林"好像就是这样出的名。仿此,这位杂文家便从古诗里抓阄,翻到古诗《箜篌引》。全诗四句:"公无渡河,公竟渡河,堕河而死,当奈公何!"第二句铿锵上口,改一个字,去掉一个边旁,便有了"公今度"。

20世纪50年代初,胡风住在北京。院子里栽了四棵树,因此自名"四树斋"。一位朋友看到了,就惊呼起来:"什么'四树斋'?你要四面树敌吗?"这一说,吓得胡风再也不敢使用这个斋名了。

《老子》中有一名句"不敢为天下先"。今人常有视其为妨碍竞争意识和首创精神的传统守旧观念。顾易生先生在《老子掇"宝"》一文中指出:"此语出自《老子》第六十七章,本意殊非如此。"顾先生为"不敢为天下先"一辩,根据有二。

首先,他认为"不敢为天下先"与"慈""俭"一样都是积极向上的。《老子》原文是:"吾有三宝,持而保之:……慈,故能勇;俭,故能广;不敢为天下先,故能成器长。"顾先生认为,"三者笼盖军事、经济、政治众多领域,各蕴对立统一的深层哲理,确实值得宝重"。其一是说:"慈爱故能勇敢争斗。"慈母护卫孩子会奋不顾身,爱民、爱国者在抗暴和反侵略时会显出大无畏气概。《老子》书中还有"夫慈,以战则胜,以守则固"的说法,"《老子》或被视为兵书,这里是可以看到战略思想闪光的"。其二说:"节俭故能开拓广大。"他解释说:"杜绝浪费以期广益,乃是开放型的,并非片面死省苦行。"其三意谓:"不强占广大群众之先,故能成为国家首长。"三者同样值得宝重。

其次,顾先生在《老子》书中找到旁证,他说:"《老子》书中反复申述此旨:'江海之所以能为百谷王者,以其善下之。''是以圣人欲上民(做民众领袖),必以言下之。欲先民(做民众先导),必以身后之。是以圣人处上而民不重,处前而民不害,是以天下乐推而不厌。'"他评论说,这是虚己容众,尊重人民,自然受民众乐意推举。《老子》学说中仿佛闪耀民主性光芒,书中有"愚民"思想,自当别论。

我认为,顾先生的见解是很有说服力的。

删繁就简三"春"树
——错误引用

你听说过一句名人名言"引导"一位大学生走上犯罪道路的事吗？你知道了一定会莫名惊诧。

根据窃贼"自白"，他十分赞赏法国资产阶级革命时期著名思想家卢梭的一句名言："人是生而自由的，但却无处不在枷锁之中。"既然人生的信条就是"自由"，那就让一切纪律的约束都见鬼去吧。他为了尽情享乐，便伸出他那双"自由自在"的贼手，随心所欲地把别人的大量钱物窃为己有，这位"梁上君子"终于被戴上手铐，落了个真正的不自由。

说名人名言引导这位大学生犯罪，是对名人名言的亵渎。其实，是这位堕落为窃贼的大学生没有搞明白卢梭名言的真正含义，他的可悲在于用资产阶级利己主义的观点对卢梭名言作了歪曲。按照卢梭的自由平等学说，这句名言的本意是：在国家建立之后，人人都应该服从代表公意的法律才能有自由。如果有人要违反，国家就要"强迫他自由"。可见，这位学生犯了"错误引用"的错误。

《新民晚报》有篇题为《若板桥有知》的文章，作者吴昊说，有两家报纸的文章把郑板桥的条幅"删繁就简三秋树，领异标新二月花"和"吃亏是福"，错成了"删繁就简三春树"和"吃亏幸福"。文章说，"删繁就简三秋树"与"领异标新二月花"上下联对仗工整，"三秋"对"二月"，既有意境，又含音律，换上"春"字，则全完了。再说，只有"三秋树"，木摇叶落，枝干挺拔，才与删繁就简相应对。改成"三春树"，万紫千红、枝叶繁茂，就与"删繁就简"自语相违了。

吴文还说，把"吃亏是福"错成"吃亏幸福"，除文理不通外，原有韵味也丧失了。说"吃亏幸福"的短文还继续发挥郑板桥的"幸福观"，说范仲淹的"先天下之忧而忧，后天下之乐而乐"也是属于"吃"了"幸福亏"的。吴文讽刺说，看来，范仲淹也"难得糊涂"，不然怎么就和郑板桥"错"在一起了呢！

写文章免不了要引用。引得好，可使文章增色，并增加力度。错误引用是这样一种谬误：在引用别人的话作为论据时，出了错误。错误引用属于非形式的谬误。这种谬误或是把原话、原文说错、写错，或是把别人的话理解错了、歪曲了。

有篇文章说，"宗教是人民的鸦片"一语是马克思对海涅或费尔巴哈的引语，马克思并不是用它来概括宗教的本质，尤其不能应用于我国当前的宗教实际。

马克思在《〈黑格尔法哲学批判〉导言》一文中引用前人的这句话时说："宗教是被压迫生灵的叹息，是无情世界的感情，正像它是没有精神的制度的精神一样。宗教是人民的鸦片。"就19世纪上半叶的欧洲来说，鸦片是一种贵重的药用镇痛剂，而穷人用不起。有苦痛时便转向宗教以求解脱。马克思援引此语时，原本无语义上的褒贬，而是充满了对教徒中劳动人民的感情。注入的新内容，是指出它不能真正使人民从阶级社会的苦难中解脱出来，仅此而已。

此文还根据德文原文解释说：鸦片是人民已有的。只可惜，译成中文时，这层意思未能明确地不容有歧义地表达出来。更值得注意的是，由于19世纪中叶以来，中国人民经历的第一次奇耻大辱又正是鸦片战争，由此引起的强烈反感情绪，便使这句话贬的意义为之扩大，当翻译列宁《论工人政党对宗教的态度》时，竟把文中所引马克思的这句话加上"麻醉"二字，成了"宗教是麻醉人民的鸦片"。其实，马克思这句话说的是宗教的作用，并非本质。

宋大雷在《家庭》杂志上撰文说，社会上不少人认为"没有爱情的婚姻是不道德的"是恩格斯的名言，其实并非如此。

宋文说，在《家庭、私有制和国家的起源》这部著作里，恩格斯曾精辟地论证了"个体婚制在历史上决不是作为男女之间的和好而出现的"，"它是作为女性被男性奴役、作为整个史前时代所未有的两性冲突的宣告而出现的"。文章指出，只有当资产阶级登上世界舞台，事情才发生了变化。因以商品生产为基础的资本主义制度要求自由契约、自由竞争，因而"由爱情而结合的婚姻被宣布为人的权利"，所以，"没有爱情的婚姻是不道德的"这一命题的发明权是属于资产阶级启蒙思想家。

司马迁在《报任安书》中说过，"人固有一死，或重于泰山，或轻于鸿毛"。由于后人的辗转引用，现在这句话可以说是家喻户晓、妇孺皆知。但是王同策在《史学集刊》上撰文认为，如今人们对这句话的理解和应用，大都与司马迁的原意不符。除去表述的方面各异外，其所指的内容，乃至可以说正好截然相反。

"或重于泰山，或轻于鸿毛"，确是涉及死的作用、价值和意义，但这里所说的"重"与"轻"，绝不是分指死的意义的大小有无，而只是对各具不同作用、价值和意义的死这一行为本身所持的态度。它的原意应为：人生于世，本来都有一死，但有的时候，有的情况下，要把死看得很重。比如面临那种没有价值、没有意义、糊里糊涂的死的时候，要认识到生命是宝贵的，对死要看得比泰山还重，切不可盲目轻生。反之，有的时候，有的情况下，则应该把死看得很轻。比如勇夫殉国，志士死节，在舍生取义时，就应该视死如归，把死看得比鸿毛还轻。

司马迁的这一名言，其本意如何，今人的理解是否赋予了新的含义，专门家还可认真探讨。本文只想说明引用有两个基本要求。第一，准确地把握所引材料的精神，并能恰当地以之论证自己的论题。尽量避免在并未完全理解原文的基本精神时就加以引用，才不至于望文生义以致歪曲原意。第二，所引材料应与原文保持一致，不能有错字、漏字、加字现象，标点符号亦然。在翻译时要遵守同一律。如果不遵守这两条，就会犯错误引用的谬误，这样的引文是不能作为论据的。

错误引用的另一个方式是断章取义。

古希腊人可能帮忙建造了兵马俑。这则耸人听闻的消息居然出自英国广播公司（BBC）网站等众多媒体。

秦始皇帝陵博物院研究员李秀珍声明，自己的观点被断章取义。"BBC 夸大了我提出的兵马俑受到其他文化的启发，但没有提到我的主要观点，兵马俑的产生根植于中国当地的自然和文化土壤。"她曾说："我们现在认为，兵马俑、杂技俑和青铜雕塑从古希腊雕塑和艺术上汲取了灵感。"这与维也纳大学亚洲艺术教授卢卡斯·尼克尔想象的"可能还有一名希腊雕塑家在现场训练中国当地的工匠"相距甚远。

欧洲巨人的诺言
——换汤不换药

成语"朝三暮四"是用来比喻有的人常常变卦，反复无常的，它的原意是指玩弄手法欺骗人。"朝三暮四"出自《庄子·齐物论》。一个玩猴子的人对猴子说，早上给它们吃三个橡子，晚上给它们四个。猴子听了都发起怒来。后来玩猴人又说早上四个，晚上三个，它们便一齐转怒为喜。

有一则阿凡提的故事，题目叫《解梦》。故事说：皇帝做了个梦，梦见一个人把他的牙齿全拔光了。皇帝惊醒后再没睡好。第二天皇帝把梦讲给群臣听，问何人能解。丞相道："陛下全家将比陛下先死。"皇帝听了勃然大怒，把丞相处了极刑。

这时阿凡提来到皇宫。皇帝又把梦境说给阿凡提，问他主何吉凶。阿凡提回答说："陛下将比你所有的家属长寿。"

皇帝听了非常高兴，赐给阿凡提一件锦袍。"死"是个令人忌讳的字眼，说"长寿"当然是令人高兴的，但是阿凡提的话并不意味着皇帝能增寿。丞相的话与阿凡提的话都是关系判断，二者是等值的。乌鸦插上了孔雀的羽毛，然而乌鸦终究是乌鸦。

古今中外有许多类似上面这样换汤不换药的故事。

英国有则笑话，题目是《"给"与"拿"》，是嘲笑吝啬鬼的。杰克有一位爱钱如命的朋友，有进无出，从不给人一点东西。一天，他同朋友们在河边走着，突然滑进河里了，朋友们都跑过去救他，其中有一个人跪在地上，伸出手并大声喊道："把你的手给我，我拉你上来。"可是吝啬鬼宁愿给水淹得两眼发白，就是不肯将手伸出来。这时，杰克走过来喊道："拿着我的手，我拉你上来。"吝啬鬼一听，马上就伸出手，杰克与众人也就将他拉出了水面。"你们不了解我这位朋友。"事后，杰克对众人说，"当你对他说'给'时，他无动于衷，如果你对他说'拿'时，他就来劲了。"

"给"与"拿"在这里似乎是一出一进，实际毫无二致。吝啬到连命都可以不要，这样的吝啬鬼列为世界之最是当之无愧的了。

换汤不换药是这样一种谬误：为了使一个本来不受欢迎或别人不接受的

观点受人欢迎或被接受,就简单地给这个观点换一个好听的名称或说法。换汤不换药也是非形式谬误之一。

法国有一则笑话是讽刺爱显示年轻的夫人的。一位夫人已经上了年纪,两鬓斑白,脸上皱纹麻密,但她总想把自己说得年轻一些。有一次,她对一位新近结识的朋友说:"你知道吗? 我和我妹妹加起来一共60岁。"

"啊哟哟",朋友惊叫起来,"难道您把一个这么小的妹妹丢在家里放得下心吗?"

"两鬓斑白"且"皱纹麻密"的夫人把年龄转嫁到妹妹身上去,但新朋友却不买账,故意惊叹夫人的妹妹小得令人不放心,拐了一个弯,无非是在说,你不年轻了。

在外交场合中听到许多的委婉语词,这种委婉语词的使用可以避免发生直接的冲突,以利于那些尖锐问题的讨论,同时又能表达己方的态度、看法。

1984年底,卢森堡向法国要求巨额赔款,一时轰动世界。事情的起因是拿破仑引起的。

1797年,拿破仑将军偕同夫人一起去参观卢森堡大公国第一国立小学。在辞别的时候,拿破仑慷慨、潇洒地向该校校长送上一束价值三个金路易的玫瑰花时说道:"为了答谢贵校的盛情款待,我不仅今天呈上一束玫瑰花,并且在未来的日子里只要我们伟大的法兰西国家存在一天,每年的今天我将亲自派人送给贵校一束价值相等的玫瑰花,作为法兰西与卢森堡友谊的象征。"然而,时过境迁,疲于连绵不断的战争与此起彼伏的政治事件,最终因滑铁卢惨败,深陷囹圄后被放逐在大西洋圣赫勒拿岛上的拿破仑,把青年时代踌躇满志时的那个"卢森堡"许诺早已忘得一干二净。

可是,卢森堡这个友邦小国却把这段"欧洲巨人与卢森堡孩子亲切、和谐相处的一刻"载入他们的史册。

谁料到了1984年底,这件相隔近200年的逸事却给法国惹出个大麻烦来——卢森堡通知法国政府,提出了"玫瑰花悬案"之索赔要求,要么自1797年起,用三个金路易结算,全数清偿这笔外债;要么法国各大报承认你们的一代伟人拿破仑是个言而无信的小人。

起先,法国政府认为"我国的一代天骄之荣誉岂可被一件区区小事给诋毁,打算不惜重金来赎回拿破仑的声誉"。但是,财政部官员瞧见从电子计算机里输出的数据时,不禁面面相觑,叫苦不迭,原来本息额竟高达 1 375 596 法郎。

苦思冥想之后，机智、狡黠的法国人终于用如下的措辞取得了卢森堡人的谅解："今后，无论在精神还是物质上，法国将始终不渝地对卢森堡大公国的中小学教育事业予以支持与赞助，来兑现我们的拿破仑将军那一诺千金的'玫瑰花'信哲。"

邓析的两个"安之"是矛盾之说吗？
——逻辑史话之一

这则春秋轶事中的讼师所遇之事在当今社会一再重演，讼师的支招在今天也就更加发人深省。《吕氏春秋·离谓》记载了一个故事：

> 洧水甚大，郑之富人有溺者。人得其死者。富人请赎之，其人求金甚多。以告邓析。邓析曰："安之！人必莫之卖矣。"得死者患之，以告邓析。邓析又答之曰："安之！此必无所更买矣。"

故事说，洧水很大，郑国一家富人家里有人溺水死了。别人捞到了死尸。富家向捞到死尸者请求赎回，但是那人要价很高。富家便向邓析求教，邓析说："放心吧，得尸人不可能卖给别人啊。"得尸人担心这件事久拖而无着落，也向邓析求教，邓析又回答他说："放心吧，赎尸人不可能从别处买到啊。"

故事没有结尾。得尸人和赎尸人双方暂时安心等待之后应该怎么办，故事没有交代。双方安心了多久，谁先主动，成交了没有，都不见下文。

大家都知道，得尸人和赎尸人的根本利益是有冲突的。一方"求金甚多"，漫天要价，另一方不肯就范，因而不能成交。这金钱利益上的冲突属于实际事物的矛盾，属于客观矛盾，显然不是主观的、思维方面的矛盾，不是逻辑上的矛盾。邓析分别向两个在利益上有冲突、有矛盾的人出主意，要他们都"安之"，这两个"安之"是否构成逻辑矛盾呢？

以常识的眼光看问题，自然得出合乎常识的结论——古人称之为"两可之说"，显而易见属于矛盾之说。

长期以来，人们把邓析的"两可之说"当作"以非为是、以是为非、是非无度"的相对主义诡辩，或者干脆归结为矛盾之说。今天，在网上搜索一下，也多为这类声音。诸如，"诡辩之徒终无所用"、"名离实谓"、"这家伙，没有职业道德"。

但是，当代也有很多逻辑学家为邓析翻案。在解答两个"安之"的是非对错之前，还是要先了解一下故事发生的时代背景。

邓析(约公元前545—前501)是春秋末期郑国人,他与老子、孔子同时代。邓析是先秦六派学说阴阳、儒、墨、道、法、名中名家最早的代表人物。六派的分类和名称源于司马谈和司马迁父子。先秦时"名家"有"刑名之家"的称号,又有"辩者""察士"之称。"刑名"相当于形名,即名与实。形名学说就是研究名与实关系的理论。刑的本义指刑法。所谓刑名之家,即法律条文语词的专门研究者。邓析就是当时享有盛誉的讼师。

邓析不是一个普通的讼师,而是引起政坛乃至社会轰动的、颇有反叛色彩的民意代言人。据《吕氏春秋·离谓》记载:"郑国多相县以书者,子产令无县书,邓析致之。子产令无致之,邓析倚之。令无穷,邓析应之亦无穷。"用今天的话来说就是子产下令取缔自由书市,而邓析却要进行传阅;子产禁止传阅书籍,邓析却要把它放在其他物品当中传阅。子产有多少命令,邓析就会想出多少办法应付,以其非凡的智慧和胆识在民间传播着法律知识。

邓析还有一个主要业绩是以私造的竹刑取代官铸的刑鼎。在那个以"遵先王之法而过者,未之有也"的时代,邓析能够"不受君命"而私造竹刑,不但需要长期的思考和杰出的智慧,更需要极大的勇气和胆量。客观地说,以"竹刑"取代"刑鼎",也有利于揭开法律的神秘面纱,促进法律的传播。这有利于提高老百姓的法律意识并有力地维护自身的权益。说邓析"私造刑书",把他杀了,又沿用他的"刑书",与后来的"商鞅死而商君之法行"是一脉相承的事件。

除了私造竹刑以外,邓析还聚众讲学,向人们传授法律知识和诉讼方法,并帮助别人诉讼。《吕氏春秋·离谓》记载了邓析的收费标准:"与民之有讼者约,大狱一衣,小狱襦(短袄,短衣)裤。民之献衣而学讼者不可胜数。"相当于收取律师诉讼费。这是当时社会的高档职业,吸引很多人加入他的法律培训班。

邓析擅长辩论,在民众中有口皆碑,有人称他"操两可之说,设无穷之词"。邓析作为名家的代表人物,类似于古希腊的智者派(又译为诡辩派)。名家常常勃发奇论,看似违背常理,其中往往包含着合理因素。德国著名哲学家黑格尔在《哲学史讲演录》中说过:"诡辩这个词通常意味着以任意的方式,凭借虚假的根据,或者将一个真的道理否定了,弄得动摇了,或者将一个虚假的道理弄得非常动听,好像真的一样。我们要把这个坏的意义抛在一边,把它忘掉。相反地,我们现在要进一步从它的积极的方面,严格地说,即是从科学的方面,来考察智者们在希腊究竟占据什么地位。"黑格尔对智者派的评论可以成为我们打开名家大门的一把钥匙。

回到本题的故事上来,我以为,故事的本意不是要给出一个答案,不是要告诉读者交易双方解决矛盾的时间、方法和合适的价位,而在于传达一种处理棘手的特殊事件时应有的思想方法——对立双方都应"安之"的心态。

针对买卖双方的着急心态,邓析分别告诫双方稍安勿躁,暂时确实能对双方都起到安抚心理的作用。双方都不那么心急火燎了,有了一个较理想的心理环境,可以使双方冷静地讨价还价,从而找到契合点,使交易成功。

邓析两个"安之"的有益启示也正在于此。今天,捞尸的社会需求和赎尸的悲情故事大量发生。"安之"心态仍有积极的现实意义。请看,从网上搜索来的挟尸要价的几则旧闻:

某中学女生失踪 4 天后,在宝鸡峡引渭工程灌溉管理局某水电站水闸处发现了尸体。水电站工作人员就捞尸费问题和家属讨价还价,开口就索要 6 000 元打捞费。家属实在接受不了,认为就是给费用也应该是象征性的,哪能狮子大开口?家属不忍再看在水里泡了四天的孩子遗体,最后被迫交了 1 500 元,才将遗体领回。

南京中山陵体育公园一处人造景观湖里有人溺亡。110 巡警找来辖区民警和现场不少游泳爱好者下湖未找到。专业打捞队到场后开价 6 000 元,并要求先付一半。家属无奈只能同意。打捞队从半夜开工,搜索几个小时没有找到,不得不放弃。后来家属在六合东沟请来 2 名打捞人员,他们不报价先打捞,打捞一个多小时就捞出了尸体。

东阳市南马镇西山脚村发生一起溺亡事件。村民曾组织人员帮助打捞,由于水深没能成功。专业的打捞队要价 1 万元。因为付不起这笔钱,妻子只好跪在水库边,点燃几炷香,喃喃地说:"菩萨保佑,让我老公的尸体赶快浮上来吧。"

有律师认为,收取打捞费合法。打捞费是打捞员的正当劳动所得,这在法律上是没有禁止的,但在价格上,要参考劳动难度、工作时间以及参与人数等多种因素来定。不允许毫无依据地漫天要价。家属可以自愿选择民间打捞队,如果家属与打捞队员之间的口头合同未达成一致,家属和打捞员都可以拒绝。

浙江在线-钱江晚报记者采访了著名的金华民间潜水打捞队。队员多为原某部队潜水队队员。他们的收费标准一般是:出工一趟 4 000 元,每次 3—4 个队员。"对死者家属来说,就是希望能及时把尸体捞上来,让死者早点入土为安,我们就收点辛苦费。"

4 000元的打捞费是这样分配的：队员每人500元，司机400元，剩余的钱用于打捞队设备的维护和购置等。

负责人告诉记者，一般他们都是先把人捞上岸再收费，但有时也会收不到钱，"家属说好了给钱，但捞上来以后，人就跑了"。

不久前，打捞队在永康捞了一个人，死者60多岁的老母亲牵着一个小孩，手里揣着1 000元钱，"老人家又道谢，又作揖磕头，家里的顶梁柱都倒了，我们也就不好意思要了"。

打捞队说，如果遇到没钱支付打捞费的情况，或是没有家属认领的，有时当地村民或村镇相关部门、派出所等机构，也会为溺亡者筹钱支付。

到目前为止，打捞队拿不到钱的概率大约为10%。打捞队收费是为了生存，他们赚的也是辛苦钱。

首先，打捞装备很贵，都是自己买的，一套大约要5万元。下水打捞时，大多是膝盖着地趴着作业，水底下的石子对潜水服的磨损很大。"一套潜水服6 000元，打捞次数多的话，有时一个月就要换一套。"其次，打捞对身体有损伤。

70斤的潜水帽、30斤的潜水鞋、前后两块铅饼，一身装备就重达176斤，再加上体重，300多斤的重量在水深5米以下处作业，对身体伤害很大。队员们平时也是从事普通工作，哪有这么多精力和金钱进行无偿打捞？

最后，我们再次回到本题上来。有人问："难道逻辑矛盾之说也能有效指导诉讼吗？"非也。两个"安之"并不构成矛盾。邓析并没有让得尸者既安之又不安之，也没有让赎尸者既安之又不安之。一方的不急会导致另一方的急；一方的急也会导致另一方的不急。这是实际生活中常见的事，并不违反逻辑。

"使狗国者从狗门入"
——逻辑史话之二

弱者面对强者的欺凌,往往有不同的表现。蔺相如以死相拼,完璧归赵,是一种;韩信怀青云之志,受胯下之辱,能屈能伸,又是一种。这里要说的一种,又别具光彩。那就是晏子使楚,以理抗争,以辩才取胜的故事。

晏子使楚的故事见于《晏子春秋》,一共有两篇,故事包括三个情节。

第一个情节是:

> 晏子使楚。楚人以晏子短,为小门于大门之侧而延晏子。晏子不入,曰:"使狗国者从狗门入,今臣使楚,不当从此门入。"傧者更道,从大门入。

晏子奉齐王之命出使楚国。楚王存心要侮辱他。由于晏子身材较短,楚人便恶作剧,在大门旁边开了一个小门,请晏子走小门。堂堂的齐国大使怎能钻狗洞?面对人身侮辱,晏子对楚国的接待人员说:"只有出使到狗国的使臣才是从狗洞里进去的,现在我到你们楚国来,不应当走这里。"楚国的接待人员理屈词穷,不得不改弦易辙,打开大门让晏子进去。

第二个情节是:

> 见楚王。王曰:"齐无人耶?使子为使。"晏子对曰:"齐之临淄三百间,张袂成阴、挥汗成雨,比肩继踵而在,何为无人!"王曰:"然则何为使子?"晏子对曰:"齐命使,各有所主,其贤者使使贤王,不肖者使使不肖王。婴最不肖,故宜使楚矣。"

晏子见到楚王后,楚王傲慢无礼,劈头发问:"难道齐国没有人吗?竟派你来当使者!"晏子回答说:"我们齐国的都城临淄有上万户人家,张张袖子就遮住了太阳,挥把汗就如同下雨,人挤得肩碰肩、脚碰脚,怎么能说没人呢?"楚王说:"既然这样,为什么还派你来当使者呢?"晏子回答说:"齐国派遣使者,有种种规定。贤能的人被派到贤明的君主那里去,不肖者被派到不贤明的君主那里去。我是最不肖之人,所以很适合派到楚国来。"

第三个情节是:

> 楚王赐晏子酒,酒酣,吏二缚一人诣王。王曰:"缚者曷为者也?"对曰:"齐人也,坐盗。"王视晏子曰:"齐人固善盗乎?"晏子避席对曰:"婴闻之橘生淮南则为橘,生于淮北则为枳。叶徒相似,其实味不同。所以然者何? 水土异也。今民生于齐不盗,入楚则盗,得无楚之水土,使民善盗耶?"王笑曰:"圣人非所与熙也,寡人反取病焉。"

楚王宴请晏子。喝到痛快之时,两个侍从把一个绑着的人带到楚王面前。楚王问:"绑的什么人?"回答说:"齐国人,犯强盗罪。"楚王看着晏子说:"齐人生来就善于做强盗吗?"晏子离开座位回答说:"我听说,橘树种在淮南仍然结橘子,而移种到淮北就变成枳了。只是叶子还相似,果实却不相同。什么道理呢? 是由于水土不同。齐国的老百姓生在齐国不做强盗,一到楚国便做强盗,这是不是由于楚国的水土会使百姓善做强盗呢?"楚王笑道:"圣人是不好随便开玩笑的,我反而被取笑了。"

晏子使楚的故事千百年来脍炙人口,令人回味无穷。故事虽然短小,但容量却很大。它为后人提供了多方面的启示借鉴作用。"仁者见仁,智者见智。"外交家从中吸取外交的策略、应变的能力;语言学家欣赏其修辞的艺术;政治家、爱国者以此来陶冶自己的浩然正气和爱国热情;逻辑工作者最感兴趣的当然是发掘其中包含的逻辑道理。应当看到,这个故事之所以精彩,重要的原因是它充分显示了逻辑的力量。

晏子使楚,一波三折,在每一回合的较量中,他精当自如地运用了不同的论辩方式。下面我们逐一来作分析。

第一个回合用的是必要条件假言推理:

> 只有出使狗国,才会从狗门入,
> 我是出使到楚国来的(非出使狗国),
> 所以,我不从狗门入。

这个推理的大前提是必要条件假言判断,小前提否定了大前提的前件,结论否定了后件。从形式上来看,这个推理完全合乎逻辑。从内容上来看,大前提的内容合乎情理,小前提又是真实的。所得结论自有不可抗拒的力量。根据上面这个推理,楚人一定要晏子从狗门入的话,那等于承认楚国是狗国。

在第二个回合中,晏子一开始极尽夸张之能事,形容齐国人很多,故意将楚王那后半句置而不答,实际上为后来的答辩埋下了伏笔。齐国人才既然多,派遣使者必有挑选余地。当楚王以问话的方式来表示晏子是不合格的使者的意思时,晏子就顺理成章地提出齐国派使的对等原则:

贤能的人被派到贤明的君主那里去;
不肖者被派到不贤明的君主那里去;
最不肖之人派到最不贤明的君主那里去。

这三个判断可以看成三个充分必要条件的假言判断。以第三个判断为大前提,再加上"我是最不肖之人"为小前提,就可推得"我被派到你这最不贤明的君主这里来了"的结论。

此推理如下:

最不肖之人派到最不贤明的君主那里去,
我是最不肖之人,
所以,我被派到最不贤明的君主那里去了。

你不是说我不合格吗?我确实不合格,是"最不肖之人",晏子这一谦虚不打紧,由于宣布了齐国派使的对等原则,可将楚王划到最不贤明的君主那一类中去了。晏子究竟是个"习辩"(擅长辩论)的外交家,他不是赤裸裸地说"我被派到你这最不贤明的君主这儿来了",而是采用委婉的代用说法,"我很适合派到楚国来"。这一外交用语既不至激怒对方(不好发作),又能使对方领会自己的意思。就这样,晏子凭借手中的逻辑武器接连取得两个回合的胜利。

在第三个回合的较量中,晏子成功地运用了类比。橘生淮南果实仍为甜橘,移植于淮北则变成酸枳,其原因在于水土不同。用这种常识来类推齐人不为盗,入楚则为盗,原因也应该是齐、楚水土不同。晏子使用的这种类比方法有人称之为比喻论证,简称为喻证。

"子非鱼,安知鱼之乐?"
——逻辑史话之三

安徽凤阳的濠水之滨,有庄子之墓。据说这里曾是庄子(公元前369?—前286?)与惠子遨游之所。庄子名周,惠子名施,他们都是哲学家,惠子还是逻辑学家。

在濠水的一座桥上,庄子与惠子有过一次争论,这就是《庄子·秋水》篇中记载的著名的濠上之辩。原文是:

> 庄子与惠子游于濠梁之上。庄子曰:"鲦鱼出游从容,是鱼之乐也。"惠子曰:"子非鱼,安知鱼之乐?"庄子曰:"子非我,安知我不知鱼之乐?"惠子曰:"我非子,固不知子矣,子固非鱼也。子之不知鱼之乐,全矣。"庄子曰:"请循其本。子曰汝安知鱼乐云者,既已知吾知之而问我,我知之濠上也。"

庄、惠两人是好朋友,都很博学好辩。一天,他们信步来到濠水的桥梁之上,庄子俯视着水中的鱼,颇有感触地说:"能够自由自在、从从容容地游来游去,这就是鱼的快乐呀!"惠子很不以为然地说:"你又不是鱼,怎么知道鱼快乐呢?"

庄子立即反问惠子:"你又不是我,又怎知道我不知道鱼的快乐呢?"

惠子仍不服气地说:"我不是你,当然不知道你,但是你也不是鱼,所以你也不知鱼的快乐,道理全在这里了!"

庄子据理力争道:"请遵循你立论的根据吧。你说'你怎么知道鱼的快乐'这句话表明你已经知道我不了解鱼的快乐,又来问我,那么我告诉你,我是在濠梁之上知道的。"

庄、惠之争饶有兴味,引起了史学、哲学以及逻辑工作者的关注。有扬惠抑庄的,有褒庄贬惠的,也有各打五十大板的,众说纷纭,莫衷一是。

杨向奎先生在《惠施"历物之意"及相关诸问题》中,认为"庄子在诡辩,而惠施是在作客观的分析,任何一个人不能代替别人知与不知,更不要说代替鱼"。

这一说法包含如下一个推理：

> 如果任何一个人不能代替别人知与不知，
> 那么任何一个人更不能代替鱼知与不知。

按照亚里士多德的说法，这是一个较多、较少的推理。以这个推理的结论为前提又有如下混合关系三段论：

> 任何一个人不能代替鱼知与不知，
> 庄子是人，
> 所以，庄子不能代替鱼知与不知。

同样，以"任何一个人不能代替别人知与不知"为前提也有如下一个混合关系三段论：

> 任何一个人不能代替别人（庄子）知与不知，
> 惠子是人，
> 所以，惠子不能代替别人（庄子）知与不知。

可见，从"任何一个人不能代替别人知与不知"这个前提出发，既会推出"庄子不能代替鱼知与不知"，也会推出"惠子不能代替别人（庄子）知与不知"。

假定由之出发的前提是真的，则庄子知鱼之乐这件事是假的，但不能说庄子是在诡辩。庄子是不同意这个前提的，相反，惠施却接受这个前提。他向庄子承认："我非子，固不知子矣。"紧接着他又来责问庄子，发表"知子"的评论，即"子固非鱼，子之不知鱼之乐，全矣"，于是陷入了自相矛盾。看来，诡辩的不是庄子，而是惠子。

"任何一个人不能代替别人知与不知"这个前提究竟符不符合实际呢？这是可以讨论的。

郭沫若先生在《名辩思潮的批判》一文中认为："鱼的快乐是可以知道的。当其未受惊扰，悠然出游的时候，应该如庄子所说是快乐的。当其受惊扰而慌忙逃窜，那情形便是反证。因此，根据鱼的客观异态，参证以人的主观自觉，确是可以判定鱼的忧乐。惠子的完全否定是诡辩,庄子的'我知之,濠上也'只是偷巧地把'安'字作为何处解释,同样是在玩弄诡辩的遁词。"

笔者很赞同"根据鱼的客观异态,参证以人的主观自觉,确是可以判定鱼的忧乐"的说法。但说惠子的完全否定即为诡辩,这恐怕有点牵强。仅仅指出惠子是作完全否定,不过是指出其观点错误而非逻辑错误。说庄子偷巧,玩弄诡辩,这也值得商榷。对"我知之,濠上也"不能从字面上简单地认为只是回答了个地方,应该理解为他是从濠上体察得来的。

正如《庄子集释》疏中所说:"夫物性不同,水陆殊致,而达其理者体其情,是以濠上彷徨,知鱼之适乐;鉴照群品,岂入水哉?"意思是说,庄子所以能知鱼之乐,是在濠上推而得之的,用不着跳到水里去体察鱼情!这一解释合乎庄子的原意。可见把庄子的"我知之,濠上也"说成诡辩的遁词,是没有说服力的。

现在让我们回过头来过细地分析一下对话双方的逻辑:

惠子首先诘难庄子:"你又不是鱼,怎么知道鱼的快乐呢?"

庄子采取欲擒故纵,以退为进的驳论方法,假定你说的是对的,我不是鱼,我不能知道鱼快乐,那么同理,你不是我,你也不应该知道我不了解鱼的快乐呀!

这一驳,驳得有力。惠子不得不承认"我不是你,当然不知道你",问题就出在惠子刚刚承认"不知道你",紧接着又发了"知道你"的评论,说什么"你也不是鱼,所以你也不知道鱼的快乐",惠子就这样陷入了自相矛盾的缧绁之中。

反过来说,你惠施不是我庄周,你倒知道我不了解鱼的快乐,难道我不是鱼,我就不能了解鱼的快乐吗?"我知之,濠上也",庄子进一步回答了他自己是怎样知道鱼的快乐的。正如《庄子集释》疏中所说:"惠子云'子非鱼,安知鱼乐'者,足明惠子非庄子,而知庄子之不知鱼也。且子既非我而知我,知我而问我,亦何妨我非鱼而知鱼,知鱼而叹鱼?"

综上所述,各家说法还要数《庄子集释》的解释较为恰当。

笔者认为,如果再参证庄子的整个思想体系,那么,对"我知之,濠上也"就更好理解。

有的史家认为,庄子属于道家,他发挥了任乎自然的杨朱思想。

关于杨朱的"全性保真"思想,庄子曾以马作比喻道:马,蹄可以践踏霜雪,毛可以抵御风寒,吃草饮水,举足跳走,这是马的真性。

可是出了一位叫作伯乐的,他说他会治马,于是削马的蹄,剪马的毛,在马蹄上钉上铁掌,并且为了钳制马的调皮,还把马的两只前腿用绳拌着。这么一来,十匹马总要死掉二三匹……庄子的比喻,就是从发挥杨朱的思想中,借以比喻儒、墨的所为都是不必要的,都是和伯乐的会治马,反给马以损伤一样,会使人类散失本然之性。儒、墨各自对当时社会有所作为,使人不能"全性保真",这是庄子所不赞同的。

庄子喜托寓言以广其意,有人曾把"怎样为天下"的话问过他,他便托"无名氏"答复说,"走吧!你这鄙人,你怎的问这样的傻话呢?我正在与造物者为伴,正游于无何有之乡,处于广大之野,既安适,又愉快,你怎的拿这样的傻话来搞乱我这愉快的心呢?"

写到这里,请读者比较一下,关于濠水之鱼乐的说法与上述思想不是很一致吗?触景生情、有感而发,此所谓"我知之,濠上也"。

"白马非马"与"楚人'异于'人"
——逻辑史话之四

说"白马是马",就好像说"张三是人"一样,是清楚明白,准确无误的。但是中国古代的一个逻辑学家叫公孙龙(约公元前320—前250)的,却别出心裁地提出一个相反的命题:"白马非马"。无论是与他同时代的人也好,还是其后的人也好,知道的,十个中有九个都认为这是十足的诡辩。

据说,当时就有人为难过公孙龙。一次,公孙龙骑了匹白马出关,他只有自身的护照,而没有白马的护照。他就大谈"白马非马"的道理,结果还是徒费唇舌,成为二千多年来"虚言不能夺实"的笑谈。

根据辩证唯物主义的常识,个别中有一般,一般存在于个别之中,白马明明是马,这有什么好争论的呢?但是,问题并非如此简单。公孙龙提出"白马非马"别有深意存焉。孔夫子的六世孙,大名鼎鼎的孔穿,为了驳倒他的主张,曾找上门去辩论,结果被公孙龙驳得"无以应焉",吃了败仗。

辩论是在赵国平原君家里进行的。

孔穿对公孙龙说:"向来听说先生道义高尚,早就愿为弟子,只是不能同意先生的'白马不是马'的学说!请你放弃这个说法,我就请求做你的弟子。"

"白马非马"是公孙龙成名的最得意的命题,要他放弃,那他公孙龙也就不成其为公孙龙了。所以公孙龙回答孔穿说:"先生的话错了。我所以出名,只是由于白马的学说罢了。现在要我放弃它,就没有什么可教的了。"接着公孙龙又批评了孔穿的求学态度:"想拜人家为师的人,总是因为智力和学术不如人家吧;现在你要我放弃自己的学说,这是先来教我而后才拜我为师。先来教我而后拜我为师,这是错误的。"

在前哨战中,孔穿已经处于下风。公孙龙不愧为一位能言善辩的逻辑学家。他在教训过孔穿以后,又针对孔穿其人,引经据典地开导。公孙龙说:"况且'白马非马'的说法,也是仲尼(孔子)所赞同的。"孔子所赞同的,你孔穿还能不赞同吗?

公孙龙对孔穿讲了一个故事:当年楚王曾经张开繁弱弓,装上亡归箭,在云梦的场圃打猎,把弓弄丢了。随从们请求去寻找。楚王说:"不用了。楚国人丢了弓,楚国人拾了去,又何必寻找呢?"仲尼听到了说:"楚王的仁义还没有做到家。应该说人丢了弓、人拾了去就是了,何必要说楚国呢?"公孙龙评论道:照这样说,仲尼是把楚人和人区别开来的。人们肯定仲尼把楚人和人区别开来的说法,却否定我把白马和马区别开来的说法,这是错误的。

末了,公孙龙又做了总结性的发言:"先生遵奉儒家的学术,却反对仲尼所赞同的观点;想要跟我学习,又叫我放弃所要教的东西。这样,即使有一百个我这样的,也根本无法做你的老师啊!"孔穿没法回答。

由此可见,公孙龙的"白马非马"之说,与孔子的把楚人与人区分开来一样,只是把白马与马区分开来,并没有说楚人不是人,白马不是马。

"白马非马"这个命题本来是战国时稷下辩士倪说最先提出的一个命题。倪说的本意是什么,后人已无从查考。

公孙龙是在其著作《白马论》中全面论述该命题的。

《白马论》从概念的内涵、外延两方面揭示了"白马"与"马"的差别。《白马论》指出"马"只揭示了马形的内涵,"白马"不仅有马之形的内涵,而且还有白之色的内涵。一切马固然皆有色,但"马"的颜色是不确定的,而"白马""黄马"的色则是确定的。因此,公孙龙揭示了"马"与"白马"的不同内涵,前者"不取其色",后者"取其色"。

从外延上来看,公孙龙指出,你要得到一匹马,给你牵一匹黄马或黑马都可以算数;但是你要得到一匹白马,那就不能用黄、黑马来顶数。"马"是包括了黄、黑马的,而"白马"却不包括黄、黑马。用现在的逻辑术语来说,"马"是属概念,"白马""黄马""黑马"都是种概念。"白马非马"命题区分了"马"与"白马"的外延是不等的。

大家知道,同一律的公式是:A 是 A。A 可以用任何一个概念代入。用"白马"代 A,则得"白马是白马"。"白马是白马"命题是遵守同一律的。在这个命题中,"白马"这个概念与自身保持了同一性。该命题同语反复,但这种同语反复正是思想保持确定性的必要条件。"白马"就是"白马",你不能说它是"白马"以外的概念,"白马"概念不是"非白马"概念。既然"白马"概念与"马"概念是两个不相同的概念,我们就只能说"白马非马"("白马"概念不是"马"概念),而不能说"白马是马"("白马"概念是"马"概念)。

在讲到客观事物的时候,公孙龙总是说楚人异于人,白马异于马,他从来没有讲过白马这类事物不属于马这类事物。当问题一涉及名词时,他才使用"非",说"白马非马"。因此,我们把公孙龙的"白马非马"看成同一律在概念方面的运用,或许更合乎公孙龙的原意。

"白马是白马"与"白马是马",这两个命题都是正确的。前者是同一律在概念方面的运用,而后者则表现了个别与一般之间的辩证关系的萌芽。"白马是白马"或者说"白马不是非白马"是逻辑思维的初级阶段,而"白马是马"则是逻辑思维的更高阶段。

韩非的"矛盾之说"
——逻辑史话之五

战国时期的韩非,是一位高明的应用逻辑专家。他那个关于自相矛盾的寓言故事,在我国家喻户晓,老幼皆知。两千年来,人们千百次引用这个故事,但是几乎没有人细致地而不是粗疏地、准确地而不是笼统地揭示出其中包含的逻辑原理。20世纪70年代末,我国逻辑学工作者以现代逻辑为工具来整理韩非的"矛盾之说",取得了可喜的成果。

这个故事出自《韩非子·难一》篇:

> 楚人有鬻盾与矛者,誉之曰:"吾盾之坚,莫能陷也。"又誉其矛曰:"吾矛之利,于物无不陷也。"或曰:"以子之矛陷子之盾何如?"其人弗能应也。

楚国有个卖兵器的人,一会夸口说:"我的盾坚固得没有任何东西能破坏它。"接着又夸他的矛说:"我的矛锐利得没有什么东西不能被它破坏。"有人问:"用你的矛来刺你的盾会怎样呢?"这个吹牛皮的人无言以对。

在《难势》篇中,韩非又一次讲述了上述寓言故事。在《难一》篇中,韩非也评论说:"以为不可陷之盾,与无不陷之矛,为名不可两立也。"

韩非还两次明确地把与誉矛又誉盾相类似的对立说法,以及不可同世而立的两件事情,称为"矛盾之说"。

我国治中国史的学者,习惯把韩非的"矛盾之说"中的两句话看作是具有矛盾关系的判断:(一)这盾不是可以被扎透的;(二)这盾是可以被扎透的;(三)这矛不是可以扎透任何东西的;(四)这矛是可以扎透任何东西的。

熟悉传统逻辑的人都知道,(一)与(二)、(三)与(四)都是标准的互相矛盾的判断。问题是这四个判断都是性质判断(直言判断),把楚人的两句话整理成性质判断有点削足适履的味道。

"吾盾之坚,莫能陷也"的本意是说:我的盾不能被任何东西所破坏,即我的盾与任何东西之间有"不能破坏"这种关系。

"吾矛之利,于物无不陷也"的本意是:我的矛能破坏任何东西,即我的矛与任何东西之间有"能破坏"的关系。

可见,楚人的话中矛与盾之间的关系不是性质判断所反映的类与类之间的包含与被包含关系。楚人的两句话是两个关系判断。有一本逻辑教科书把楚人的话整理成"任何东西都破坏不了我的坚实的盾"和"我的锐利的矛能破坏任何东西"是很恰当的。

既然楚人的两句话不是性质判断,因此以此来判定楚人的两句话是具有矛盾关系的判断,从逻辑的角度来看是不严格的。

天下没有绝对锐利的东西,天下也不存在绝对不能被破坏的东西。因此,从常识的观点来看,事实上楚人的两句话都是假的。但是事实的分析到底不能完全代替逻辑的分析。

有人说,楚人的两句话不能同真,可以同假,因此是一对反对判断。也有人认为通过现代逻辑的演算,所谓"矛盾之说"既不矛盾,也不反对,只是在论域中有东西是矛、是盾的条件下,可以说"矛盾之说"是反对的,它蕴含了逻辑矛盾。

楚人话中的"物"包括矛和盾,这是题中应有之义,看来没有人会反对,否则那个旁观者就不会问卖兵器的人"用你的矛来刺你的盾会怎么样呢"?

由于旁观者问得很尖锐,以至卖兵器的人自己也感觉到了不能自圆其说,陷入了窘境。问者和被问者的思维过程如何?寓言没有交代。我们根据对话提供的前提,整理如下:

> 我的矛能破坏任何东西,
> 我的盾也是东西,
> 所以,我的矛能破坏我的盾。

这个混合关系三段论完全符合推理规则,它的结论是必然得出的。

> 我的盾不能被任何东西所破坏,
> 我的矛也是东西,
> 所以,我的盾不能被我的矛所破坏。

这个结论同样是必然得出的。由于"破坏"这个关系词是反对称的,因此,根据第一个混合关系三段论的结论"我的矛能破坏我的盾"为前提,可以推出"我的盾能被我的矛所破坏"。请注意这个关系判断与第三个混合关系三段论的结论包含矛盾,即"我的盾能被我的矛所破坏"与"我的盾不能被我的矛所破坏"包含矛盾。

至此,我们可以说,楚人的两句话是蕴含了一个矛盾。但这并不等于说楚人的两句话本身就是具有矛盾关系的判断。

这里要大家注意的是关系判断的量项(词)。任何一个关系判断都有量项,同性质判断一样,分为单称、特称与全称三种。楚人的两个关系判断,其关系项的量项都是全称的。

把握关系项的量项对于准确把握关系判断的意义有密切的联系。楚人的那两句话隐藏着一个矛盾,这两句话可以同时是假的,而不能同时是真的。但是这两句话所蕴含着的两句话:

　　我的某一枝矛能刺穿我的某一把盾。
　　我的某一枝矛不能刺穿我的某一把盾。

这却是不同真也不同假的,其中有一真也有一假。

"木与夜孰长？"
——逻辑史话之六

看了本文标题，你一定感到很奇怪。木头是木头，夜晚是夜晚，两者是毫不相干的事物，怎能比短论长？这个怪问题是什么时候提出来的？我们的前人又是怎样解答的呢？在回答这两个问题之前，我们先来回顾一下，人类是怎样来计量时间的。

平常，我们看一下钟表，便知道当时是几点钟，但是，这个时间概念又是哪里来的呢？在南京的紫金山天文台，天文工作者每天夜晚都要"守时"。所谓"守时"，就是用精密的天文仪器来测量恒星的位置，然后通过一系列的计算来确定时间，时间一确定，当即校正走时高度精确的石英钟或原子钟（原子钟一天只差百万分之一秒）。

"守时"工作完成后，天文台每天都在一定时间内，通过无线电广播把时间准确地播送出去，这叫"播时"。中央人民广播电台又根据天文台的"播时"，来校正自己的钟。然后向全国报出24个整点时间，这叫"报时"。

我们每天都可以根据收音机里发出的广播员的报告"刚才最后一响……"来校正自己的钟表。现在我们日常使用的手表，以石英电子手表最为现代化，走时也最为精确。它由于采用稳定的石英晶体振荡频率为时间基准，走时精度就比机械表的精度高几十倍。大家知道，在石英电子手表诞生之前，人们是通过摆钟来计时的。摆钟发明于17世纪，其精确度就远不如石英钟了。

比摆钟更原始一点的机械钟不是用摆或摆轮，而是用许多重锤来拉动的。再追溯到古代，人们使用水钟或火钟。

水钟就是铜壶滴漏。在一个铜壶里面竖一根有刻度的箭杆，并装满水，水从壶底的小孔里一滴一滴漏出来，水面降低，箭杆的刻度就表示过了多少时间。这是较为简单的漏壶。

所谓火钟就是燃香。点燃一支香以后，看看烧掉多少，就大致知道是什么时候了。我们的古人在使用火钟时不是以"小时"来计量时间，而是一支香、两支香。水钟也好，火钟也好，比起近现代的钟表来，其精确度是差多了。

人类的测时工具，最为原始的要算是影钟了。影钟有两种，一是土圭，二是日晷。在有太阳时，拿一根木杆或竹竿直立在地上，早晨及黄昏它的影子很长，正午影子最短；上午的影子偏西，下午的影子偏东。古人就是根据影子的长短和方向来掌握大致的时间。

日晷是由土圭发展而来的。日晷由晷针和晷盘组成。晷针直插在晷盘中心。晷盘上有 24 等分的刻度，针影落在哪一个刻度上，便知道是什么时间。古埃及人用的日晷，是用有刻度的木条来代替上面所说的晷盘。看一看木条上的影子便能说出上午第几个时辰到了。看来，木头的长短与时间的长短还真能比较一番呢！

现在，我们可以回答"木与夜孰长"这个问题了。

木头与夜晚，这是两个不同类的事物。不同类的量，不能比较。你不能简单地说某根木头比某个夜晚长，或者某个夜晚比某根木头短。但是在特定的条件下，把木头等物当作计时的工具时，情形就不一样了。

土圭、日晷、火钟、水钟、重锤拉的机械钟、摆钟、石英钟、分子钟、原子钟，以至恒星的位置，它们是各不相同的东西，可以说是异类，但是在计时这一点上，它们又构成了"钟表类"。不但相互间都可以比短论长，而且都可以用来计量"日"或"夜"的长短。

在一天之内，各种植物开花的时刻是很不相同的。大多数植物都在白天、黎明或傍晚开花，少部分在夜间开花。虽然我国植被广泛，南北温差、时差较大，各地同种同属的植物开花时刻大有差异，但就同一地区而言，这种差异基本上还是不大的。如：蛇麻花约在清晨 3 点开放；牵牛花约在 4 点开放；而蔷薇开在 5 点左右；蒲公英、龙葵花开在 6 点左右；荷花开在 8 点左右；草杜鹃开在 10 点左右；而马齿苋花竟在 12 点前后开在烈日下；茉莉花约在 17 点开放；烟草花约在 18 点开放；而夜来香在 20 点左右开放；昙花却要在 21 点前后开放。有人就是根据观察当地草杜鹃花开花的时刻通知午餐，烟草花开时通知"收工"，从不误时。

更有趣的是，18 世纪的瑞典植物学家林奈，把各种花种在一起成为一个花圃，这些花分别在一天 24 小时开花。人们在这个花圃中观赏的同时，根据什么花开放了就知道大约是几点钟了。林奈的这个花圃与上面那些钟表，材料完全不同，但是在计时这一点上，你能说这位"花时钟"不是地地道道、名副其实的钟表类的成员吗？

辩证唯物主义的常识告诉我们，时间是以物质在空间的运动来度量的，离开物质在空间的运动，就没有时间的度量可言。同样，空间也是以物质在时间中的运动来度量的。平常我们是用尺来测量空间距离,但是在宏观和微观世界中,则是根据特定的物质的运动。例如,测定宇宙间天体相互距离的单位是光年(光在真空中的速度是每秒30万公里,光运行一年的行程叫光年)。对普通长度的精微测量以及对微观世界内极小长度的测定,则是用电磁波(包括光波、X射线等)以及其他基本粒子的物质波的运动来测定。

时空的测量告诉我们,异类可比,而且时空的测量非异类不比。

为什么说"异类"可比呢?两个事物究竟是同类还是异类?这是相对不同条件而言的。"万物毕同毕异",世界统一于物质,这可以说是万物毕同。世界上又找不到完全相同的两片树叶子,任何两个东西都总有差异,这便是万物毕异。两个事物,就其相同点来说构成同类,就其不同点来说构成异类。一个事物有许许多多属性,根据不同的属性可以把同一个事物归属到不同的类别中去。例如,白马,可以根据其马形,将其归入马类,又可根据其颜色之白,将其与白石、白玉、白雪归为白色的一类东西。所以,一个事物,以其某一属性与其他事物构成某类,又以其相异的其他属性与其他事物构成异类。

在人类的认识史上,当着人类向着自然的深度和广度进军时,许多本来毫不相干的东西,一旦发现它们之间有某种共同属性时,它们便一变异类而为同类,于是"异类不比"就转化成同类可比。

"异类不比"是两千多年前提出来的一个古老命题。"木与夜孰长"是以问句方式对这个命题作出例解。

中国古代的墨家主张"异类不比,说在量"。墨家举例说:"木与夜孰长?智与粟孰多?爵、亲、行、贾,四者孰贵?麋与霍孰高?麋与霍孰霍?蚓与瑟孰瑟?"墨经的意思是说,异类的量不能比较。木头与夜晚是不同类的事物,木头的长短属于空间概念,而夜晚的长短属于时间概念,不可比较;智慧与粟,前者属于精神,后者属于物质,也不能说二者之间属多属少;爵位的轻重、亲属的亲疏、德行的高下、价格的贵贱,四者属于不同的类,也不好相提并论;……蚓解作蝉,蝉声与瑟声都很悲凄,一属于昆虫,一属于乐器,你能说哪个悲于哪个吗?

墨家指出,异类的量不能简单相比,这是对的,但是墨家没有进一步阐述不同类的两个物,有可能发现某一属性相同,因而在某一方面又成为同类事物,这是他们的局限性。

"黄白杂"之剑
——逻辑史话之七

《吕氏春秋·别类》篇中记载着这样一件轶事：

> 相剑者曰："白所以为坚也,黄所以为牣也,黄白杂则坚且牣,良剑也!"难者曰："白所以为不牣也,黄所以为不坚也,黄白杂则不坚且不牣也。又柔则锩,坚则折;剑折且锩,焉得为利剑?"

研究一下上面的对话,是颇有意思的。你看,相剑者(鉴定宝剑的人)的经验之谈是："白(锡)是用来使剑坚硬啊,黄(铜)是用来使剑柔韧啊,黄白相掺杂就既坚硬又柔韧,是好剑啊。"而为难他的人却又推出了截然相反的结论："白是用来使剑不柔韧啊,黄是用来使剑不坚硬啊,黄白相掺杂就既不坚硬又不柔韧啊。而且,柔韧就会卷曲,坚硬就会断折,剑既会断折又会卷曲,怎么能称为利剑呢?"

一个说"黄白杂"的结果是坚和韧两种优点结合在一起,就成为好剑;另一个说"黄白杂"则是"不坚"与"不韧"两种缺点的拼凑,因而得到的是劣剑。

两种说法,谁是谁非,能不能提出一个逻辑标准来鉴别一下呢?让我们考查一下《吕氏春秋》的作者是怎样来评论的。

这个故事引自《似顺论》,作者以"似顺"名篇,点出一篇之旨在于主张对事物应该作具体分辨。"物多类,然而不然",即是说,事物多相类似,有的情况,看来是对的而实际是错的。

为说明这个观点,《似顺论》篇以一系列的常识作例证。草类中有一种叫莘,有一种叫藟,单独吃就会毒杀人,合在一起吃就能治好病。受蝎类毒虫咬伤敷上堇这种毒药就可以解毒。漆是液体,水是液体,掺和这两种液体就变硬,受潮湿就变干。铜性柔软,锡性柔软,融合二者就成为坚硬的金属,用火烧炼它就化为液体。有的受潮而变干,有的则用火烧而化作液体。

作者认为,物类性能本不相同,怎么能用类推的办法去掌握呢?这是说,物类本不必同,不能从莘、䕡独食杀人,"合而食之则益寿",就推出凡草类独食杀人的,合而食之都能益寿。受虫蛇毒,董能起到以毒攻毒的作用,但不能以此类推所有的毒都能以毒相攻。同理,不能认为凡合两种液体就能变硬,凡合两种柔性金属就变刚。具体的物类有具体的特性,不能一概而论。

接着《似顺论》篇进一步说明不可以类推知的道理。方形的东西有小有大,但同为方形,因而是同类;小马与大马,形体虽有大小之别,也属同类;小智与大智与同属智,但与大智不同类(大智知人所不知,见一隅则以三隅反,而小智闻十,裁通其一,故不可以为类)。这三个例子是说有的类推是可以的,有的则不可以。什么情况下可类推,什么情况下不能类推,作者并没有告诉我们,作者只是用常识说明了以类推知是或然的。如果不懂得这种或然性,固执于某种物类所显示的特性来推知一切,就会闹出把治半身不遂的药加大剂量就可以救活死人一样的笑话。

既然不能盲目地以类推知,又不能从逻辑上提出一标准来鉴别"黄白杂"的剑是好剑还是坏剑。就出现了你可以说是好的,我却可以说是坏的,谁都无法通过类推来得到证明的情况。尽管说法各不相同,剑的实质却不会因此而改变。因此,作者反对主观臆想,主张以耳闻目见的感性知识来判断是非,从而达识别"妄说"的目的。这个观点包含了从实际出发的思想,基本上是正确的。

我们说,实践是检验真理的唯一标准,"黄白杂"的究竟是好剑还是坏剑,试一下不就得了吗?假如相剑者与难者各自独立地提出一套相剑经来,那我们说解决的办法是诉诸实践,我们对这个轶事的评论到此也就可以结束了。然而不然。问题是为难者反驳了相剑者,而且为难者据以为推的论据又恰恰是从相剑者的前提中推导出来的,这从文意上可看出来。

问题的本身在于,哲学与逻辑是交织在一起的。单从哲学方面来解释还不能尽如人意。人们之所以会对这个轶事发生兴趣并且觉得为难者的话有几分道理,正是误以为为难者的话是合乎逻辑的。因此有必要对为难者的反驳作逻辑的分析。

有的文章把上面的对话整理成如下两个假言联言推理。

相剑者的推理:

如果剑是白的则坚,
如果剑是黄的则韧,
剑是又白又黄的,

故剑是又坚又韧的(是良剑)。

为难者的推理：

如果剑是白的则不韧，
如果剑是黄的则不坚，
今剑是又白又黄的，
故剑是不韧不坚的(不是良剑)。

根据这两个推理的论式，谁也不能说服谁，因为他们都合乎推理的规则，因此，只能把他们的前提放在事实的面前进行检验，只有大前提合乎事实，结论才可能是正确的。这样解释似乎仍可商讨。

首先，问题在于为难者的假言前提是从相剑者的假言前提中引申出来的。仔细考察便会发现，这样引申有问题。

相剑者的两个假言前提是充分条件假言判断。这表明白是坚的充分条件，而不是必要条件，因此推不出"剑是白的则不韧"，同理，由"黄的则韧"推不出"黄的不坚"。由此看来，为难者的反驳是不合逻辑的。

其次，两个推理的第二个前提"剑是又白又黄的"，其中的"白"与"黄"已不是原来意义上的白与黄，即与假言前提中的白与黄是不相同的。"黄白杂"就是黄白杂，指的是锡和铜的合金，并非锡与铜的混合物。因此，这两个论式的第二个前提并没有肯定假言前提的前件，这两个论式根本不是假言联言推理，换句话说，前提与结论没有必然联系。

依笔者愚见，相剑者不过是提出了三个经验命题，第一是白锡能使剑坚(剑白为坚)，第二是黄铜能使剑韧(剑黄为韧)，第三是用锡铜合金铸剑则是又坚又韧的好剑(黄白杂为好剑)。前两个命题与后一命题之间不存在推导关系。"黄白杂则坚且韧"，是个经验命题，其真假只能由实践来检验。总而言之，为难者的非难是不合理的。

王充抨击"文挚不死"之说
——逻辑史话之八

下面是古代儒家著作中的一个故事:齐王得了头痛病,派人到宋国请来名医文挚为他治病。文挚看过病情,便私下对太子说:"大王的病,一定能好。但是大王的病一好,我就要掉脑袋。"太子问:"为什么?"文挚回答说:"不激怒大王,头痛病就好不了。要是大王发怒,迁怒于我,我必死无疑。"太子向文挚连连磕头,苦苦哀求说:"如果治好了大王的毛病,我与王后一定会在大王面前以死相争,为你开脱,大王必定会听我母亲的话。希望你不要有顾虑。"文挚回答说:"好吧!那就舍生为王吧。"

他与太子约定,一连三次都不去诊病,齐王被气得发晕。文挚终于来了。可是他鞋也不脱,肆无忌惮地迈步上床,一脚踩在衣服上。齐王气得一句话也不说。文挚一面诊脉,一面火上加油,挖空心思说气话。齐王怒不可遏,大喝一声,坐了起来,头疼病即刻消失了。

为了解恨,齐王下令,将文挚活活地煮死。太子与王后急忙上前说情,无奈齐王不听。可怜文挚被抛入盛满沸汤的大鼎中,煮了三天三夜。真也怪,文挚颜色不改,一似生前。更奇怪的是,文挚居然开口了:"如果你一定要我死,那么为什么不把盖子盖上,以便隔绝阴阳之气呢?"齐王下令加上盖,于是文挚才死去。据说,文挚是道人,入水不湿,入火不焦,所以在滚汤中煮了三天三夜,连颜色都不会改变。

这的确是一个颇为生动的法术故事。东汉时,社会上口口相传,人人知晓。王充却认为,这完全是胡说八道。他在《论衡·道虚》篇中抨击说:"夫文挚而烹三日三夜,颜色不变,为一覆之故,绝气而死,非得道之验也。"接着,他指出这个故事有五虚。

"诸生息之物,气绝则死。死之物,烹之辄烂。致生息之物密器之中,覆盖其口,漆涂其隙,中外气隔,息不得泄,有顷死也。如置汤镬之中,亦辄烂矣。"因此,有气息的文挚,"烹之不死,非也"。故事说,文挚非死且能言,"言则以声,声以呼吸。呼吸之动,因血气之发。血气之发,附于骨肉。骨肉之物,烹之辄死。今言烹之不死,一虚也。"

"既能烹煮不死，此真人也，与金石同。金石虽覆盖，与不覆盖者无以异也。今言文挚覆之则死，二虚也。"

"置人寒水之中，无汤火之热，鼻中口内不通于外，斯须之顷，气绝而死矣。寒水沉人，尚不得生，况在沸汤之中，有猛火之烈呼？言其入汤不死，三虚也。"

"人没水中，口不见于外，言音不扬。烹文挚之时，身必没于鼎中。没则口不见，口不见则言不扬。文挚之言，四虚也。"

"烹辄死之人，三日三夜颜色不变，痴愚之人，尚知怪之。使齐王无知，太子群臣宜见其奇。奇怪文挚，则请出尊宠敬事，从之问道。今言三日三夜，无臣子请出之言，五虚也。"

王充是东汉前期最富于独立思考的唯物论哲学家，进步思想家。他对儒家学说在各方面的唯心表现，进行全面批评。在《论衡》一书中，他总结了汉代自然科学的成果，用鲜明生动、明确易懂的文字语言，来表达科学的事实，反对盛行的迷信谶纬学说。他抓住上面这个具有代表性的宣传法术的荒诞故事，娴熟地运用形式逻辑的驳论方法，层层批驳，读来令人痛快淋漓。

下面我们逐个来分析王充揭露"五虚"所运用的推理方式。

第一虚是通过运用两个连锁推理来揭露的。

　　文挚乃有生命之物，气息不通，又被火煮，
　　凡有生命之物气绝则死，
　　所以，今凡死物一煮则烂，
　　文挚会烂（当然会死）。

这个结论与故事上说的文挚有呼吸，烹而死相矛盾，以真推假，所以故事说文挚烹而不死是假的。接着又运用一个连锁推理驳斥文挚煮了三天三夜尚能开口。

　　说话靠声音，
　　发声靠呼吸，
　　呼吸靠血气运行，
　　血气运行靠骨肉，
　　骨肉一煮就死，

> 文挚是骨肉，又被煮了，
> 所以，文挚不会开口。

连锁推理在中国古代，称为连珠体。它珠珠相连，环环相扣，一气呵成，有高山大河不可阻挡之气势。

在揭露第二虚时，王充欲擒故纵，假定文挚真的烹煮不死，有法术和金石相同，由此可推出盖与不盖都一样不死，与故事说盖一盖就死相矛盾。

在揭露第三虚时，王充运用了一种在日常生活中大量运用，而在现今的逻辑课本中找不到的推理形式。请看下式：

> 如果冷水淹没了人，人不能活，
> 那么，在沸水中，下有猛火加热，人更不能活。

这种推理形式在亚里士多德的著作中可以找到。亚里士多德举过类似的例子：

> 如果神不是全知的，
> 那么人更不是全知的。

亚里士多德解释说，关于两个对象所说的是相同的东西，如果它不属于那个较可能具有它的对象，则它也不会属于那个较少可能具有它的对象；如果它属于那个较少可能具有它的对象，则它也属于那个较可能具有它的对象。亚里士多德把这种推理称为根据较多、较少的推理。

第四虚基本上是以日常经验直接驳斥故事所说文挚之口没于水能言的谎言。

王充在指出第五虚时，用了归谬推理。假定文挚煮了三天三夜真的颜色不变，那么白痴、蠢人都会觉得奇怪，但故事说没人觉得奇怪，岂不矛盾？因此，说三天三夜不变是假的。在运用归谬推理过程中，又运用了上面讲过的较多、较少的推理。连白痴、蠢人都觉得奇怪，正常人不会奇怪吗？齐王、太子及大臣的智力水平理当在白痴、蠢人之上。

王充在剥笋锤钉地批驳之后，解释了这个虚假故事的由来。他认为，或许是由于当时的人听说文挚实际上是被活活煮死了，根据他是个道人，就杜撰附会出烹而不死的故事。正好像黄帝实际死了,却传言升天;淮南王刘安对抗朝廷,身败名裂,世人见他留下的道术之书"深冥奇怪",便传言他成仙而升天。王充认为,世俗之人有这种传虚的嗜好,所以文挚的故事会流传到今天。就我们现在看来,这种解释还是合乎情理的。

半费之讼
——逻辑史话之九

普罗塔歌拉斯(约公元前481—前411年)是古希腊智者派的开创者。智者派并非是一个固定的集团派别。所谓智者都是当时的一批职业教师,他们以雅典为中心周游于希腊各邦,向人们传道、授业、解惑。讲授的内容有辩论、修辞、逻辑等等。他们还教人怎样具有美德,成为一个良好公民,以及怎样具有能言善辩的本领,在政治活动中出人头地。通过讲授,他们向学生收取一定的学费。

诡辩术在今天是一个臭名昭著的名称。但是在历史上一开始它并不具有贬义。它的前身就是智者们传授的论辩术。

拿普罗塔哥拉斯的著名命题"人是万物的尺度"来说,命题本身并不包含矛盾,可是对它的解释却会导致矛盾。客观唯心主义者柏拉图曾举例说明它的意义:譬如刮同样的风,有的人觉得冷,有的人觉得不冷,或者有的人稍微觉得有点冷,有的人则觉得很冷。这就是说,风对于每一个人显现出一个不同的样子。柏拉图认为,普氏把事物对他的"显现"与他的"感觉"当成了一回事。

的确,这个命题夸大了个人的主观作用,把感觉的相对性夸大成绝对的。因此,从这个命题可以推出任何构成矛盾的正反判断都是真的。这就否定了客观真理,从相对主义走向了唯心主义。

本来,智者派在早期反对唯心主义和贵族奴隶主思想家的自然论的斗争中,有一定的进步意义。但是由于他们在论辩中不讲职业道德,有意识地采取不正当的论辩方法,玩弄逻辑,大搞文字游戏,以至获得诡辩派的"好名声"。

古希腊著名的"半费之讼"就是与普罗塔哥拉斯的名字连在一起的。

有一个叫欧提勒士的人,向普罗塔哥拉斯学法律。两人订下合同:学生先付一半学费,另一半学费待毕业以后,欧提勒士第一次出庭打赢官司时付清。但是欧氏毕业后迟迟不出庭打官司。老先生收费心切,就向法庭提出诉讼,并提出下面这个二难推理:

如果欧氏这次官司打胜,那么按照合同,他应付给我另一半学费,

如果欧氏这次官司打败,那么按照法庭判决,他也应付我另一半学费,

这次官司欧氏或者打胜,或者打败,

所以,他总应付我另一半学费。   (1)

良师出高徒。老先生没料到亲自传授的诡辩术,被学生第一次出庭就用来对付自己。欧氏针对普氏的二难推理,提出一个相反的二难推理:

如果我这次官司打胜,那么按照法庭判决,我不应付普氏另一半学费,

如果我这次官司打败,那么按照合同,我也不应付普氏另一半学费,

这场官司或者打胜,或者打败,

所以,我不应付普氏另一半学费。   (2)

据说,这场官司当场就难倒了法官,无法作出判决。我们应该怎样来评论这场官司呢?

首先,我们应该肯定,为了摆脱普氏提出的二难推理所造成的困难,欧氏依葫芦画瓢,构造出一个相反的二难推理,不失为一种破斥方式。

一般来说,二难推理在实际应用中,形式方面的错误比较少见,其错误往往表现于前提内容的虚假。因此,传统逻辑破二难推理的方法除了指出形式错误外,不外这样三种。一是指出假言前提不真,二是指出选言前提不穷尽,三是构造相反的二难推理。

从形式方面来看,师徒两人的二难推理似乎也有可以指摘的地方,但详加考察则不然。

根据二难推理复杂式的规则,普氏的二难推理的结论应为选言判断,如下式:

如果欧氏这次官司打胜,那么按照合同他应付给我另一半学费,

如果欧氏这次官司打败,那么按照法庭判决他也应付我另一半学费,

这次官司欧氏或者打胜,或者打败,

所以,或者(按照合同他应付我另一半学费),或者(按照法庭判决他

也应付我另一半学费)。 (3)

根据真值表,结论(3)与结论(1)的真值情况完全相同,可以用(1)来取代(3)。因此从推理形式上来看,普氏本人作出的二难推理也是正确的。同理,欧氏的二难推理从形式上看也是正确的。

有人把普氏的二难推理的假言前提加以改写,整个式子成为:

> 如果欧氏打胜并且按照合同,他应付给我另一半学费,
> 如果欧氏打败并且按照法庭判决,他也应付我另一半学费,
> 欧氏或者打胜,或者打败,
> 所以,他总应付我另一半学费。

这个式子的假言前件是联言判断。一个联言判断为真时,它的各个联言支都得为真。现在选言前提各支只肯定了联言判断中的一支,因此,从推理形式上看,其结论并不是必然得出的。但是由于前提是经过改写的,而这样改写不符合普氏的本意,我们就不必加以讨论了。

话说回来,普氏与欧氏的结论,即(1)与(2),构成矛盾,他们各自又都是从自己的前提中必然得出的,这说明,推理的前提有问题。

师徒两人所订的合同是含糊的。当欧氏第一次替别人打官司,打赢了得付老师另一半学费,打输了则不应付,这都不会发生问题。本来,徒弟尚未出庭,师徒两人也不存在执行合同的问题。现在,老师挑起了争端,在他们两人之间打起官司来,问题就来了。有的逻辑教科书认为,既然两个人为了执行合同而发生纠纷,向法庭提出诉讼,就只能服从法庭的判决,而不再根据合同处理。笔者很赞同这样的分析。以此为根据,可以判定普氏的二难推理的错误在于第一个假言前提是假的。

这个假言前提的后件是一个联言判断(这与有人把前件改写为联言判断大不相同)。一个联言判断,当它的所有联言支为真时,整个联言判断为真。但是我们前面已经指出,打胜了只能按照法庭判决,即不付,而不应按照合同行事,因此,该联言判断的第一个联言支是假的,并且整个联言判断也是假的。由于该假言判断的前件为真,而后件为假,因而,该假言判断为假。

普氏的错误在于采取了两个标准:按照合同和法庭判决。他在不同的情

况下采用不同的有利于己的标准。欧氏如法炮制,构造出一个反二难推理,实质上是用特殊的方法来指出普氏有一前提是假的,他虽然驳斥了普氏,但他的二难推理本身也有一个前提是假的,即第一个假言判断是假的。理由与普氏的第一个假言前提为假相同。

阿基里斯追不上乌龟吗?
——逻辑史话之十

乌龟爬行,兔子迅跑,要问哪个跑得快,那是三尺孩童都可以回答你的。

为了讽诫骄傲自满的人,有则寓言故事特意安排兔子呼呼一觉,使它输给奋力爬行的乌龟。看来,兔快龟慢,就连寓言也不反对。

人与龟赛跑,哪个快?还用问吗?

但是古希腊有一位叫芝诺的人,偏偏语出惊人地说,如果让乌龟先走一段路的话,那就让阿基里斯来追龟也是永远追不上的。阿基里斯何等样人?据说他就像《水浒传》里的"神行太保"戴宗一样善走。

是芝诺罟常识于不顾而大放厥词,还是别有深意?向来的哲学书、逻辑书以及科普读物都是肯定前者而否定后者,都是异口同声地把芝诺说成反对运动的荒唐人物。

笔者认为问题亦非如此简单。芝诺究竟是一位雄辩的哲学家、数学家,请看他是怎样论证阿基里斯追不上乌龟的。

芝诺说,当阿基里斯向前追的时候,乌龟也开始向同一方向爬行,当阿基里斯到达乌龟的出发点时,龟已经向前爬行了一段,当他追到乌龟的新的出发点时,龟又已经向前爬行了一段,依此类推,以至无穷。

阿基里斯竟然永远追不上龟,这真是天大的荒唐。与芝诺同时代的人明知这说法与事实不符,却说不出个所以然来。芝诺的推论是完全合乎形式逻辑的。问题出在哪里呢?这就是本文所要深究的。

据说当时有一个叫第欧根尼的人,是个久居木桶、足不出户的隐士哲学家。他听到芝诺的说法时,一反常态,爬出大桶,一语不发地走来走去,用行动来驳斥芝诺的观点。他的一个学生见此便心满意足,不料老师拿起手杖就要打他。第欧根尼怪他的学生头脑过于简单。他认为,芝诺既然提出了理由来为自己辩护,你就应该用道理去驳他,简单地用行动来驳斥是无助于这个理论问题的解决的。

上面这件轶事被德国古典哲学家、辩证法大师黑格尔收集在《哲学史讲演录》里。对此,列宁也极为赞赏地说:"不坏!"问题不在于是否感觉到了运动,而在于是否理解了运动,用什么概念来表示运动。

芝诺思考的正是用什么概念来表达运动的问题。在今天,运动在概念上如何表述,这已是常识问题。机械运动是怎么实现的呢?运动物体在某一个瞬间,既在某一点,又不在某一点。运动是连续性和间断性的统一。表达运动需要"连续"与"间断"这样两个时空概念。

尽管乌龟可以以越来越小的距离走在阿基里斯的前面,但是这有个限度。无穷多个越来越小的分数相加,其总和有一个具体限度,数学上叫它做极限。

乌龟领先的极限在哪里呢?这可以计算出来。我们假定阿基里斯的速度是乌龟10倍,乌龟领先阿基里斯1/10公里,而阿基里斯与乌龟同时朝同一方向行进。当阿基里斯走完1/10公里时,乌龟在前面又走了1/100公里;当阿基里斯再走完1/100公里时,乌龟又走完1/1 000公里;当阿基里斯再走完这段距离时,乌龟又领先1/10 000公里,这个过程无穷地延续下去,但是它又可以收缩起来,请看下式:

$$1/10 + 1/100 + 1/1\,000 + 1/10\,000 + \cdots\cdots = 0.\dot{1} = 0.111\,1\cdots\cdots = 1/9$$

乌龟领先的单位距离尽可以无穷小地延续下去,但其总和为1/9。就是说乌龟领先的距离不会超过1/9公里,而阿基里斯也就在1/9公里的地方,可以超过乌龟。

在芝诺那个时代,人们对时空没有辩证的认识。当时有两种时空观,一种认为时空无限可分,一种认为并非无限可分,而是存在最小不可分单位。两种观点之间展开激烈的辩论,谁是谁非,没有定论。芝诺提出了四个悖论,是以当时的两种时空观为前提的。这四个悖论是:(一)二分法(运动物体永远不能到达终点);(二)阿基里斯追乌龟;(三)飞矢不动;(四)运动场(二倍等于一半)。前两个悖论以时空无限可分并且有限时间通过无穷点是不可能的为前提,后两个悖论以时空存在最小不可分单位并且无长度为前提。究竟哪个前提符合实际呢?芝诺比同时代人高出一筹,他以两种时空观为前提,进行严密的推理,结果是无论哪种前提都必然地导致矛盾。

以阿基里斯追龟为例,该悖论大前提是时空无限可分并且有限时间通过无穷点是不可能的。如果说阿基里斯能够追上乌龟,那么与上述前提相违背;如果说阿基里斯追不上乌龟,这显然与实际不符。总之,不管说追得上追不上都陷入矛盾。悖论就是这样一种特殊的逻辑矛盾:如果说某一命题是真的,又会推出它是假的;如果说该命题是假的,又会推出它是真的。芝诺悖论的形式不完全,它只说了一半。

由于芝诺悖论的推导过程是合乎逻辑的,而所得结论又陷入矛盾,不管芝诺的主观愿望如何,它都在客观上给人启示,各执一端的两种时空观都是片面的。

在哲学史上,黑格尔第一次揭示了时空的辩证性质。我们不能遗忘芝诺的功绩,更不能重复第欧根尼的学生所犯的错误。

伽利略落体运动推理是非辩
——逻辑史话之十一

古希腊的亚里士多德被马克思称为古代最博学之士。亚里士多德说过:"如果神不是全知的,那么人更不是全知的。"亚里士多德去世以后,他的这一遗训旋即被许多人忘记了。

亚里士多德曾认为,人的神经是在心脏里汇合的。后来解剖学家邀请宣扬这个观点的经院哲学家参观人体解剖,让他们亲眼看到了人的神经是在大脑里汇合的。但经院哲学家却对解剖学家说:"我看到了这一切。但是,假如在亚里士多德的著作里没有与此不同的说法,即神经是往心脏里汇合的,那我一定会承认神经在大脑里汇合的真理。"在经院哲学家看来,亚氏的话句句是真理,即使被实践推翻了也是不能违背的。

其实,亚里士多德的错误论断又何止一例。只是由于千百年来,迷信权威的思想统治着不少人的头脑,从未加以怀疑而已。

就拿落体运动来说,这位古代的力学权威曾断言:"快慢与其重量成正比。"也就是说,重的要比轻的落得快些。其后 1 800 多年来,人们都是这样说,这样想的。

到了 16 世纪,公元 1548 年,布鲁日这个地方诞生了一位著名的力学家,名字叫西蒙·斯台文。这人自学成才,直到 35 岁才进了卢万大学。随后任会计员和军事工程师,后来做到拿骚的莫理司公爵的技术顾问,晚年任荷兰的军需长一直到死。公元 1586 年斯台文出版了一本论力学的著作,内容包括有好几件重要的研究成果,他做了一项实验,否定了亚里士多德的重物比轻物坠落得快的见解。斯台文写道(读者可参见英国斯蒂芬·F. 梅森的《自然科学史》中译本):"反对亚里士多德的实验是这样的:让我们拿两只铅球,其中一只比另一只重十倍,把它们从三十尺的高度同时丢下来,落在一块木板或者什么可以发出清晰响声的东西上面,那么,我们会看出轻铅球并不需要比重铅球十倍的时间,而是同时落到木板上,因此它们发出的声音听上去就像是一个声音一样。"斯蒂芬·F. 梅森认为斯台文的这一实验曾经被人错误地说成是伽利略(1564—1642)做的。大家都听说过伽利略在比萨斜塔做过落体运动的实验。

至于斯台文与伽利略孰先孰后，有无渊源关系，这并非本文所关心的问题。

亚里士多德的论断被实验所推翻，这是铁一样的事实，无人否认。斯台文破坏有功，但无建树，所以不大为世人所知。工匠和工程师往往能够发展科学方法和新的实验，但鲜有能发展新的理论体系者。在力学上提出新理论的是那些对工艺传统感觉兴趣，并且反对旧学术传统的那些学者。伽利略正是推翻古代力学和建立近代力学的代表人物。

为了找出物体在引力下坠落时的实际情况，伽利略作了一项实验来测量光滑金属球沿倾斜平面滚过一定距离所需要的时间。这是因为物体在引力下的自由坠落太快了，没法直接观察，所以伽利略就"冲淡引力"，设计了倾斜平面的方法，使他的金属球在引力下坠落时速度可以测量。实验的结果是，他发现一切物体不论轻重都以同样的时间经过同样距离坠落，距离同坠落时间的平方成正比，或者换一种说法，落体速度随时间均匀地增加。

据说，促使伽利略去做上述实验的原因，是伽利略用了一个十分简单的推论，推出了亚里士多德论断中包含的矛盾。

本来，亚里士多德的论断简而言之是四个字：重快轻慢。清楚明白，何来矛盾之有？一个论断可以是假的，但假的论断不一定是矛盾的。

且看伽利略是如何推论的？

伽利略问道，如果把一件重的东西和一件轻的东西束在一起，从高处抛下来，那将会是什么情形？按照亚里士多德的观点，坠落的时间可以是两个物体各自坠落时间的平均数，也可以是一个具有两个物体重量总和的物体从同一高度落下来的时间。"这两个结果的互不兼容"，伽利略写道，"证明亚里士多德错了"。

假如这互不兼容的两个结果确实是从亚里士多德的论断中合乎逻辑地推论出来的，那么，就从逻辑上推翻了亚里士多德的论断。

问题是，伽利略引入了一个假定，轻重不同的两个物体"束在一起"，这"束在一起"的物体，究竟是一个物体呢，还是两个物体？再则，伽利略运用反证法时事先引入了一个平均数原理，这个平均数的原理能成立吗？形式逻辑的同一律要求思想有确定性，一个思想前后必须保持一贯。

"束在一起"的两个物体，推论者把它看作是一个物体呢？还是看作两个物体？这是两种不同的思想，不能混为一谈。把本来不相同的两个思想看作相同的，这是违反同一律的。

如果推论者把它看作一个物体，那它始终是一个物体，其坠落时间只能是轻重物体重量的总和的物体从同一高度落下来的时间。

如果推论者把它看作两个物体，那么坠落时间就只能取其平均值。二者必居其一。形式逻辑的同一律不允许把同样的对象一会当成一个物体，一会又当成两个物体。伽利略的推论的出发点并没有遵守同一律。

为了更清楚地说明这一点，我们不妨举出一个"束在一起"的特例。在一整块钢板上划一虚线，三分之二的一块，用 A 来表示，三分之一的一块用 B 来表示，我们把这块钢板从相同的高度上坠落两次，你说会有不同的时间吗？再则，轻重物体束在一起，其下落速度取各自速度的平均数，这个原理既不是从亚氏那里引来的，也是未经过证明的，是一种丐词。其实，自由下落的物体是失重的，不可能相互影响。因此，伽利略的推论，亚里士多德泉下有知，他大概会说：我对此是不负责任的。

伽利略是有功绩的，他建立的落体运动的公式是符合客观实际的。大概也正因为如此，数学家、物理学家都不会去过多地挑剔他的推理。但是，对逻辑工作者来说，不能不对它加以认真的考察。

伽利略的推理似乎是很有说服力的，但有说服力并不等于有证明力。笔者曾将本文观点写成论文求教于逻辑界专家、学者，赞成者有之，反对者亦有之。我相信：真理会越辩越明的。

福尔摩斯"知识简表"的启示
——谈谈逻辑教师的知识修养

有一道逻辑练习题,不仅考住了许多学生,也难倒了不少逻辑教师。这道题目要求用矛盾律或排中律来回答。题目如下:

有人向一家种子公司写了一封信,信上写道:"请寄一些无籽西瓜的种子来。"为此,甲、乙、丙三人议论开来。

甲:"简直是无稽之谈,无籽西瓜怎么会有种子?认为无籽西瓜有种子,就是认为无籽西瓜有籽,这在逻辑上是自相矛盾的。"

乙:"凡是植物都有种子,西瓜是植物,西瓜肯定有种子;无籽西瓜是西瓜,所以无籽西瓜也有种子。这是逻辑推理的结论。但是,如甲所说,无籽西瓜有种子又是逻辑不通,无籽西瓜一颗籽也没有,事实上是没有种子的。所以,逻辑和事实是两回事。"

丙:"无籽西瓜当然有种子,这是不存在什么逻辑矛盾的。如果从无籽西瓜中直接取得种子当然不可能,但是可以通过别的途径取得无籽西瓜的种子。认为无籽西瓜没有种子,在逻辑上才是不可设想的。"

请问:甲、乙、丙三人谁说得对?为什么?

拿过题目粗粗一看,各自说得都很在理,谁是谁非不易回答。对逻辑教师来说,分析三人对话中的逻辑关系,倒不是难事。让我先来简要分析各人的观点。甲主张无籽西瓜没有种子,乙主张逻辑上有而事实上无,丙则主张有。甲与丙各执一端,针尖对麦芒,乙持两可之说,是个骑墙派。由于甲与丙的说法构成逻辑矛盾,根据矛盾律和排中律,其中必有一假,也必有一真。逻辑的力量仅此而已,究竟真理归属于谁,它在本题中无能为力。

再来看看甲为什么主张"无籽西瓜无种子"。他先把"无籽西瓜有种子"这个命题解释成"无籽西瓜有籽",然后进行归谬反驳,否定有种子的命题,从而反证"无籽西瓜无种子"。甲的说法能否成立,看来关键在于"无籽西瓜有种子"与"无籽西瓜有籽"等否划等号。也就是说,甲的解释是否遵守同一律,两命题是否同一。这个答案只能靠事实来提供,逻辑毫无办法。

乙表面上是持两可之说,实际上偏向甲。他以无籽西瓜无籽作为事实论据直接论证"无籽西瓜无种子"。甲、乙两人的说法都隐含了这样一个思想,不可能从别的途径得到种子。丙正好相反,他认为可以从别的途径得到种子,"无籽西瓜无籽"不等于"无籽西瓜无种子"。很明显,要判明两个命题是否同一,甲的解释是否遵守同一律,还得请"知识老人"来做最后仲裁。

下面我把结论性意见简要述说一下:生物学知识告诉我们,由于无籽西瓜无籽,所以直接从中取得种子是不可能的,但是可以通过杂交的办法得到种子。丙的说法是正确的。甲的说法之所以错误,是因为他把"无籽西瓜无籽"与"无籽西瓜无种子"这两个不同的命题等同起来了,违反了同一律。乙同意甲的解释,因而乙也是不对的。他从"凡是植物都有种子"这个真实的大前提出发,运用一个复合三段论推理,并且遵守推理规则,因此这个"逻辑推理的结论"是符合实际的。这里逻辑与事实相统一。解毕。

本题的解答有其特殊性。单有逻辑知识无济于事,现代的"知识老人"比"亚里士多德"更权威。有了无籽西瓜的常识,问题就迎刃而解。

由此,可悟出一个道理,逻辑教师的知识修养非常重要。如果我们有了知识上的盲点,对有关问题的解答就会心中无数,任凭甲、乙、丙在脑子里跑马而无所适从。相反,具备了相关常识,就能去伪存真,择其善者而从之,剔去不善者而弃之,从事实与逻辑、内容与形式的结合上予以完满的回答。因此,要解答好本题,逻辑教师最好能事先掌握无籽西瓜的繁殖知识。

在普通西瓜的体细胞中,染色体都是成双成对的二倍体。细胞成熟后都要进行减数分裂,每对染色体都一分为二,然后重新合二为一,两两配对进行授精。这样长出的西瓜都是有籽的,并且代代相传。采用喷射水仙素药水的办法可使二倍体的细胞变成四倍体,然后再把四倍体与二倍体进行杂交,减数分裂的结果得到了含有三倍体的西瓜种子。由于三倍体在减数分裂后是单数,不能授精形成正常配子,所以西瓜无籽,不能代代相传。要繁殖,得重新通过杂交,得到含有三倍体的西瓜种子。一般人要种无籽西瓜得向种子公司购买,是正常的,并非无稽之谈。如果我们粗知上述常识,就能清晰明白地解题。既讲了逻辑,又讲了常识。否则,"以其昏昏",不可能"使人昭昭"。

逻辑习题一般有这样两类:一类是单靠逻辑知识来回答的;另一类是应用题,要具备常识才能正确解答。

逻辑是一门基础课,工具课。它必须为其他学科服务。逻辑教学中有很多应用题,都涉及各科知识。逻辑教学以传授逻辑知识为主,用过多的各科知识淹没逻辑知识,那是喧宾夺主,舍本逐末。能把渗透传日常生活和各科知识中的逻辑问题讲活讲透，这样的逻辑课一定引人入胜。内容与形式既不能一锅煮，又不能油水分离，分得清，合得拢，才能相得益彰。谁都可能碰上自己空白的知识领域，那就临阵磨枪，临时抱佛脚吧。查查《辞海》，翻翻参考书，请教一下行家。最好的办法是主动出击，努力提高自己的知识修养。

作为一个逻辑教师，应该具备哪些方面的知识修养呢？英国作家柯南·道尔在《血字的研究》中为主人公大侦探福尔摩斯开了一张富有启发性的"知识简表"，值得借鉴。

福尔摩斯的知识范围涉及12项，简述如下：

他的文学、哲学、天文知识等于零；政治学知识浅薄；植物学知识不全面，但对于莨菪制剂和鸦片知之甚详。关于烟灰，他能辨识140多种；地质学知识偏于实用，但也有限，他能一看辨出不同的土质；化学知识精深；解剖学知识准确；惊险文学涉猎广泛；提琴拉得很好；善使棍棒，也精于刀剑拳术；关于英国法律具有充分实用的知识。

读过英国作家柯南道尔探案小说的人都知道，福尔摩斯非凡的探案成就与其特异的知识结构密切相关。王通讯、雷祯孝在《试论人才的知识结构》中评论说，在今天看来，福尔摩斯由于受到当时科学水平的限制，其知识构成远非最佳结构，但是它有如下6点重要启示：

第一，要实现某种功能，必须有相应的某种知识结构才行。结构不同，功能也会不同。

第二，单有一门知识是不够的，必须有多门知识。知识面要广，然后是围绕某种目标的广。

第三，在这多门知识中，哪些知识应该充分掌握，哪些知识应该达到精深的程度，哪些知识需要泛览，哪些知识只要略知则可等等，以实现功能的需要为准。

第四，这些知识不像仓库中堆积起来的混和物，而是按一定结构组织起来的化合物。

第五，与实现这些功能无关的知识甚至可以不要。

第六，这些知识并不全是为了工作，有一部分也用于丰富自己的生活，例如拉提琴。

我很赞成王通讯、雷祯孝两位人才专家对福尔摩斯"知识简表"的评判。

我以为，一个人的知识结构与其成就一般来说是成正比的。爱因斯坦攀登上理论物理学的高峰之前，也因知识结构欠缺而走了一段弯路。他在大学学习期间，忽视了数学学习，常常请同学帮他记笔记以应付学业。当他后来向广义相对论进军时，却苦于没有非欧几何这件基本的武器。于是，他掉转马头，吃回头草，用了七年功夫补上这一课。

一个形式逻辑教师的最佳知识结构该是怎样的呢？试作探讨如下：一个优秀的形式逻辑教师要一专多能。

首要的是专。专，顾名思义，是要精通形式逻辑知识。不但要精，而且要准确。如果连逻辑教科书都编写错了，还能指望教给学生什么呢？在我的逻辑教学和科研见闻当中，就有过"以其昏昏"而不能"使人昭昭"的事。

多能，就是"知识面要广，然后是围绕某种目标的广"。我国古代的学者很赞成文史相通。今天，我们不但要文史相通，更要文理相通。著名语言学家赵元任说过："要做一个哲学家，须读哲学以外的书。"大凡有成就的教学工作者，他们的专业知识必定是精通的，而知识面也必定是广博的。"谈山海经"在上海人口中往往是贬义词。既然在生活中，既然在百科知识中都有逻辑，对一个逻辑教师来说，不妨多懂点山海经，多谈点山海经。我们不妨在谈天说地中轻轻松松地聊聊逻辑奥秘。给学生一杯水，自己得备有一桶水，厚积才能薄发。

在逻辑的各门类中，首先，要懂点现代逻辑。要懂点数理逻辑中的基础知识，即命题逻辑和谓词逻辑。能演算更好。倘能熟练运用谓词逻辑来准确表述任何语词和语句，那他一定跻身顶尖的形式逻辑教师之列。其次，要懂点中外逻辑史。

形式逻辑与哲学、语言学、数学都有亲缘关系。一个形式逻辑教师要有哲学的基本知识，这无须多言。语法、修辞、逻辑同为文理科的工具学科。学一点语言逻辑，再学一点修辞逻辑都很有必要。数学修养好的教师，解答逻辑问题肯定高人一等。

著名的数学家德摩根说过，对于数学家和逻辑学家来说，逻辑和数学是两只眼睛，许多人往往睁着一只眼睛，而闭上一只眼睛，他们偏信一只眼睛比两只眼睛看得更好，但实际上，两只眼睛当然比一只看得更好。

如果我们把逻辑知识看作一只眼睛，而把与所研究的问题有关的知识看作另一只眼睛，同时发挥两只眼睛的作用，我们无论解答什么逻辑问题，一定能像庖丁解牛一样做到得心应手，"霍霍乎游刃有余"。

最后,我要说再添上写作能力和口才吧。辩论是孕育逻辑学的温床。逻辑教学的特殊性更要求逻辑教师具有严谨准确而又妙笔生花的写作能力和辩才无碍善讲故事的演讲能力。妙笔生花是有助于讲活逻辑知识。善讲故事可以改变逻辑的刻板面孔。我获悉,形式逻辑已成为不少高校的金牌课程,也涌现出一批口吐莲花的金牌教授。我相信,他们无一不是一专多能的高手。

以上建议,亦用以自勉。读者诸君,不知当否?

后 记

在本书编撰过程中,河北省社会科学院的徐麟(解成)研究员曾多次对本书"咬文嚼字",订正了不少差错。欧阳靖先生为本书拟定书名《智者的思辨花园》。高若海先生提出很多宝贵的修改意见以及为本书作序。特此一并表示衷心的感谢。

作者于 2009 年 9 月于新大陆公寓

修订版后记

这个修订本增补了著名作家沈善增先生在《新民晚报》上发表的书评作为序。

我的高中同窗,曾任北京大学出版社副社长的王春茂编审在本书复旦版初版问世之后,驾轻就熟地干起了啄木鸟的活计,认认真真为这本小书"咬文嚼字"。

修订本能以新面貌亮相,要感谢以上二位的支持和鼓励。

复旦出版社孙总编辑在离任前与我取得共识,将本书作适当修订出版。修订方案不谋而合。其中一条是希望扩大读者面,进一步顾及全国的中学生。

本书曾以不同的书名先后在上海人民出版社、北京大学出版社和复旦大学出版社出版。找到一个满意的书名一直是本人很迫切的追求,经过与责任编辑方尚芩反复酌酌,决定启用"趣味逻辑纵横谈"作为副题,以补正题之不足。趣味逻辑是说本书为通俗著作,是趣谈,不是严肃的学术或教科书;纵横是对本书写作体例的概括,可谓名实相符,别具一格:一是八十几个专题分逻辑观点和逻辑史两部分,前横后纵;二是每一单篇有两种写法。用五花八门的有趣事例车轮战式地图解一个逻辑观点,是为横;从一个故事中辨析出其中各种推理,是为纵。因此我以为,还是实事求是,以此为副题,既较为活泼,又能区别于同类逻辑趣谈著作。

作者于 2017 年 10 月 22 日

图书在版编目(CIP)数据

智者的思辨花园:趣味逻辑纵横谈/郑伟宏著. —2版. —上海:复旦大学出版社,
2018.1(2018.8重印)
ISBN 978-7-309-13383-7

Ⅰ.智… Ⅱ.郑… Ⅲ.逻辑学-研究 Ⅳ.B81

中国版本图书馆 CIP 数据核字(2017)第 288375 号

智者的思辨花园:趣味逻辑纵横谈(第二版)
郑伟宏 著
责任编辑/方尚芩

复旦大学出版社有限公司出版发行
上海市国权路 579 号 邮编:200433
网址:fupnet@fudanpress.com　http://www.fudanpress.com
门市零售:86-21-65642857　团体订购:86-21-65118853
外埠邮购:86-21-65109143　出版部电话:86-21-65642845
上海市崇明县裕安印刷厂

开本 787×1092　1/16　印张 21.75　字数 353 千
2018 年 8 月第 2 版第 2 次印刷

ISBN 978-7-309-13383-7/B・648
定价:68.00 元

如有印装质量问题,请向复旦大学出版社有限公司出版部调换。
版权所有　　侵权必究